Le présent ouvrage a été publié
avec le soutien de
l'Académie Nicaraguayenne de la Langue
ANL

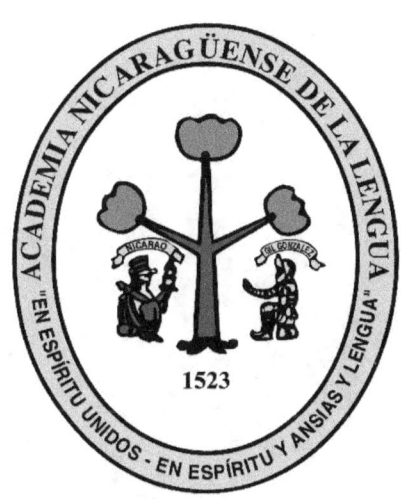

"En espíritu unido, en espíritu y ansias y lengua."

La Collection "*Travaux Panofskiens*" est dédiée à l'étude des oeuvres d'art de la période moderne (XIIème-XVIIIème siècles) et de la période contemporaine (XIXème-XXIème siècles), à partir de plusieurs concepts des études de l'École de Warburg, notamment représentés dans les travaux de son principal représentant Erwin Panofsky. Ces concepts sont les suivants:
La transmission des symboles culturels entre les époques, et la permanence de leur représentation;
L'étude des oeuvres d'art comme matériel pour comprendre leur époque et l'histoire des mentalités qui y est liée, c'est-à-dire, inversement, les idées, les pratiques et les moeurs, que révèlent les oeuvres d'art;
En ce sens, l'interaction entre les cosmos de cultures profane et religieuse, d'une part, et populaire, cultivée et savante, d'autre part.
Le principal apport de la présente Collection, ou son principal projet en tous cas, est d'aborder, non seulement les oeuvres de l'époque moderne, champ d'étude particulier de l'École de Warburg et de Panofsky, mais d'amplifier cedit champ à celui de la contemporanéité, en particulier des avant-gardes, afin, non seulement d'appliquer la méthode panofskienne à l'art contemporain, mais encore pour en expérimenter la pertinence dans le cadre visuel de la non figuration et de l'abstraction (soit-elle, celle-ci, thématique ou formelle).

Dr. N.-B. Barbe

Norbert-Bertrand Barbe
Membre Honoraire de
l'Académie Nicaraguayenne de la Langue

Le Cuirassier blessé, quittant le feu et l'apologie patriotique chez Gericault

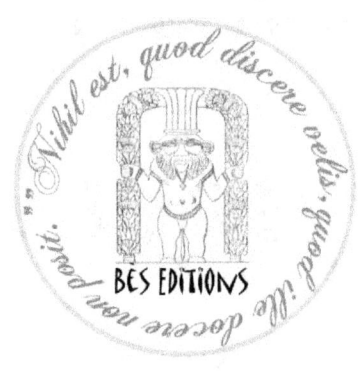

ISBN: 978-2-35424-223-7

Collection "*Travaux Panofskiens*"

© 2019, Bès Editions

Toute reproduction intégrale ou partielle du présent ouvrage, faite par quelque procédé que ce soit, sans le consentement de l'auteur ou de ses ayants cause, est illicite et constitue une contrefaçon sanctionnée par les articles L.335-2 et suivants du Code de la propriété intellectuelle.

SOMMAIRE GÉNÉRAL DU VOLUME

Préambule de révision à la lecture des travaux récents sur *Le Cuirassier blessé, quittant le feu*   1

1. Le "*grand problème*" de Bruno Chenique   1

1.a. De la fidélité humaine en politique, thèse générale   1

1.b. On nous copie sans nous citer, confirmation pratique, et par l'exemple, de la thèse générale antérieure   34

2. Conclusions au présent Préambule   47

Notes   56

I - Questions liminaires à l'étude du *Cuirassier blessé, quittant le feu* de 1814   91

II - *Le Chasseur* et *Le Cuirassier*, du divers au même 95

III - Premières objections: l'origine iconographique des peintures de chevaux de Géricault 104

IV - Le *Chasseur*, le *Cuirassier* et les emblèmes de Cesare Ripa 109

a) Le "Chasseur" et les emblèmes de Ripa 109

b) Le "Cuirassier" et les emblèmes de Ripa 113

V - Le *Cuirassier*, ses modèles iconographiques du sacrifice patriotique et l'allégorie de la Paix dans les autres recueils de l'emblématique classique et baroque 123

a) Les iconographies du "Chasseur", du "Cuirassier", de "Marcus Curtius" et les "Hiéroglyphes" de Valeriano 123

b) Le "Chasseur", le "Cuirassier" et l'"Iconologie" de Gravelot et Cochin 134

c) Le "Chasseur", le "Cuirassier" et les catalogues de la collection iconographique

Maciet de la Bibliothèque du Musée des Arts décoratifs de Paris 147
c-1) Le "Cuirassier" méditant sur un rocher ou bridant son cheval et les différentes images de la Paix 147
c-2) Interprétation du "Cuirassier" méditant sur un rocher dans les ébauches de Géricault comme "Arès au repos" 153
c-3) Le "Cuirassier" maîtrisant son cheval et la représentation classique de la Paix victorieuse, productrice de prospérité, dans l'iconographie moderne et contemporaine 161

VI - Conclusion: Michelet en question ou Le piège de l'Histoire 171
a) Le "Cuirassier" et la victoire de la paix par la guerre ou Eloge du métier de soldat impérial 171
b) Propaganda - Michelet revisité 178
NOTES 197

PRÉAMBULE DE RÉVISION À LA LECTURE DES TRAVAUX RÉCENTS SUR *LE CUIRASSIER BLESSÉ, QUITTANT LE FEU*

1. Le "*grand problème*" de Bruno Chenique
1.a. De la fidélité humaine en politique, thèse générale

> "L'organisation d'une force publique se présente à moi; mais quel grand problème! Entre quels écueils effrayants il se montre a mes yeux: s'il est mal résolu, votre liberté peut se briser sur les uns, ou votre puissance nationale peut périr sur les autres; vous pouvez d'un côté retomber sous le despotisme; vous pouvez de l'autre devenir le jouet et le partage de vos voisins; quelle opinion, quel phare vous guidera dans cette passe périlleuse?"[1]

Nous basant, par commodité, et pour le principe d'objectivité que cela représente, sur les "*Table*(s) *Des Planches contenues dans le*(s) *volume*(s) *du Salon*", pour les années 1808-1817 (afin d'obtenir une marge significative de développement et reproduction des thèmes), de la "*Partie moderne*" de la Collection des *Annales du Musée et de l'École Moderne des Beaux-Arts*[2] de Charles-Paul Landon (commencé à être publiée en 1800-An IV et terminée 1824), nous observons que, pour les deux tomes de 1808, les oeuvres concernant la geste impériale ou les portraits de ses représentants s'élèvent à 43 sur 127 oeuvres reproduites, et en 1810 à 16 de 60, inclu l'*Évanouissement d'Alexandre*, car, en outre, nous considérons que *La Gloire distribuant des couronnes* et *La Victoire* s'intègrent implicitement au discours conquêrant, ici implicite (et, en général, explicite), de l'Empire. De fait, s'agissant du *Modèle d'un Bas-Relief* exécuté en pierre à l'arc de triomphe du *Carrousel* de Gérard, l'auteur indique:

"*Il représente la Sagesse et la Force tenant la couronne de l'état: elles sont accompagnées de la Prudence et de la Victoire.*"[3]

De fait, l'auteur présentant cette intéressante, d'un point de vue politiquement idéologisé, considération, à propos de *La Mort d'Alceste* de Sérangéli:

"*L'histoire française moderne offrant aux peintres de notre école une source inépuisable de faits glorieux dignes d'être transmis à la postérité, celle des temps héroïques, toute féconde qu'elle est en traits fameux, et plus favorable à l'étude du dessin et des beautés idéales, a dû néanmoins se trouver négligée, parce que les éveneraens qu'elle rappelle ne présentent que l'intérêt des siècles reculés. Aussi les tableaux d'histoire, proprement dits, deviennent-ils plus rares de jour en jour; et l'on doit savoir gré aux artistes qui, dans l'heureux emploi de leurs momens, peuvent tout à-la-fois consacrer leurs pinceaux à la gloire nationale, et à l'étude des parties les plus difficiles de l'art. Cette considération nous a particulièrement engagé à faire graver l'étude des parties les plus difficiles d'Alceste, par M. Sérangéli."*[4]

Dans les deux tomes de 1812, la proportion est de 34 pour 62 pour le premier volume, et 19 de 70, inclues les *"Productions qui n'ont pu être exposées"*, pour le second volume, la marge étant augmentée du fait des "Paysages et Tableaux de Genre", où elle s'opère à raison de 1 pour 15.

Cette moyenne s'inverse automatiquement à partir de 1814, devenant le thème central celui de la royauté, avec, en 1814, un rapport de 11 à 67, dont *La reine Blanche de Castille délivrant des prisonniers* ("elle-même, avec *son sceptre, donne le premier coup pour enhardir ceux qui hésitaient, et délivre ces malheureuses victimes de la puissance féodale."*[5]), *Mademoiselle de la Vallière au couvent de Chaillot, Anne de Boulen condamnée à mort, Turenne endormi sur l'affût d'un canon*, oeuvres qui, respectivement, symbolisent l'abnégation royale pour la salvation populaire, la mise à mort injuste et choquante de la royauté, et Turenne par Fremy ("*Turenne ayant, dès l'âge de dix ans, entendu répéter plusieurs fois que sa constitution était trop faible pour qu'il pût jamais soutenir les tiavaux de la guerre, se détermina, pour faire tomber cette opinion*", p. 65) en correspondance avec le *Tronchet* de 1812 par Rolland (représentant "*Tronchet, célèbre jurisconsulte, méditant sur le Code civil, dont il avait en partie dressé le projet*"[6]).

On trouve, ainsi, également, pour le *Salon de 1814*, en sculpture, présentées *La Guerre et la Victoire* et *L'Histoire et la Paix*, deux groupes de Petitot. Alors qu'en 1812 était présentée *La Victoire et la Paix* de Roland ("*La première de ces deux divinités tient une palme de la main droite, et de la gauche une couronne suspendue au-dessus d'un écusson qui offre la lettre initiale du nom de S. M. l'Empereur et Roi.*", p. 85 du T. II du *Salon de 1812*), cette fois on comprend donc comment l'Histoire, dans son office, renverse implicitement la Victoire, au profit la monarchie.

Enfin, en 1817, le rapport augmente à 25 de 60, dont *Marie-Antoinette, reine de France, dans les prisons de la conciergerie*, toujours sur les thèmes de la royauté, alors augmentés à son caractère historique et ses figures dans l'Histoire de France, par opposition aux considérations, exactement opposées, émises dans l'extrait cité, par Landon, lors du Salon de 1810, à propos de *La Mort d'Alceste* de Sérangéli.

De fait, ce revirement s'exprime clairement dans les toutes premières considérations, traitant, précisément, des "*Sujets tirés de l'Histoire de France*", de *L'École Française en 1814*, rapidement publié par R.J. Durdent (1814):

"Je prie les Grecs et les Romains de vouloir bien m'excuser; mais puisque nous sommes enfin redevenus Français; puisque nous pouvons être de nouveau heureux et fiers de porter ce titre, c'est par notre histoire que je commencerai cet examen.
En suivant la classification alphabétique, je vois d'abord le bon Henri mis en scène par une dame. C'est un double avantage et un heureux début, car le tableau mérite des éloges.
Il représente (n° 9) Henri iv racontant à Flisaheth les malheurs de la St.-Barthélemi. Malheurs, soit; il y a sans doute eu une intention marquée dans le choix d'une expression si faible. Appartiendrait-il, en effet a la génération présente de trop appuyer sur les crimes de ses aïeux?

Observons que l'artiste a pris pour guide, non l'histoire, mais le poème de Voltaire, qui, malgré ses défauts, sera toujours un si noble monument à la gloire de Henri. Ce roi des braves ne quittait pas son armée: peut-être une mission si importante à remplir aurait-elle pu l'y déterminer, mais enlia il ne sortit point de France, et trouva dans Duplessis Mornay un digne représentant.
L'action du tableau est simple, et c'est pour louer l'artiste que j'en fais la remarque. Debout, en face de la reine, et accompagné d'un de ses guerriers, de Mornay, sans doute, Henri a commencé son funeste récit. Déjà la fille du réformateur Henri VIII, l'ennemie des catholiques, laisse éclater sur son visage des marques d'une indignation profonde."[7]

Il n'est pas tant surprenant d'avoir un fervent partisan royaliste qui s'émeut de la fin de l'Empire dès le retour du Roi, en 1814, que de constater que ce nouvel ouvrage, confirmant la constatation statistique antérieure, peut faire valoir un complet et rapide revirement des productions artistiques, toutes dédiées jusques-là à la geste impériale, et, soudain, ne représentant plus que des objets et symboles monarchiques.

Certes, une approche sociologique du fait devrait déterminer si les artistes choisis ne furent pas, alors, plutôt, du nouveau courant de la Restauration, selon un principe et un procédé qu'utilisa, postérieurement, François Mitterand lorsqu'il arriva au pouvoir, et, ouvrant, ainsi, les chaînes de télévision aux artistes de gauche ou en favorisant le discours, et les fermant à ceux qui, parfois seulement pour passer du temps de la censure inverse (lorsque Jean Ferrat, pour cela, pouvait se déclarer comme étant "*Le fantôme de la télévision*"), phénomène qui fit disparaître définitivement, d'un jour à l'autre, l'ensemble des chanteurs et des programmes jusqu'alors connus dans les années 1970, et en surgir (ou ressurgir) d'autres.

Le doute se résout cependant dans un tout autre sens, plus pervers, dès lors que l'on signale l'apparition, au Salon de 1814, du "*Portrait de S. M. LOUIS XVIII, peint par M. Gérard*"[8].

"*Plus heureux qu'un grand nombre d'artistes, M. Gérard a dû à sa célébrité l'inappréciable avantage d'exécuter le portrait du Roi, de grandeur naturelle (n° 425).*"[9]

Même Gérard, cependant, qui, au Salon de 1808, s'était fait connaître déjà, mais dans un sens exactement inverse, puisqu'alors:

"*M. Gérard a exposé plusieurs portraits en pied de la famille impériale, faits pour ajouter à sa réputation.
Nous les ferons connaître dans la seconde partie de ce volume. On avait annoncé un*

tableau de la bataille d'Austerlitz, par M. Gérard; le public attendait avec impatience ce tableau d'un style où l'artiste ne s'est point encore exercé j il n'a pu être terminé pour l'époque du salon. Des portraits faits par ordre supérieur sont cause de ce retard."[10]

Gérard y compensa, toutefois, son impossibilité de peindre la bataille d'Austerlitz, par l'envoi, déjà cité, du *Modèle d'un Bas-Relief exécuté en pierre à l'arc de triomphe du Carrousel*[11].

Doit-on s'étonner de ce retournement politique aussi impromptu qu'utile en 1814, lorsqu'on connaît le dévouement, de même enthousiasme, et à la fois d'identique changement, du peintre et conventionnel Jacques-Louis David, d'abord chef de file du cour[12]ant néoclassique sous la royauté, puis peintre révolutionnaire, et finalement principal expositeur du bonapartisme[13]? Ce seul exemple suffirait à nous répondre.

Toutefois, on pourra, identiquement, y ajouter Jean-Auguste-Dominique Ingres[14], ou Horace Vernet:

"A l'atelier de Carle Vernet, où il avait fait ses premières études, Géricault s'était lié avec Horace. Jeunes tous deux, tous deux ardenls, enthousiastes, amoureux de leur art et épris do gloire, pleins de séve et confiants dans l'avenir, ils vivaient d'une vie à peu près commune. Ils aimaient les chevaux avec la même passion, et faisaient souvent ensemble do longues courses, pondant lesquelles ils se livraient à mille folies.
Lorsque Géricault s'en alla en Angleterre pour tâcher de vendre son chef-d'œuvre dont on n'avait pas voulu en France, Horace et lui n'en continuèrent pas moins à se tenir au cour.mt de ce qu'ils faisaient, chacun de son côté. Le maître qui venait de signer le Naufrage de la Méduse écrivait de Londres,

le 6 mai 1821, au futur auteur de la Smalah, une longue lettre dent voici un fragment:

«Vous ne douterez pas, disait Géricault, du plaisir que j'ai ressenti du succès de votre dernier ouvrage; mais cependant je remettrai à vous faire mon compliment quand j'aurai vu; il me semble que c'est la seule manière entre artistes et amis; vous n'avez que trop déjà de ces louangeurs insipides, qui répètent plus qu'ils ne peuvent sentir, et qui dégoûteraient presque de faire bien par leur incapacité à le découvrir.

«Je disais, il y a quelques jours, à mon père qu'il ne manquait qu'une chose à votre talent: c'était d'être trempé à l'école anglaise; et je vous le répète, parce que je sais que vous avez estimé le peu que vous avez vu d'eux. L'Exposition qui vient de s'ouvrir m'a plus confirmé encore qu'ici seulement on connaît ou l'on sent la couleur et l'effet... Il ne faut point rougir de retourner à l'école; on ne peut arriver au

beau dans les arts que par des comparaisons...»

Mais alors Horace n'était pas très-disposé à écouter les conseils de Géricault. Il arrivait à la période la plus accidentée de sa vie si fertile en événements: il atteignait cet âge auquel le jeune homme qui sent venir à lui la faveur du public se laisse un peu entraîner par le courant, et abandonne au hasard le soin de diriger ses actions. Bien "habiles et bien forts sont ceux qui résistent à ce premier enivrement de la renommée I Horace ne sut pas échapper à la commune faiblesse: le succès était pour lui, et il profita sans réserve et sans scrupule de l'engouement que son talent excitait partout.

Plusieurs raisons motivaient cette vogue. Outre le mérite incontestable de l'artiste, il y avait la tenue politique de l'homme qui séduisait ses juges. Lui qui aimait le pouvoir, ie galon et tous les hochets dorés comme les enfants aiment les joujoux, il devint, pendant un instant, la cheville ouvrière de l'opposition. En effet, malgré sa vanité, il avait une grande indépendance de caractère. C'est là un point qui, selon nous, a été très-mal apprécié par ses biographes. Les uns ont voulu faire de lui un héros, un chef de parti; les autres l'ont accusé de défaillances perpétuelles et d'impardonnables faiblesses. Il ne méritait et la vérité nous parait être entre les deux extrêmes. Horace Vernet était très-Français, et encore plus Parisien; il avait les qualités et les défauts de son origine. Il a dit pendant toute sa vie à qui voulait l'entendre qu'il était républicain'; il n'était que frondeur. Il a eu foi dans tous les gouvernements qui se sont succédé depuis le commencement du siècle; mais aussitôt qu'un pouvoir quelconque a voulu lui imposer des actes contraires aux idées qu'il croyait avoir, il s'est redressé dans sa fierté et n'a jamais transigé. Nous en verrons de nombreux exemples dans le cours de sa vie. Le premier fut le plus éclatant. Sous la Restauration, son atelier devint un véritable foyer de révolte. Voici quel fut le motif qui provoqua, de sa part, ces. allures séditieuses.

En 1822, Horace Vernet avait représenté plusieurs épisodes des guerres de l'Empire. Le roi savait combien le trône à peine relevé était encore, peu solide, et il craignait tout ce qui pouvait être de nature à l'ébranler.

Horace envoya ses tableaux au Salon; ils furent refusés par ordre, ou du moins on fit entendre à l'artiste que, s'il consentait à remplacer les cocardes tricolores de ses héros par des cocardes blanches, le veto dont il était l'objet serait levé.

Horace était trop fin pour laisser se refermer cette porte que la popularité ouvrait si à propos devant lui. Il répondit qu'il était peintre d'histoire, et refusa d'opérer le changement qu'on demandait.

Cette petite querelle fit du bruit. Le public prit, bien entendu, fait et cause pour Vernet, et lorsque celui-ci ouvrit son exposition particulière, l'affluence y fut plus grande que dans les galeries du Louvre, où l'on voyait seulement les œuvres admises sous le contrôle de l'autorité.

Horace sut admirablement exploiter l'occasion qui lui était offerte. Il invita les amateurs à venir voir dans son atelier une quarantaine de tableaux, dont MM. Jay et de Jouy, alors au premier rang des critiques d'art, publièrent un catalogue très-élogieux. Rien n'avait été négligé pour la mise en scène. Un petit tableau représentant le Tombeau de Napoléon était entouré d'un crêpe. Aussi était-ce devenu le but d'un pèlerinage quotidien pour tous les débris de la grande armée.

Le local dans lequel cette exposition était faite lui donnait un attrait de plus. Le Parisien aime à pénétrer chez les gens célèbres, quitte à payer ensuite, par des épigrammes, l'hospitalité d'un instant qu'il a reçue.

Horace Vernet avait su toucher, avec une adresse merveilleuse, toutes les fibres de cet être multiple qu'on appelle le public: aux vieux grognards, il avait montré la reproduction de leurs glorieux faits d'armes; aux bonnes âmes bourgeoises qui aiment le sentimentalisme militaire, il avait dédié le Soldat laboureur; aux artistes et aux amateurs sérieux étaient destinés la Défense de la barrière de Clichy et l'Atelier du peintre, deux toiles qui sont restées au nonjbro des meilleures qu'il ait jamais signées. De cet ensemble chacun prenait la part qui lui revenait, et c'est ainsi qu'en s'adressant simultanément à toutes les différentes classes de curieux il arriva d'un seul bond à la popularité.

Il est un fait pénible à constater dans l'histoire des arts: c'est l'habitude prise par le public de faire expier à un artiste les succès d'un autre. II. semblerait en vérité que l'admiration est un sentiment qui répugne à la nature humaine et que les supériorités nous humilient.

Au début de sa carrière, Horace Vernet avait été accusé de faire peindre ses tableaux par son père; quand on vit qu'il avait un talent personnel incontestable, la malveillance changea ses batteries, et ce fut Carle que l'on soupçonna de signer des tableaux composés par son fils.

En 1823, Horace continua son opposition; il envoya au Salon deux portraits de l'Empereur et la Dernière cartouche. La cour sut profiter de la malencontreuse expérience qu'elle avait faite l'année précédente, et n'apporta plus aucune entrave à l'action du peintre.

En çaison de cette tolérance, et aussi, il faut l'avouer, à cause de l'extrême mobilité de ses idées, Horace Vernet, à dater de cette époque, transigea tant soit peu avec la férocité première de ses convictions politiques pour concilier les souvenirs du passé avec les intérêts du présent. C'est ainsi qu'en 1824 il exposa un Portrait du duc d'Angoulême. Le gouvernement sut du reste reconnaître sa bonne volonté: on le nomma officier de la Légion d'honneur, et le même jour (15 janvier 1825), Carle était fait grand-cordon de Saint-Michel. Charles X leur remit lui-même leurs décorations, *dans cette séance publique dont un charmant tableau de M. Heim a perpétué le souvenir.*

En 1826, l'Athénée de Vaucluse, voulant rendre hommage à l'une des gloires de la Provence, mit au concours un éloge en vers de Joseph Vernet. Carle et Horace furent invités à se rendre à Avignon pour cette solennité. On les reçut d'emblée membres de l'Athénée; on les chanta en français et en patois; un astronome du pays se donna même la peine d'observer que le 10 octobre, jour de la fête, les taches du soleil, pour s'associer sans doute à cette manifestation patriotique, figuraient un V très-bien dessiné, d'une longueur de vingt-quatre mille huit cents lieues Voilà une initiale comme peu de souverains pourraient s'en procurer une! Mais le soleil ne devait-il pas cet honneur à Joseph Vernet, le peintre de la lumière?

C'est également en 1826 qu'Horace Vernet fut nommé membre de l'Institut. Il avait eu pour concurrents MM. Heim et Btondel, et il remplaçait Le Barbier, une célébrité de l'Empire tombée dans l'oubli.

Si Horace recevait de bonne heure son bâton de maréchal, du moins il l'avait bien gagné. «Pour les Vernet, disait le comte de Forbin, le fauteuil académique est un meuble de famille.»

Loin de se ralentir, Horace travailla avec une nouvelle ardeur, et, pendant les deux années qui suivirent, il produisit sans relâche. Qu'il nous suffise de. citer Jules II, Philippe-Auguste avant la bataille de Bouvines, l'Arrestation des princes...

Il fut interrompu tout à coup dans ses travaux par un événement important, qui devait marquer une nouvelle phase de sa vie : on le chargea, vers la fin de 1 828, d'aller à Rome remplacer Pierre Guérin dans le directorat de l'École française."[15]

Si cela était peu, on retrouvera "*cette tolérance*" au gré des romans d'Émile Gaboriau, aux airs moqueurs sur l'aristocratie et fondamentalement impériaux jusqu'en 1870, pour inverser subtilement cette conviction en présentant une société impériale basée sur la corruption financière dès la chute du Second Empire[16].

Doit-on encore citer le rebelle Fiodor Dostoïevski qui, revenu du goulag, écrira *Les Démons* (1871) comme un acte de contrition.

On nous parlera, certes, des retours sur soi[17], des changements idéologiques individuels, et, certes, tout cela est valide. Mais cela n'empêche que les mêmes intellectuels somocistes devinrent ceux du sandinisme, comme par exemple Raúl Quintanilla ou Ernesto Salmerón pères, et que les écrivains de l'avant-garde, généralement aussi somocistes, ou accommodés au régime, tel José Coronel Urtecho, devinrent, subitement, une fois la Révolution triomphante, des apologètes de ce nouveau système, ledit Coronel Urtecho[18] allant même jusqu'à produire des hymnes[19].

Paul Féval, contemporain et mentor, par ailleurs, du mentionné Gaboriau, l'exprime abondamment dans ses ouvrages:

"Volontiers y crierait-on, dans les fêtes nationales, selon les divers régimes: vive le roi, ou vive l'empereur, ou vive la république, qui nomme les officiers de la marine!"[20]

"– Messieurs, dit Roland qui revenait à eux le visage pensif, mais nullement déconcerté, je suppose que vous êtes des gens singulièrement habiles, quoiqu'il ne soit pas très malaisé de soustraire quelques vêtements oubliés dans une maison isolée, chez un homme sans défiance, à qui ces pauvres dépouilles n'importaient point, sinon comme souvenirs; mais fussiez-vous cent fois plus habiles, eussiez-vous, réunies, toutes les qualités qui font les grands diplomates et les dangereux criminels, qui font aussi les limiers fins, les juges

clairvoyants, les tacticiens vainqueurs, vous resteriez encore aux antipodes de la vérité pour ce qui me regarde. Vous êtes ici en face d'un problème inouï; vous m'entendez bien: inouï! Cet homme qu'on accusait d'avoir visé son ennemi à soixante-quinze pas et qui était aveugle; cet autre à qui l'on imputait d'avoir crié vive l'empereur prisonnier ou vive le roi en exil et qui était muet; et cet autre encore à qui l'on disait: «Vous avez frappé avec le poignard» et qui montrait ses deux épaules sans bras, toutes ces curiosités familières aux personnes de votre sorte, ces fleurs du jardin botanique du crime où croissent les alibis grossiers et ces autres impossibilités plus subtiles qu'on pourrait appeler des alibis métaphysiques, tous les anas de cour d'assises, toutes les beautés de l'histoire correctionnelle vous paraîtraient de purs enfantillages en comparaison de mon cas."[21]

"*Nous l'avons entendue quand tomba Charles de Bourbon, le dernier roi gentilhomme; quand Louis-Philippe d'Orléans vint aux Tuileries, elle tonna, cette voix, solennelle et vide comme les serments des hommes; elle tonna encore quand Louis-Philippe, roi, prit ce chemin obscur qui le menait à l'exil. La jeune république lui dit: «Éclate!» Elle s'enfla pour obéir à la jeune république. «Le peuple est roi!» criait-elle. Et du même ton, quelques années après: «Vive l'empereur!»*"[22]

On relèvera, en outre, comme le raconte bien Louis Aragon dans *La Semaine Sainte* (1958), que l'épisode de l'enrôlement de Géricault dans les Mousquetaires se passe durant la semaine du 19 au 26 Mars 1815, lors du retour des Cent-Jours de Napoléon de l'île d'Elbe, au milieu maréchaux d'Empire ralliés à la Monarchie, tels le maréchal Berthier ou le duc de Richelieu, et soudain pris dans la mouvance imprévisible de l'histoire politique[23]. On comprend donc bien comment les artistes (comme le prouve déjà le Salon de 1814) et les intellectuels avaient pu se mettre du côté du nouveau gouvernement, ce qu'atteste sans honte *L'École Française en 1814* de Durdent.

  Ces lignes tendues de l'incertitude politique ne sont-elles pas rendues encore plus visibles par l'arrivée au pouvoir de Louis XVIII entre divers candidats, dont l'ancien maréchal d'Empire Jean-Baptiste Bernadotte, et par le fait que c'est le noble Charles-Maurice de Talleyrand-Périgord, *"député aux États généraux sous l'Ancien Régime, président de l'Assemblée nationale et ambassadeur pendant la Révolution française, ministre des Relations extérieures sous le Directoire, le Consulat puis sous le Premier Empire, président du gouvernement provisoire, ambassadeur, ministre des Affaires étrangères et président du Conseil des ministres sous la Restauration, ambassadeur sous la Monarchie de Juillet"*[24], qui forcera la main des Alliés en faveur de Louis XVIII[25], étant un autre hasard, pour ainsi dire, ou coup du destin, le non paiement de la pension qui lui avait été accordée dans le traité de

Fontainebleau et le mécontentement des Français qui fera sortir Napoléon de son exil[26].

Talleyrand étant le père supposé d'Eugène Delacroix, dont les oeuvres furent systématiquement achetées par l'État[27].

Charles Blanc (1845) nous révèle ces dualités:

"Au lieu de continuer ses fortes études, Géricault abandonna tout à coup la peinture pour s'engager dans les mousquetaires. On était en 1814, et il y avait alors autour des Bourbons revenus au trône une sorte de jeunesse dorée, qui s'était organisée en corps d'élite pour témoigner de son dévouement à la dynastie restaurée, et aussi pour le secret plaisir de se distinguer par un magnifique uniforme où l'or se mêlait à l'écarlate. Géricault avait beaucoup d'amis parmi ces jeunes aristocrates, et ils lui persnadèrent de quitter ses pinceaux. Quoiqu'il eût un

caractère énergique et même entier, en ce sens que sa volonté, lorsqu'il en avait une, s'imposait aisément, Géricault était naïf, bon camarade; il se laissa facilement séduire et entraîner. En le prenant par son côté artiste et chevaleresque, en flattant ce grand amour qu'il avait pour l'action et pour tout ce qui est périlleux ou inattendu, on lui fit désirer de porter ce dolman qu'il avait peint en maître, et de se vouer à cette vie de parade où figurerait avec éclat un écuyer de sa tournure et de sa vigueur; A peine mousquetaire, Géricault se repentit de sa faiblesse; il s'aperçut qu'il entrait beaucoup de morgue et de vanité dans cette dévotion bruyante à la monarchie; mais, loyal et fidèle, il accompagna Louis XVIII en exil quand vinrent les Cent-Jours, et il resta sous les drapeaux jusqu'au licenciement de son corps.

Rendu à sa palette, le vélite royaliste ne songea plus qu'à se replonger dans l'étude."[28]

On se rend compte, dans cette approche de Blanc, de 1845, notons-le encore une fois[29], de l'intention ambigue entre l'Empire et la royauté.

La chronologie confirme notre thèse. Napoléon abdiqua le 6 Avril 1814:

"Le Ier avril, le conseil municipal de Paris faisait placarder des affiches sur lesquelles l'Empereur était qualifié d'«ennemi public» et qui appelaient le rétablissement d'un «gouvernement monarchique» dans «la personne de Louis XVIII»."[30]

Le 3 Mai, Louis XVIII fit son entrée à Paris, or:

*"Attiré par l'armée, les uniformes et les chevaux, il s'était engagé le 1er juillet 1814 dans la compagnie des Mousquetaires gris de la Garde royale,
où il portait une tenue superbe : habit écarlate à parements or, soubreveste bleu-roi avec une grande croix blanche sur la*

poitrine et dans le dos, culotte en peau blanche, bottes fortes, casque argenté avec plumet et crinière. Pourquoi cet engagement inattendu?

On suppose que Géricault y avait été encouragé par les jeunes aristocrates royalistes qu'il rencontrait et qui étaient, comme lui, passionnés de chevaux.

En mars 1815, après le retour de l'île d'Elbe, Géricault escorte Louis XVIII lors de sa fuite vers Gand. Alfred de Vigny, lieutenant à la compagnie des gendarmes du Roi, raconte qu'ils étaient suivis par «les lanciers de Bonaparte» qui montraient, de temps en temps, la flamme tricolore de leurs lances à l'horizon (Servitude et grandeur militaires, Laurette ou le cachet rouge). La Garde royale va seulement jusqu'à Béthune, où elle est licenciée par ordre de Napoléon. Géricault, déguisé en charretier, prend clandestinement le chemin du retour et pendant les Cent-Jours se réfugie près de Mortain, chez son oncle Bonnesoeur-Bourginière."[31]

"Les événements politiques troublèrent un moment la vie de Géricault et faillirent la modifier profondément. Les Bourbons venaient de rentrer en France; il prit subitement la détermination de s'engager dans les mousquetaires, et il tint pendant deux ou trois mois garnison à Versailles. On se demande ce qui put engager le jeune artiste à entrer dans cette carrière. Plus d'une raison, je crois: d'abord le désœuvrement qu'entraînent les commotions politiques; puis le goût qu'il eut toujours pour les spectacles militaires; la perspective de vivre au milieu des chevaux et d'en avoir à lui; l'exemple de ses amis royalistes, ses compagnons de monde et de plaisir; peut-être aussi le brillant et galant uniforme rouge des mousquetaires. Il ne faut pas chercher plus loin. Ce fut pour lui une partie de plaisir, un moyen d'échapper par une vie active aux déboires de l'atelier. Mais quand vint la débâcle momentanée des Cent-jours, l'infortune le trouva à son poste: il suivit le roi jusqu'à Béthune. Nature loyale, la trahison et la

lâcheté sous toutes les formes le révoltaient. Il rentra en France déguisé en charretier, et fut licencié bientôt après. Ses amis libéraux le raillaient volontiers sur sa campagne royaliste. Il se défendait par des arguments qu'il tirait de son bon et noble cœur. « Nous allâmes de nuit aux Tuileries, disait-il; la cour était encombrée de gens qui vociféraient, et lorsque je vis la lâcheté de tous ces soldats qui jetaient leurs armes et reniaient leur serment, je résolus de suivre le roi. » Cependant il ne parlait qu'avec un peu d'embarras de cette escapade, et n'aimait pas qu'on la lui rappelât."[32]

La période n'est pas prolifique pour Géricault qui, suite à une déception amoureuse, s'enfuit et s'embarque dans les Mousquetaires, puis, consécutivement, suite à la mauvaise critique du *Radeau de la Méduse*, s'expatrie:

"Cette incursion dans la politique et dans la vie active n'avait pas réussi à Géricault. De la fin de 1815 au milieu de 1816 il ne

travailla guère, et nous ne connaissons point d'ouvrages un peu importants que l'on puisse rapporter à cette époque. Il était comme tout le monde sous l'empire des événements extérieurs. Des raisons plus intimes augmentaient l'agitation, l'anxiété de son esprit. Une affection partagée, irrégulière, orageuse, et qu'il ne pouvait avouer, où il avait apporté toute la violence de son caractère et de son tempérament, et sur laquelle il ne m'est pas permis d'insister davantage, le troublait jusqu'au fond. Il était dévoyé et malheureux. Il résolut de partir pour l'Italie, espérant trouver dans l'éloignement et dans l'étude un adoucissement à ses chagrins."[33]

Il est probable, vu son engagement militaire très tôt en 1814, que le *Cuirassier*, pendant du *Officier de chasseurs à cheval de la garde impériale chargeant*, et qui sera ainsi exposé, soit, en outre, antérieur à son enrôlement, dans l'idée, comme dans sa réalisation.

L'engagement royaliste de Géricault se termine, en comédie, pourrait-on dire, par une fuite en déguisement. Ce qui en montre bien, au fond, toute la valeur.

1.b. On nous copie sans nous citer, confirmation pratique, et par l'exemple, de la thèse générale antérieure

"... mais il désire revoir la fumée de son pays et souhaite de mourir"
(Homère, *Odyssée*, Chant I)[34]

Néanmoins, Bruno Chenique expose plusieurs points:
1. L'incohérence d'assumer le caractère non politique de l'épisode politique représenté dans *Le Radeau de la Méduse*[35];
2. La position commode de la critique qui, pour éviter l'approche politique de l'oeuvre de Géricault, ne pouvant d'ailleurs difficilement être plus évidente, impose une approche de

l'art de Géricault comme un "*art pour l'art*"[36];

3. L'"*intense réflexion sur la peinture d'histoire et sur les messages qu'elle est susceptible de véhiculer*" que représente "*l'élaboration du Radeau de la Méduse*"[37];

4. Ainsi, de même:

"*Comme le remarque si bien Pierre Malandain dans un article pionnier, ses géants de 1812 et de 1814 étaient anonymes et faisaient figure de Héros réels: «en peignant "le Soldat de 1812", "le Soldat de 1814", Géricault semblait céder à la à la généralisation du symbole; en fait, il peignait le Héros réel, le seul qui ait à la fois senti et assumé le mouvement même de l'Histoire.*"[38]

5. De là que Chenique nie ou se moque de la conception, abondamment colportée pour sa facilité, d'"*Un peintre incapable de penser*"[39];

6. Être pour le Roi en 1814 ne veut pas dire être royaliste ou ultra[40];
7. Le changement de gouvernement créa un important choc entre les exposants prévus du Salon de 1814, pour deux raisons[41];
    a. D'abord, aux représentations prévues pour *"insuffler aux futurs visiteurs du Salon de 1814 un esprit de résistance face aux adversités militaires que connaissait alors l'Empire"* et qui avaient été commandées à quarante-cinq artistes, entre lesquels Géricault, qui devait produire un portrait du *"Beauharnais, vice-roi à l'armée de Russie"*[42], les exposants durent avouer leur incapacité à produire pour 1814 des toiles louant la monarchie, et pour cela demandèrent un report, qui ne leur fut pas accordé, pour le 1er Mars 1815;

b. Ensuite, l'originel changement de date du 1er Novembre 1814, qui fut finalement rétablie, au 25 Août, date de la Saint-Louis - ce qui confirme l'orientation historique des représentations de la Restauration dans les Salons, que nous avons déjà relevée - pour l'ouverture du Salon;

8. Le choix, explicable pour la raison antérieurement exposée (son intégration aux Mousquetaires), de Géricault de présenter, contrairement aux autres artistes, qui, faute de mieux, présentèrent des *"toiles mythologiques ou religieuses au programme idéologiquement neutre"*, avec, en général, *"l'autorisation exceptionnelle d'exposer l'un de leurs anciens tableaux ayant déjà figuré au Salon"*, une toile, déjà présentée en

1812, présentant un officier napoléonien[43];

9. En ce sens, une série d'études pour la *Revue de Louis XVIII au Champ de Mars*, finalement abandonnée, comprenant une dizaine d'études et un tableau inachevé, semble avoir été le choix substitutif à sa commande du Beauharnais auquel pensait Géricault, après le retour du Roi[44],

"A l'époque, le choix d'un tel sujet, c'est-à-dire une parade royaliste célébrant Louis XVIII, relevait de l'évidence même - au même titre d'ailleurs que les scènes de la vie du bon roi Henri IV. On attendait des artistes, je l'ai dit, qu'ils célèbrent haut et fort le retour des Bourbons."[45];

10. Si la *Parade* représentée par Géricault, de date longtemps inconnue, semble s'être réalisée le

19 Septembre 1814, soit un mois et demi avant l'ouverture du Salon, la date de présentation au Jury réduisant encore ce délai, puisqu'elle était fixée au 15 Octobre[46], deux hypothèses s'opposent: l'une qui veut que le *Cuirassier* ait été peint avant le retour de Louis XVIII, l'autre, soutenue par Chenique, qui pense que la toile aurait plutôt été peinte en quelques semaines, après l'abandon de la *Parade*[47],

"conception du Cuirassier blessé, quittant le feu en très peu de jours, réalisé par un mousquetaire du Roi et naturellement conçu comme un pendant, c'est-à-dire destiné à produire un sens. Ainsi réunies, le choc esthétique et la portée idéologique de ces deux toiles devenaient véritablement explosifs."[48];

11.   En produisant une oeuvre comme le *Cuirassier* au Salon de 1814, où, au contraire, l'orientation était de prôner la paix contre les armes, *"L'heureuse et pacifique révolution"*, Géricault créa un mini-scandale thématique, cause, au moins partiellement, des critiques formelles qui lui furent faites[49].

On déplorera qu'à sa manière habituelle, et pour poser, nous l'avons dit, un problème iconographique de manière extra-iconographique ou *"méta-visuelle"*, Chenique termine sur une pirouette:

"Alors! Géricault républicain? La question, on s'en rend compte - du moins je l'espère - n'est peut-être pas si provocatrice..."[50]

Et il cite, pour référence, en ce sens, Auguste Baron:

"La compagnie où je servais avec le grade de caporal (il me fut donné d'aller jusque-

là!) était était toute républicaine. Qui n'a été républicain une fois en sa vie? à vingt ans surtout [...].C'était donc des cœurs de républicains qui battaient sous nos capotes de volontaires royalistes. Cela vous étonne, mais remarquez que nous nous étions bâti un petit raisonnement tout-à-fait ingénieux: - Napoléon et Louis XVIII, disions-nous, sont évidemment deux despotes, mais l'un est un génie trop complet pour n'être pas incorrigible, trop colossal pour que des nains de notre espèce puissent l'atteindre; l'autre n'est qu'un homme d'esprit; il a donné la charte; concédée ou non, elle n'en existe pas moins; c'est elle qu'il invoque aux jours de détresse; d'ailleurs la leçon qu'il reçoit est assez rude. Courons au plus pressé; délivrons d'abord la liberté de son plus formidable ennemi, au hasard d'examiner ensuite ce qu'il faudra faire du roi, s'il s'écarte du droit chemin."[51]

Comme tous les témoignages de l'époque, il faudrait encore le contextualiser, datant, celui-ci, de 1837[52].

Et attention, en particulier, que le même morceau ne serve pas plutôt à réaffirmer les va-et-vient idéologiques de l'époque:

"C'était, je vous l'assure, de singuliers régiments que les Volontaires Royaux, formés à Paris en 1815, et destinés à aller combattre Napoléon, ou, comme l'on criait alors par les rues, à ramener dans une cage de fer l'ogre de Corse qui venait de débarquer au golfe Juan. La grande majorité des élèves de l'école de Droit et de l'école Normale, et un petit nombre d'étudiants en médecine formaient le noyau de ces corps. Une foule de jeunes gens, comme alors il s'en rencontrait tant dans la capitale, désœuvrés, amis du nouveau, impatients d'action, sans opinion politique bien prononcée, s'étaient réunis à nous, pour passer le temps, pour se mêler à quelque chose, pour rouler leur tonneau, comme Diogène à Corinthe.
Notre commandant en chef était le vieux Viomesnil, le type de ceux qu'on appelait en ce temps Voltigeurs de Louis XIV, excellent

homme d'ailleurs; pour officiers supérieurs, nous avions, soit de braves gens de la même farine, soit d'anciens militaires, bonapartistes pour la plupart, qui se gardaient bien de nous conduire à l'ennemi, et au fond ils n'avaient pas tort; qui laissaient passer à leur boutonnière, dès le second ou le troisième jour, une petite fleur de violette, toujours grandissant, à mesure que l'aigle impériale poursuivait d'un clocher à l'autre son vol vers Notre-Dame."[53]

Enfin, nous constatons, avec curiosité, qu'il aura fallu presque vingt ans à Chenique pour se solidariser avec les thèses que nous avons posées en 1996-1999, publiées en 2001, autour du *Radeau de la Méduse* et du *Cuirassier*.

Plus étrange ou notable encore, il ne nous cite jamais, alors qu'aussi bien lui, qui avait directement demandé une copie des titres, qu'Éric Darragon, auteur de l'anthologie où apparaît l'article ici cité de Chenique, Darragon qui avait été notre

Professeur lors de nos études à l'Université de Paris X-Nanterre, et que nous avions contacté au moment de la soutenance de notre thèse sur *Le Radeau*, et qui avait également, par ce fait, eu copie des travaux mentionnés, avant leur publication respective, tous deux, donc, Darragon en 1999, Chenique en 2001, connaissent parfaitement ces thèses et travaux.

Pour cela nous avons pris la peine de présenter les éléments de Chenique dans son article, qui, tous, recoupent et reprennent nos thèses, sans jamais, encore une fois, cependant, les citer explicitement. Grand opposant à la politisation de Géricault, on voit aujourd'hui Chenique la défendre. Il passe par les parties importantes de notre démonstration: le rôle équivoque de Jules Michelet[54], et la question de l'artiste comme locuteur ou exposant intellectuel. Il implique la même critique qui est la nôtre depuis trente ans, et est la réduction de l'artiste aux faiblesses de compréhension ou, plus simplement et généralement, d'abordage des oeuvres par les analystes.

Finalement, et surtout, il reconnaît le rôle de diptyque des deux tableaux présentés en 1814, et leur double sens politique et napoléonien (il dit républicain, ce qui n'a guère de sens). Il implique, par là même, la relation d'opposition[55], qui est la conclusion de l'étude que nous republions dans la présente Collection, entre la Victoire guerrière (tableau de 1812) et la Paix acquise par les armes (tableau de 1814). Il parle, pour cela, mais qui ne l'a pas fait, du débat pour savoir quel territoire représente l'arrière-plan de la toile de 1814.

Au fond, la principale différence avec Chenique est que nous ne nous posons pas la question de l'art de manière mystique, pour comprendre les opinions politiques de l'auteur, ce qui serait valide si une réponse autre qu'en forme de paradoxe (or l'on sait qu'"*Il faut éviter le paradoxe comme une fille publique qu'il est, avec laquelle on couche à l'occasion, pour rire, mais qu'un fou, seul, épouserait*"[56]) pourrait y être donnée, mais de manière iconographique.

    Tout le monde est d'accord pour voir dans le *Cuirassier* allant vers le bas un symbole plus négatif que celui du *Chasseur* avec son cheval levé sur ses pattes arrières. Tout le monde n'est, par contre, et ironiquement, car cela devrait être plus simple, d'accord sur le sens positif de celui-ci.

2. Conclusions au présent Préambule

Il semble évident que le processus du *Cuirassier* passe d'abord par l'étude du Louvre[57] où la figure est assise[58], comme le contemporain *Carabinier assis sur un tertre, un autre militaire à genoux portant un enfant dans ses bras* (également de 1814)[59], dont le dernier élément, le second militaire à genoux tenant un enfant dans ses bras, préfigurant *Le Radeau*, doit être compris similairement comme un symbole patriotique (la femme aux seins nus allaitant des enfants étant, au XIXème siècle, un symbole récurrent de la Patrie) d'offrande et d'abandon miséricordieux et altruiste (comme nous l'étudions dans notre ouvrage sur *Le Radeau*); la version du *Cuirassier* du Brooklyn Museum intégrant le cheval[60].

Lorenz Eitner (1954)[61] dédie un article à étudier l'iconographie du geste et de la position du *Cuirassier*[62] par rapport à celle de l'*Enseigne du Maréchal-ferrant* (1819); l'idée est honnête, cependant mieux aurait valu, en ce sens, comparer avec le geste du *Cuirassier* (qui aura des reprises dans *Cuirassier prussien blessé*, 1885, d'Emil Hünten[63] et *Ranny kirasjer i dziewczyna* [*Cuirassier blessé avec jeune femme*], 1908, de Wojciech Kossak[64]) avec les postures de l'étude pour *La retraite de Russie* (1818)[65] en ce qui concerne l'esquisse du Louvre, et, pour les figures avec cheval, aux oeuvres comme: *Le marché aux chevaux* (1814)[66], *Course de chevaux libres* (1816)[67], *Cheval arrêté par des esclaves* (1817)[68], *Course de chevaux* (également de 1817)[69], *Course de chevaux sans cavaliers à Rome* (aussi de 1817)[70] et les différentes études pour cette même *Course des Barberi*[71].

La même année (1814) que le *Cuirassier*, Géricault peint, en outre, deux *Portrait*(s) *de Carabinier* du même soldat dans chacun de ses deux profils[72] (qui ne sera, pourtant, pas retenu pour le *Cuirassier*), dont l'un, en gros plan, le représente avec, en arrière plan, et en ombre, son cheval[73].

Similairement, le *Chasseur* et ses esquisses[74] trouvent des correspondants dans les *Carabinier à cheval, vu de dos*[75], *Officier des Carabinier donnant l'ordre de charger*[76], *Général de division attaquant l'ennemi*[77] et *Carabinier à cheval chargeant* (c.1823)[78].

Ainsi fonctionnent, à leur tour, en diptyque, dans l'oeuvre du peintre, le *Portrait équestre du général Krasiński* (c.1814)[79], qui rappelle *Louis-Philippe duc d'Orléans en uniforme de colonel-général des Hussards*[80] de son mentor Carle Vernet, et le *Lancier hollandais de la Garde Impériale*[81]. Comme, inversement, Horace Vernet, fils de Carle, et ami de Géricault, reprendra le thème du *Cuirassier blessé* de Géricault, dans trois oeuvres parallèles, *Le Cuirassier blessé* (c.1820)[82] et *Le Dernier Grenadier de Waterloo* (1822)[83], reprise (dans des tons crépusculaires et inversée, comme s'il s'agissait d'une gravure de l'antérieure), à son tour de la toile du même Vernet *Un soldat sur le champ de bataille* (1818)[84], qui reprennent, tous trois, la pose assise de l'étude du *Cuirassier* du Louvre, y ajoutant Vernet, pour les deux derniers, la main soutenant la tête, pose traditionnelle de la Mélancolie, que reprendra Auguste Rodin pour son *Penseur*. Ce Grenadier solitaire pelle en main, tête d'un mort près de lui, motif, ce dernier, de la traditionnelle iconographie de la Mélancolie comme *Memento Mori*, notamment sous les traits de Marie Madeleine, est accompagné, dans la copie du tableau par l'École française du début du XXème siècle[85], d'une figure d'orante, qui surdétermine les croix dans le fond, le rôle de fossoyeur du Grenadier, et la tête remplaçant en un tragique Grand Guignol l'habituel crâne, laquelle orante renvoie, dès lors, à ce que nous avons dit à propos de la relation entre les deux personnages du *Carabinier assis sur un tertre, un autre militaire à genoux portant un enfant dans ses bras.*

N'est-il pas, en effet, plus pertinent de rapprocher les oeuvres entre elles par thème, même si la comparaison avec l'*Enseigne de Maréchal-ferrant* est notable.

C'est ce qui nous fait reprocher aux Historiens de l'Art leur incapacité à discriminer un matériel, dans les deux sens, tragiquement: de création d'un *corpus*, et de différenciation thématique.

Nous le voyons avec Chenique, qui, oubliant de nous citer, alors qu'il nous connaît parfaitement, sous l'égide, assumons qu'involontaire, de Darragon, reproduit nos thèses, mais honteusement, sans oser les poser, comme nous l'avons fait, explicitement, pour *Le Radeau*, d'après l'étude de ses thèmes - d'où le titre de notre ouvrage concernant cette oeuvre et la division de ses chapitres -, et, voulant donner une interprétation extra-iconographique, s'enlise dans des considérations si l'on veut sentimentales, essayant d'élucider l'âme de l'artiste, ce qui, bien sûr, est impossible, sans reconnaître le mouvement politique classique des intellectuels, rapides, comme l'ensemble de nos congénères humains, à se mettre, comme Géricault, le peintre napoléonien dès que son maître perd le pouvoir, sous le drapeau de son ennemi. Indécision et incertitude bien humaine, tristement, qui permet l'émergence et la prise de pouvoir d'hommes, au fond, minuscules, sans talent ni force particulière, mais grâce à la faiblesse et l'imbécilité de tous les autres, plus grandes que celles des idiots voulant se faire roi, alors que, comme le signalait fort bien Otto Van Veen et l'emblématique moderne, ils ne sont que singes ridicules en habits. Nous fournissons les exemples et preuves suffisamment abondantes dans ce qui précède pour démontrer l'inanité du problème tel que le pose Chenique, incapable de le voir dans toute sa lumineuse splendeur: c'est-à-dire iconographique.

Découvrant, comme beaucoup, l'Amérique bien longtemps après qu'elle soit connue, il assume notre interprétation, en recourant, lâchement, nous devons le dire, à nos points (critique de la conception de l'artiste comme *a priori* abruti et de l'oeuvre en fonction du récepteur-spectateur; reprise du cas de Michelet et de sa vision patriotique; que nous critiquons et dont nous démontrons les tensions de compréhensions iconographiques non dites, mais que dans son incompétence Chenique ne découvre, ce qui nous est trop souvent arrivé, et nous n'avons, à notre âge, plus l'espérance que cela changeasse jamais, qu'inversement, car il comprend tout à l'envers, bien sûr, comme le traditionnel point focal du "*discours patriotique*" sur Géricault, ce qui est évident, mais, également, après notre démonstration, qu'à continuation pourra lire le lecteur, est bien peu dire, et surtout est trop court, comme aurait pu dire Cyrano à notre actuel Pinocchio; démonstration, hors de l'iconographie, et par l'exemple le plus douteux de la biographie de l'artiste, pour ne pas dire tout de go le plus confus, de ce que nous avons démontré par et dans le cadre iconographique voilà plus de vingt-cinq ans dans nos travaux précédemment cités), puisqu'au contraire du gros et chauve duelliste de *Bel-Ami*, non pas, lui, sans signer de son nom, mais, pire sans aucun doute, sans nous nommer comme l'adversaire auquel il donne, finalement raison, sans le vouloir reconnaître et sans, nous l'avons dit, rendre, selon le principe, au moins chrétien, à César ce qui est à César.

Confirmant nos thèses, qu'à continuation nous présentons à nouveau, le modèle de la victoire guerrière du *Chasseur*, que l'on retrouve dans le portrait du *La dernière charge du général De Lasalle, Wagram, 6 Juillet 1809, dans l'après-midi, juste avant qu'il soit tué* (1912) par Édouard Detaille[86], et que, dans l'analyse suivante, nous rapprochons du portrait par David de *Napoléon franchissant les Alpes*, bien marqué dans l'iconographie, avant l'époque bonapartiste et sa propagande, trouve, par exemple, encore, un antécédent dans le *Portrait équestre du Duc de Buckhingam* (1625) par Pierre-Paul Rubens[87], couronné le Duc par un amour ailé sous le regard d'un dieu fleuve.

Et, de nouveau, en ce qui concerne le *Cuirassier*, alors que le modèle du sacrifice patriotique s'expose bien sous la forme de Curtius tombant du pont, nous y reviendrons, dans les parties droite, pour le spectateur, des *Prétoriens tombant dans le Tibre durant la bataille Pont Milvio* (1613) par Pieter Lastmann[88] et dans la gravure sur le même sujet de Gérard Audran d'après Charles Le Brun (1666)[89], l'illustration de couverture par Romeyn de Hooghe de l'*Orbis habitabilis oppida et vestitus* (1695) de Carolum Allard[90], présentant les différents continents avec leurs animaux respectifs, montre l'Europe victorieuse sous les traits d'un jeune élégant tenant son cheval en bride.

[1] Auguste De Roosmalen, *Études de l'Orateur ou Méthode Roosmalen: exemples annotés*, Paris, Bureau de l'Orateur, 1844, "Raynal (L'Abbé Guillaume-Thomas).", "*Discours à l'Assemblée Nationale, en 1789 (extrait).*", p. 173.
[2] Charles-Paul Landon, *Annales du Musée et de l'École Moderne des Beaux-Arts*, Paris, Au Bureau des Annales du Musée, et Imprimerie De Chaignieau Aîné, 1800-1824.
[3] *Ibid., Salon de 1808*, T. I, p. 102.
[4] *Ibid., Salon de 1810*, p. 49.
[5] *Ibid., Salon de 1814*, p. 40.
[6] *Ibid., Salon de 1812*, T. I, p. 19.
[7] R.J. Durdent, *L'École Française en 1814*, Paris, Chez Martinet; et Delaunay, 1814, pp. 1-2.
[8] Landon, *Salon de 1814*, " Planches contenues au Supplément", s/n.
[9] Durdent, p. 93.
[10] Landon, *Salon de 1808*, T. I, p. 42.
[11] *Ibid.*, p. 102.
[12] https://fr.wikipedia.org/wiki/Jacques-Louis_David#Chef_de_file_de_la_nouvelle_%C3%A9cole_de_peinture; "*Girodet, de Rome, écrit le 28 septembre 1790 à Gérard à propos de David qui vient de lui adresser une lettre: «Il est, me dit-il, du club des Jacobins, qu'il paraît affectionner beaucoup.» Il est probablement inscrit depuis peu de temps. En tout cas, son nom figure sur la liste des membres imprimée par la société en décembre. Vouloir associer le club des Jacobins à son travail est une marque indéniable de sympathie politique, mais en même temps il s'agit d'un moyen de réaliser un projet ambitieux, son rêve de voir le Serment du Jeu de Paume à l'Assemblée nationale, ornant le «Temple de la Liberté»; c'est ainsi que, sous la Révolution, l'édifice public et le musée tendent à remplacer le palais et l'église comme destination privilégiée de la peinture de l'histoire. Ceci peut paraître paradoxal à la lumière de l'histoire des rapports entre les artistes et les groupes politiques, mais David s'adresse aux Jacobins pour devenir*

enfin un artiste libre. Il se libère des contraintes de la commande particulière sans vraiment subir celles des Jacobins, car, à cette époque, ils ne sont pas encore sensibilisés aux vertus de la propagande artistique. En 1791, la participation de David aux séances n'est confirmée que trois fois: le 5 juin, lorsque Houdon refuse de participer au concours pour le buste de Mirabeau; le 16 septembre, quand il est nommé commissaire pour examiner une pétition de la Commune des Arts (sans doute l'Adresse de l'Assemblée des artistes réunis, datée du 10 septembre), et le 4 novembre pour appuyer, à en croire Renou, le parti des artistes non-académiciens dans le projet de jury pour les prix d'encouragement.

A gauche de Dom Gerle est assis Barère qui rédige Le Point du Jour. Derrière lui est le groupe des curés du Poitou qui se rallièrent les premiers au Tiers, et, derrière eux, Prieur de la Marne, les bras écartés, regardant vers la gauche et criant, «arrivez donc, arrivez donc». Dans la partie droite de la composition, Gérard, Mirabeau, le député le plus en avant, et Barnave sont au premier plan, dominés par un député monté sur une chaise pour jurer, l'autre main sur son épée. Il s'agit du militaire Dubois-Crancé, dont le portrait se trouve achevé sur l'ébauche. La figure immédiatement à gauche, les deux mains sur la poitrine, la tête en arrière, le corps agité par une exaltation presque douloureuse, serait Robespierre, bien que la ressemblance du profil soit peu convaincante; malheureusement, l'ébauche ne montre pas la tête peinte de ce personnage, seulement un portrait au trait tout aussi peu ressemblant que celui du dessin.

L'importance que David donne à Mirabeau et à Barnave, les deux grands orateurs de la Constituante, ainsi qu'à Sieyès, dont la pensée dirigea la révolte du Tiers, n'a rien de surprenant. D'après l'Allemand G. A. Von Halem, qui rencontre David en 1790, il se serait enthousiasmé à l'idée de consacrer un tableau à Mirabeau au moment de la célèbre confrontation du 23 juin 1789 avec Dreux-Brézé. Une preuve certaine de sa profonde admiration pour Mirabeau est le

portrait achevé qui se trouve sur rebauche du Serment du Jeu de Paume: David l'a probablement peint au début de l'année 1792, à une époque où les proches de Robespierre et de Marat soupçonnent déjà Mirabeau de compromissions avec la Cour, qui seront révélées en août, après la découverte de l'armoire de fer aux Tuileries, et qui seront fatales pour sa réputation.
La place exceptionnelle de Dubois-Crancé dans la composition de David n'est évidemment pas sans rapport avec la motion qu'il présenta aux Jacobins le 28 octobre 1790. Les deux hommes devaient être liés à cette époque, la chose parait certaine; malheureusement, il n'existe aucun document pour éclairer leurs relations sous la Constituante. L'évolution des opinions de Dubois-Crancé est intéressante, car clic ne parait pas très différente de celle du peintre. Royaliste sincère en 1789, il croit à l'accord des trois réalités de la fameuse devise: la nation, la loi et le roi; en août 1790, il discerne quatre partis à l'Assemblée: «les francs aristocrates, les impartiaux noirs ou aristocrates ministériels, les impartiaux blancs ou patriotes ministériels, qui ont pris modestement le titre de modérés, et le faux parti populaire que ses ennemis appellent les enragés.» A la fin des travaux de la Constituante, le «patriote ministériel» est profondément déçu; jetant un regard en arrière sur l'oeuvre des députés sortants, il s'adresse aux Jacobins le 25 septembre 1791: «[...] dans cette assemblée de douze cents personnes, vous n'avez pu jamais compter que trois cents Spartiates. Les autres se divisent en hommes enchaînés par leurs préjugés et en députés faibles, vacillants, et qui avaient besoin de toute la force de la volonté manifestée du peuple pour ne pas trahir ses intérêts.» De telles allusions aux Spartiates ont dû enflammer l'imagination de David, qui ne mettra jamais en cause son amitié pour le militaire, l'homme le plus «démocrate» parmi les modérés, pourrait-on dire." (Philippe Bordes, *Le Serment du jeu de paume de Jacques-Louis David: le peintre, son milieu et son temps de 1789 à 1792*, Musée national de Versailles et Réunion des musées nationaux,

1983, pp. 47-48) Nous retrouvons ici les arguments du recours au caractère fort utilisés par Chenique dans son article, pour justifier lyriquement le simple opportunisme politique de Géricault. De fait, il nous semble qu'on peut avec plus de pertinence comparer son escapade chez les Mousquetaires à l'association de Jacques-Louis David aux muscadins: "*Fleury-Richard était membre du groupe catholique et royaliste des muscadins. Ce groupe, qui travaillait parmi d'autres dans l'atelier du peintre Jacques-Louis David, était appelé par Delécluze le parti aristocratique de l'atelier. Delécluze ajoutera à leur sujet:*
«[...] au milieu de cette foule, de jeunes gens dont la fortune, l'éducation, les manières et les talents étaient si inégaux et si divers, se faisaient remarquer ceux dont le costume plus régulier, dont la tenue plus aisée et plus décente, dont le langage plus pur et plus mesuré, imposaient aux autres élèves.»
Les muscadins partageaient non seulement des idées royalistes mais aussi catholiques. Leur peinture devait parvenir à suggérer le sentiment absolu de la foi en Dieu. Certaines de leurs oeuvres évoqueront sans ambiguïté cette aspiration, comme celles de Pierre Révoil (1776-1842) ou de François Marius Granet (1775-1849).
Le style troubadour devait prendre fin avec la Révolution de 1848. Le mouvement des préraphaélites, mouvement artistique paru en Angleterre vers 1850, sous l'ère victorienne, en sera en quelque sorte l'héritier." (Jacques Troger, *L'Évangile de verre*, Saint-Laurent-le-Minier, Éditions de Massanne, 2018, pp. 39-40)
Il faudrait, dans ce cadre encore, rapprocher la question de l'utilisation par Élisabeth Vigée Le Brun de la référence à l'antique Cornelia (cf. par ex. https://www.youtube.com/watch?v=1OTacbtkXKg), mère des Gracques, dans *Marie-Antoinette de Lorraine-Habsbourg, reine de France et ses enfants*, 1787 (https://commons.wikimedia.org/wiki/File:Louise_Elisabeth_Vig%C3%A9e-Lebrun_-_Marie-Antoinette_de_Lorraine-

Habsbourg_reine_de_France_et_ses_enfants_-_Google_Art_Project.jpg), certes par rapport à l'affaire du collier:
"*Le 12 septembre 1785, la direction des Bâtiments du roi, sur ordre de Louis XVI, commanda à Élisabeth Louise Vigée Le Brun un grand portrait de la reine. La consigne était précise: le tableau, monumental, la représenterait dans son intérieur, en compagnie de ses enfants, garants de la continuité dynastique. Il devait restaurer l'image de Marie-Antoinette, lui rendre une respectabilité en l'exaltant dans son rôle de mère. L'esquisse préparatoire ayant reçu l'approbation du comte d'Angiviller puis du modèle, le Garde-Meuble livra, le 22 juillet 1786, le mobilier qui, placé dans le grand cabinet de la reine – actuel salon de la Paix –, devait servir de décor.*
Réalisé d'après un dessin de François-Joseph Bélanger, le serre-bijoux, aux vantaux décorés des armoiries royales, « couvert en dehors de velours cramoisi orné de broderie en bosse d'or sur son pied de bois doré sculpté » (extrait de la vente du 30 septembre 1793, lot n° 2353), avait été fourni par les Menus-Plaisirs en 1770; hélas, même dans la pénombre, il constituait un malheureux écho à l'affaire du collier. À son sommet, sur un coussin fleurdelisé, une couronne rappelait l'auguste dignité des modèles. Un tapis de la Savonnerie, un coussin recouvert de brocart à fond bleu, utilisé à Versailles à partir de 1785, complétaient le décor. L'artiste termina les études de têtes au Trianon en août 1787." (https://www.grandpalais.fr/fr/article/oeuvres-commentees-delisabeth-marie-antoinette-et-ses-enfants)
Le tableau étant de propagande: "*Dans ce tableau de propagande exposé au Salon de 1787 au Louvre, Vigée-Lebrun prend comme modèle la Madonna della Gatta de Giulio Romano et commence la toile le 9 juillet 1786. La peintre se garde bien de représenter un collier sur la reine qui porte une robe de velours rouge bordé de marte, au drapé savant, et un béret de velours écarlate empanaché. Elle tient sur ses genoux son avant-dernier né, Louis-Charles habillé en fille, la tête coiffée d'un bonnet et les bras gesticulant, son*

attitude générale donnant l'impression d'une solide vitalité, ce que confirment les témoignages contemporains. La petite Marie-Thérèse pose affectueusement sa tête sur son épaule droite, tandis que le dauphin entoure d'un bras protecteur le berceau vide couvert d'un crêpe noir, afin de rappeler au public la mort récente de Marie-Sophie-Béatrice. L'armoire servant de serre-bijoux et ornée de fleurs de lys, luit dans la pénombre."
(https://commons.wikimedia.org/wiki/File:Louise_Elisabe th_Vig%C3%A9e-Lebrun_-_Marie-Antoinette_de_Lorraine-Habsbourg,_reine_de_France_et_ses_enfants_-_Google_Art_Project.jpg), même en tant que réponse maladroite, mais aussi, en contrepartie, nous semble-t'il, comme subtil air du temps que savent comprendre les plus sensibles pour commencer, comme David ou, ici, Vigée Le Brun, à donner dans l'ambigüité thématique. En effet, ce thème de Cornelia, ne devient-il pas très populaire dans ces années, Noël Hallé (1779, Musée Fabre, Montpellier, https://en.wikipedia.org/wiki/File:Halle_CorneliaMotherOf TheCracchi.jpg) en donnant une version, comme aussi Giuseppe Cades (1750-1799, Louvre, Paris), Jean-François Peyron (1781, The National Gallery, London), Joseph Benoît Suvée (1795), Jules Cavelier (1861, Musée d'Orsay, Paris) - celui-ci, significativement au moment du retour au pouvoir du Troisième Empire, après les années monarchiques -, et surtout, pour notre *corpus*, ici, Angelica Kauffmann (1785, Virginia Museum of Fine Arts, Richmond), pour ces dernières références, cf. http://www.19thcenturyart-facos.com/artwork/cornelia-mother-gracchi. Or, comme nous le rappelons dans notre ouvrage, dans la présente Collection, sur *La mort de Marat, "Contemporaneously with David, the painter Angelica Kauffmann (1741–1807) was commissioned by Polish royalty to create a work she entitled Brutus Condemning His Sons to Death for Treason. This painting, now lost, is known only by written description and a preparatory pen and ink drawing from 1788."* (https://en.wikipedia.org/wiki/The_Lictors_Bring_to_Brut

us_the_Bodies_of_His_Sons#Impact), s'associant ainsi, nous semble-t'il, dans les années de l'Affaire du collier (1785, https://fr.wikipedia.org/wiki/Affaire_du_collier_de_la_rein e), bien que, certes, antérieurement, des figures d'évocation et d'association ambiguës, duelles, de Cornelia, caractère complexe et politiquement actif mais chaste (https://fr.wikipedia.org/wiki/Cornelia_Africana#R%C3% B4le_dans_la_carri%C3%A8re_politique_de_ses_fils), par opposition aux reproches de frivolité et de gaspillage des deniers de l'État faits à Marie Antoinette, et du tribun Brutus, qui mit fin à la monarchie romaine. L'une dont l'ascétisme noble allait jusqu'à préférer ses fils à tout bijou, l'autre qui les sacrifia pour le bien supérieur de la Patrie. Figures qui pourraient, donc, bien nous renvoyer, non seulement au rôle maternel de la reine dans le tableau de 1787 par Vigée Le Brun, mais aussi au rapport entre le cycle de la série sur *La Malédiction du père*, à savoir: *Le Fils ingrat* et *Le Fils puni* (tous deux de 1778) par Jean-Baptiste Greuze, que nous mettons en parallèle dans notre *corpus* sur *La mort de Marat* avec la récurrence de la figure morale du père (*Pater/Patria*) dans l'oeuvre de David.

[13]"*That Jacques-Louis David, the painter of Marat and the partisan of Robes-pierre, cast his lot with Napoleon Bonaparte to the point of becoming First Painter to the Emperor and preferring exile to abjuration upon the return of the Bourbon monarchy, has been diversely interpreted. His fawning for the favors of the almighty hero has often been viewed as an opportunistic renunciation of his republican ideals, unbefitting of a man of character. Those historians of the French Revolution who tend to applaud the democratic and regulatory measures of the Jacobin government and decry the bourgeois order that triumphed dur-ing the Empire have been especially critical of David's allegiance to Napoleon: one suspects that they would rather he had drunk the hemlock with Robes-pierre, as he said he would, instead of calling in sick on the fateful day of his friend's downfall. If the idea of dying with Robespierre was unattractive to him,*

at least he could have been more circumspect once the victorious republican general—the new Alexander, as he was called at the time of the Egyptian cam-paign—revealed himself to be a ruthless autocrat—a new Caesar. In David's entourage, several of the master's pupils experienced a progressive disillusion-ment. Some even joined the more radical fringes of the opposition: dreaming of ancient Rome, they imagined ways to assassinate the first consul. Bonaparte's policy of harsh repression against both royalists and neo-Jacobins made clear, however, that this was a dangerous option. Anxious to put his political career at the National Convention and his involvement in the Terror behind him, David might reasonably have chosen to adopt a low profile during these years." (Philippe Bordes, *Jacques-Louis David: Empire to Exile*, Yale University Press, 2007, p. 19)

[14]"*En 1806, Ingres découvre à Rome, Raphaël et le Quattrocento, qui marquent définitivement son style. Ces années de travail sont les plus fécondes avec les nus, parmi lesquels La Baigneuse, les paysages, les dessins, les portraits et les compositions historiques. Il est en pleine possession de son art et son séjour à Rome est aussi l'occasion de tisser des liens amicaux avec les grands commis de l'administration impériale: le comte de Tournon et sa mère, Edme Bochet et sa sœur Cécile Bochet madame Henry Panckoucke, Hippolyte-François Devillers, le baron de Montbreton de Norvins. En France, cependant, ses toiles peintes en Italie ne plaisent pas. L'artiste décide alors de rester à Rome. Il se marie en 1813 avec Madeleine Chapelle (1782-1849), une jeune modiste habitant Guéret («Fille de Mathieu Lambert Chapelle, menuisier, et de Jeanne Nicaise, elle a été baptisée en l'église Saint-Alpin de Châlons le 30 octobre 1782.» Cité par François Lefèvre in «Le peintre Ingres et Châlons-en-Champagne», Bulletin de la Société d'Agriculture, Commerce, Sciences et Arts de la Marne, n°49, printemps 2017.). Ingres réalisa dix portraits de sa femme. Mais le plus célèbre tableau sur lequel elle apparait est Le Bain turc. Madeleine pose pour*

l'odalisque aux bras levés qui s'étire au premier plan. Le tableau a été réalisé en 1862, après la mort de Madeleine. Elle fut peinte d'après un croquis qu'Ingres avait réalisé en 1818. En 1850, il va à Châlons chez sa belle-mère pour connaître les lieux où sa femme a vécu, et y rencontre le notaire Louois Changy. Il semble y être retourné l'année suivante (François Lefèvre, op. cit., p. 11).

À la chute de Napoléon Ier, des difficultés économiques et familiales l'entraînent dans une période financièrement difficile pendant laquelle il peint, avec acharnement, tout ce qu'on lui commande. Il sollicite ses amitiés romaines et ses bonnes relations avec les Panckoucke et les Bochet lui présentent Charles Marcotte d'Argenteuil, ami d'Edouard Gatteaux, ami proche d'Ingres. Très vite, Charles Marcotte d'Argenteuil devient un proche du peintre, jusqu'à devenir un de ses principaux mécènes jusqu'à son décès en 1864. Après la mort de Madeleine, ce dernier ira même jusqu'à lui présenter sa nièce, Delphine Ramel, qu'Ingres épousera le 15 avril 1852. De ce mariage, viendra la décision d'acheter la maison de Meung-sur-Loire avec son nouveau beau-frère, Jean-François Guille, notaire et conseiller général du Loiret, où il se retirera tous les étés pour bénéficier de la douceur et de la lumière de la Loire.

Nombre de membres de la famille Marcotte seront de fidèles acheteurs, comme Philippe Marcotte de Quivières et ses frères Marcotte de Sainte-Marie et Marcotte de Genlis, le baron Charles Athanase Walckenaer, Alexandre Legentil et le baron Hubert Rohault de Fleury (tous deux initiateurs du projet de la basilique du Sacré-Cœur de Montmartre), Cécile Bochet, devenue madame Henry Panckoucke et baronne Morande-Forgeot, et le clan Ramel.

En 1820, il quitte Rome pour Florence où il réside jusqu'en 1824 (Michel Laclotte (dir.), Jean-Pierre Cuzin (dir.) et Arnauld Pierre, Dictionnaire de la peinture, Paris, Larousse, 2003, p. 396-398).

Reconnaisance officielle

Il trouve finalement le succès en France avec son Vœu de Louis XIII exposé au Salon de 1824, destiné à la cathédrale de Montauban. Il devient directeur de l'Académie de France à Rome de 1835 à 1840. Appelé, le 25 mai 1862, à faire partie du Sénat impérial, il y vota jusqu'à sa mort conformément aux vœux du pouvoir («Ingres (Jean-Auguste-Dominique)», dans Adolphe Robert et Gaston Cougny, Dictionnaire des parlementaires français, Edgar Bourloton, 1889-1891). Il avait été élevé au grade de grand officier de la Légion d'honneur le 14 novembre 1855." (https://fr.wikipedia.org/wiki/Jean-Auguste-Dominique_Ingres#Premier_s%C3%A9jour_%C3%A0_Rome)

[15]Amédée Durande, *Joseph, Carle et Horace Vernet - Correspondance et biographies*, Paris, J. Hetzel, 1864, pp. 72-77.

[16]Pour faire vite, citons *Monsieur Lecoq* (1869):

"*La terre n'avait pas eu le temps de boire les flots de sang répandus à Waterloo; douze cent mille soldats étrangers foulaient le sol de la patrie; le général prussien Muffling était gouverneur de Paris.*" (II. L'honneur du nom, Paris, E. Dentu, 1875, p. 3)

"*Sa physionomie disait bien son caractère. Des courtisans de l'ancienne monarchie il avait tous les travers, les rares qualités et les vices.*

Il était à la fois spirituel et ignorant, sceptique et infatué jusqu'au délire des préjugés de sa race. Affectant pour les intérêts sérieux la plus noble insouciance, il devenait âpre, rude, implacable, dès que son ambition ou sa vanité étaient en jeu." (*Ibid.*, p. 34)

"*Il était fils de ce fameux baron d'Escorval qui, en 1815, faillit payer de sa vie son dévouement à l'Empire, et dont Napoléon, à Sainte-Hélène, faisait ce magnifique éloge:*

«Il existe, je le crois, des hommes aussi honnêtes; mais plus honnêtes, non, ce n'est pas possible.»" (*Ibid.*, p. 97)

"*Si bien que les petits, les humbles du peuple, dans les villes, et les paysans, dans les campagnes, épouvantés et intimidés, tournaient leurs pensées et leurs voeux vers «l'autre,» et il leur semblait que le vaisseau qui portait à Sainte-Hélène le vaincu de Waterloo emportait en même temps leurs dernières espérances."* (*Ibid.*, p. 158)

"– Après cela, la laisser partir serait peut-être un acte d'humanité... Ney, au matin de son exécution, ne parla-t-il pas du roi pour éloigner la maréchale qui sanglotait à demi évanouie au milieu de son cachot?..." (*Ibid.*, p. 238)

Et, en correspondance, de *La Dégringolade* (1871): *"Par la peur, l'Empire tenait encore quantité de gens, qui tout en l'exécrant ne pouvaient s'empêcher de dire:*

– Mieux vaut encore le grand sabre de Napoléon III que le poignard de ces ennemis de la propriété et de la famille." (*I. Un mystère d'iniquité,* Paris, E. Dentu, 1873, p. 390)

"Cent mille personnes suivaient le convoi de Béranger, tout en sachant bien qu'il avait été le barde du premier Empire au temps où libéralisme et bonapartisme rimaient, tout en sachant bien qu'il avait plus fait pour la popularité de Napoléon Ier que tous les panégyristes ensemble, avec un seul refrain: «Parlez-nous de lui, grand'mère... Grand'mère, parlez-nous de lui!...»" (*Ibid.*)

"L'Empire avait fait et faisait toujours leur audace et leur impunité. Eh bien! Raymond irait grossir les rangs des ennemis de l'Empire, non plus des ennemis platoniques et discrets qui le combattaient avec les seules forces de la justice et de la pensée, mais des ennemis frénétiques, toujours en guerre ouverte, toujours en armes, toujours prêts à se ruer par n'importe quelle brèche..." (*II. Les Maillefer,* Paris, E. Dentu, 1872, p. 282)

"Pardieu! dix ans plus tôt, en 1865 seulement, je n'aurais pas ainsi jeté le manche après la cognée. L'Empire avait alors la poigne assez solide pour protéger ses serviteurs, pour faire reconnaître leur innocence ou jeter sur leurs peccadilles le voile indulgent de l'oubli." (*Ibid.*, p. 499)

"Et c'est notre histoire à tous, qu'on appelle les hommes de l'Empire. Vois ceux que nous connaissons, et dont la prospérité a été éblouissante. Combelaine vole à main armée,

Maumussy a dix millions de dettes, la princesse d'Eljonsen demande à on ne sait quels ténébreux trafics de quoi garder les apparences de son luxe passé. Si je suis encore debout, c'est qu'on ignore ma situation." (Ibid., p. 505)

[17]"*À vrai dire, les œuvres post-sibériennes, même hors du temps subjectif, demeurent encore dans la prégnance du drame politique et de ses séquelles. Dostoïevski, de son propre aveu, procède à une «reconstruction» de ses convictions, même si «le cœur reste le même». Si bien qu'au-delà de la spécificité typologique de chaque œuvre s'inscrit un débat personnel philosophico-politique et esthétique. On ne s'en aperçoit que si on prête attention à deux dominantes de ces œuvres: l'autobiographisme masqué derrière la chronique, et la parodie comme procédé. Le premier est manifeste dans les Récits de la Maison des morts où le subterfuge du manuscrit trouvé n'abuse pas le public qui sait le destin de Dostoïevski et dans Humiliés et offensés où l'écrivain rappelle par le truchement d'Ivan Petrovitch qu'il fut l'auteur des Pauvres Gens et que cette inspiration est désormais désuète. Il se voit moins dans la nouvelle sibérienne, le Village de Stepantchikovo et ses habitants, où pourtant il existe: le neveu de Rostanev, du moins dans ses premières analyses de Foma Opiskine, ne serait-il pas le reflet du jeune Dostoïevski des années quarante qui accuse la société d'être à l'origine de la monstruosité de Foma Fomitch? Il est plus encore masqué dans les Notes écrites du sous-sol où l'écrivain se souvient, dans la première partie, de son engagement fouriériste (le Palais de cristal), et, dans la seconde partie, de ses années à l'Ecole du Génie. La seconde, la parodie, est un procédé aperçu par la critique mais mal analysé, à un tel point qu'on peut parler de contre-sens. Elle est au cœur du Village de Stepantchikovo et du Sous-sol. Sans qu'on ait le loisir de le démontrer ici, le Village de Stepantchikovo n'est une parodie du Gogol des Passages choisis de ma correspondance avec des amis (phénomène formellement analysé par Iou. Tynianov) qu'en fonction de la célèbre lettre de Belinski à Gogol du 15 juillet 1847, celle qui joua un rôle si funeste dans l'arrestation*

de Dostoïevski. L'auteur ne parodie pas les idées de Gogol, dont certaines deviendront siennes, il se démarque de la caricature de ces idées faite par Belinski. C'est la même attitude qu'il adopte dans le Sous-sol, où la parodie découronne aussi bien les hommes nouveaux de Tchernychevski que l'anti-héros, l'homme du sous-sol, qui n'est qu'une dramatisation de ce qui est sa propre position philo sophique. Le paradoxe, la caricature outrée sont les signes d'un réajustement difficile d'un nouvel engagement romanesque et idéologique (le potchvennitchestvo, voie médiane sous l'égide du peuple russe). Ainsi, avant Crime et châtiment, Dostoïevski rameute son passé non pour s'exposer mais pour se poser, «en creux», d'une manière apophatique." (Jacques Catteau, "La remontée des années profondes dans les grands romans de Dostoïevski de 1866 à 1879", Revue Russe No 7, 1994, pp. 10-11)

"Dans les Démons (1871-1872), roman-pamphlet tiré de l'actuel, puisque bâti autour de l'affaire Netchaev et du meurtre de l'étudiant Ivanov, mais submergé par la figure puissante de Stavroguine, évadée du projet souterrain de «la Vie d'un Grand Pécheur», Dostoïevski retourne inévitablement à son expérience vécue de «comploteur». Les carnets le montrent. Netchaev est en partie Petrachevski7; Stavroguine évoque partiellement N. Spechnev, plutôt que Bakounine; Chatov et Kirillov, dans leurs divergences, répètent la conviction du jeune Dostoïevski défendant avec flamme le Christ devant Belinski et Nekrassov. La violence du réquisitoire que fulmine le romancier vient de son exacerbation d'exilé du moment, de la transparente conjonction historique de la Commune de Paris, du Congrès anarchiste de Genève et du terrorisme de la Vindicte populaire, bref de l'actualité. Mais n'a-t-elle pas pour source profonde la fureur de l'écrivain contre ce qu'il fut et ce que furent ses compagnons dans les années 1846- 1 849? Lui aussi, il le dira dans le Journal d'un écrivain, aurait pu être, sinon un Netchaev, du moins un disciple de Netchaev. La succession coupable des pères et des fils est soulignée dans le

roman par la filiation des Verkhovenski, bien que la relative indulgence envers Stepan Trofimovitch, homme des années quarante, apporte une nuance. Gardien d'un idéal moral et de la beauté en art, celui-ci reconnaît, ne serait-ce qu'à l'heure de l'épreuve et de la mort, le péril qu'il a contribué à faire naître. Roman nocturne de tous les blasphèmes, du tourbillon démoniaque, dénonciation apocalyptique de tous les terrorismes et totalitarismes (l'utopie de Chigalev, revue et corrigée par Petr Stepanovitch), les Démons — ou les Possédés — sont aussi la plaie, débridée par l'Histoire, réavivée des années tumultueuses et fautives de la jeunesse de conjurateur de Dostoïevski et de sa génération, de 1846 à 1849. On voit ici que l' auto graphie, l'obsession de la faute passée, sert de support à la prise de conscience d'une responsabilité collective, que l'actualité politique vient brutalement éclairer quelque vingt ans plus tard. Les Démons, et ceci est d'une brûlante modernité, est autant un roman-avertissement, une prophétie, qu'un roman-remords, tourné vers le passé de l'écrivain." (Ibid., pp. 12-13)

[18]"*De tal escenario político estaban conscientes los jóvenes granadinos autollamados vanguardistas, quienes advirtieron en Somoza García al Jefe Nacional que requerían, de acuerdo con sus ideas, para establecer un gobierno que abandonase la política partidista y, dejando a un lado los intereses particulares o de clase, estuviese dispuesto a reconstruir la nacionalidad, exaltar los valores espirituales del alma nacional y obtener un destino justo y noble. Exactamente, creyeron encontrar en él al Monk que podía devolver el Estado al Estado, tal como José Coronel Urtecho lo había previsto desde 1930:*

"Ello se consigue entre nosotros con lo que Charles Maurras llama la educación de Monk —aquel general republicano que restituyó a Carlos II el trono de Inglaterra. El Monk de Nicaragua sería el gobernante que devuelva el Estado al Estado, asumiendo la autoridad en sus manos mientras dure su vida y emprendiendo de nuevo la pacificación y población de Nicaragua que fue bandera de la conquista. Con la

divulgación franca de las ideas políticas clásicas, Monk puede surgir un día u otro".

El diario La Reacción y su humor fúnebre
Desde esta perspectiva, los vanguardistas concretaron su dimensión política fundando un diario en Granada el 3 de abril de 1934, titulado La Reacción. Lo dirigía el conductor del grupo Coronel Urtecho, apoyado por los redactores Diego Manuel Chamorro, Pablo Antonio Cuadra, Octavio Rocha, Luis Downing, Armando Castillo y, sobre todo, por el director artístico Joaquín Zavala Urtecho. Este ilustraba las colaboraciones centrales —de la sección "Ópera bufa"— que tenían, como el diario en general, doble objetivo: burlarse de los políticos que ejercían el poder ejecutivo (el presidente Sacasa y el vicepresidente Rodolfo Espinosa) o eran proclives al mismo (como el liberal Leonardo Argüello y el caudillo conservador Emiliano Chamorro) y abrir campo, favoreciendo su imagen política, a Somoza García.
Así, en el tercer número de La Reacción, Coronel Urtecho concibió un "Panteón" en verso, dedicado a los personajes referidos, a partir del epitafio profético que en 1933 había escrito para el general Sandino: "Aquí yace el soldado montaraz / La guerra lo hizo. Lo mató la paz". En realidad, su vena de humor fúnebre —similar al de los ultraístas argentinos— tenía su fuente en la poesía francesa moderna. He aquí su epitafio al presidente Sacasa: "Peregrino: detente / sin miedo unos instantes. / Aquí en su tumba el presidente / manda tanto como antes." El consagrado al vicepresidente decía: "Aquí yace Espinosa. Lógica suerte, / pues todo lo esperaba de la muerte". El de Chamorro, viejo zorro, no era tan lapidario como los anteriores: "El general Chamorro ya no respira, / está en su tumba —y sin embargo aspira—". El único que se escapaba a ese "Panteón" no podía ser otro que el poderoso jefe del ejército: "Aquí está muerto el general Somoza, / pero es el presidente el que reposa". Y, significativamente, Coronel Urtecho culminaba su repertorio con otro sobre el general Sandino que calificó de un humor

menos amargo: "Aquí descansa el general Sandino, / lejos estaba bien —¿para qué vino?"
El mismo director del diario, muchos años más tarde, revelaría el origen de esa sección llamada "Ópera bufa". "En La Reacción —escribió en su elogio póstumo de Zavala Urtecho— aparecía casi diariamente una página satírica pronto famosa, con una frase o extravagancia, generalmente escrita en torno de una o varias caricaturas de Joaquín Zavala Urtecho, que proponían o resumían lo principal del tema, y en la que estaba desde luego el origen del mal. El germen de la idea y el nombre Ópera Bufa, que se daba a la página, lo tomé yo de Leon Daudet, que así subtitulaba los frecuentes artículos de carácter burlesco que publicaba en el periódico Acción Francesa de Charles Maurras, al que los reaccionarios de ese tiempo estábamos suscritos".
La Reacción contenía editoriales firmados por Coronel Urtecho y, a veces, por Diego Manuel Chamorro; una "Página del Artesano" a cargo de Pablo Antonio Cuadra, autor también de otro tipo de colaboraciones; noticias y crónicas, comentarios y artículos de carácter político: antiliberales y antidemocráticos, a favor del ejército, de la tradición, de la artesanía, de un sistema totalitario y ensayos, finalmente, de autores extranjeros, reproducidos bajo el antetítulo "Folletones". Entre otros, figuraron los de Charles Maurras ("Liberalismo y libertades, democracia y pueblo"), Eugenio Montes ("Lucha y reconciliación"), César A. Picó ("Autodestrucción de la democracia"), Ramiro de Maeztu ("Servicio, jerarquía e igualdad"), Ernesto Palacio ("El pueblo y la política") y de Manuel Abril ("El catolicismo y el pensamiento actual"). También, se publicó de Pablo Antonio Cuadra un "folletón" ("Imperialismo yanqui e imperialismo moscovita").
Tras haber lanzado cuarentitrés números en casi dos meses, La Reacción fue suprimida por el gobierno liberal de Sacasa, más que por sus ideas reaccionarias, por el daño que le ocasionaba la sátira fulminante de las caricaturas de Zavala Urtecho. En resumen, significó para sus editores el inicio de

una aventura política, guiada por una frase atribuida al dictador colonialista Pedrarias Dávila —fundador de la provincia española de Nicaragua— que estamparon como epígrafe en el primer número: "Comienza una era de organización".

El grupo "Reaccionario" y su manifiesto político
Así los editores del extinto diario conformaron en Granada el grupo "Reaccionario" que, desde el 12 de febrero de 1935, emprendió una abierta campaña en pro de la candidatura de Somoza García. En esa fecha se había publicado en La Prensa su manifiesto inaugural, suscrito por once jóvenes: José Coronel Urtecho, Diego Manuel Chamorro, Joaquín Zavala Urtecho, Pablo Antonio Cuadra, Salvador Cardenal Argüello, Manuel Castillo Jarquín, Octavio Rocha, Joaquín Pasos Argüello, Humberto Chamorro Ch., Rodolfo Arana Sándigo y Francisco Pérez Estrada. Ellos planteaban: "Consideramos la candidatura del general Anastasio Somoza como una fuerza real, a la que pueden sumarse —tarde o temprano, según él, sepa comprender el bien público y adaptar sus principios y sus actos a su realización— las fuerzas morales necesarias que le aseguren la cooperación de su pueblo. Es un hecho que el general Somoza está actualmente en condiciones ventajosas para obtener el triunfo de su candidatura presidencial". Y añadían sin circunloquios: "Lo apoyamos, entre otras razones, porque puede perpetuarse en el poder. Apoyamos su candidatura para que sea la última candidatura, así como votaremos para dejar de votar"." (https://www.elnuevodiario.com.ni/especiales/293961-reaccionarios-su-aventura-politica/)
Or: "De los dos referentes del grupo de vanguardia que asumen el auto homenaje en el momento del cambio político radical en Nicaragua, Pablo Antonio Cuadra se distanció tempranamente del sandinismo en el gobierno, como se dijo antes, desde su actuación como director del suplemento dominical La Prensa Literaria; José Coronel Urtecho, en cambio, mantuvo su adhesión al FSLN desde 1977 y se

presenta como un férreo colaborador de la política sandinista en el poder, durante la década de 1980." (Diana Moro, *Sergio Ramírez, Rubén Darío y la literatura nicaragüense*, Department of Foreign Languages and Literatures of North Carolina State University, 2018, p. 91)

[19]"*Ya las palabras pronto serán las mismas*
Ya pronto seran lo mismo las cosas y las palabras
Pronto será la misma cosa la palabra y la cosa
Como serán lo mismo las palabras y las obras
Como decía Santa Teresa las palabras son obras
Pronto vendrá la clarificación de las ideas
La redefinición de las palabras
La redefinición de la palabra revolución
La redefinición de la palabra sandinista
(Sandinista quiere decir nacional -ha definido Tomás Borge
Sandinista quiere decir nicaragüense ha definido Tomás Borge)
Y la Revolución va a definir lo que es nicaragüense
Como el pueblo va a definir lo que es revolución
Como ha pasado ya el pasado y viene ya el futuro por la Revolución
Como por la revolución es ya todo es por primera vez
Es por primera vez en Nicaragua que una revolución es la Revolución
La primera revolución contra todo el pasado
La primera que en realidad lo ha derrotado
La que de viaje lo ha borrado del mapa de Nicaragua
Hasta dejarlo todo en blanco o mejor dicho, en negro
Un agujero negro, un hueco negro, un hoyo negro como los hay en las galaxias
Eso es todo lo que ha quedado de todo el pasado
Por lo que solamente los del pasado viven en el pasado
Únicamente los del pasado añoran el pasado
Pero no se equivoquen. Ya nadie en Nicaragua será engañado
No volverá el pasado." ("*No volverá el pasado*", https://www.escritas.org/es/jose-coronel-urtecho)

"*En 1959 deja la política y regresa a Nicaragua. Se establece en un rincón de la selva tropical, en donde adquiere con su esposa, María Kautz Gross, un terreno en el lado costarricense del río San Juan. Construyen juntos su finca "Las Brisas", sitio en el que se retira y se dedica a la escritura, la lectura, la reflexión y el encuentro con personalidades de la cultura, la literatura y la política de América Latina y del mundo. En esta época reedita "Rápido Tránsito. Al ritmo de Norteamérica" y publica dos tomos de sus "Reflexiones sobre las historia de Nicaragua" y "La Familia Zavala y la política del comercio en Centroamérica". Escribe y reúne lo más importante de su poesía y publica su primera antología personal, "Pol-la D'Ananta, Katanta, Paranta" y, poco más tarde, la "Pequeña Biografía de Mi Mujer".*
En sus años de silencio y reflexión política se interesa por el movimiento guerrillero Frente Sandinista de Liberación Nacional (FSLN), que se armaba clandestinamente para derrocar al segundo de los Somoza. En 1974, bajo el gobierno de Anastasio Somoza Debayle, Coronel Urtecho escribe "Tres Conferencias a la Empresa Privada", para un encuentro con empresarios nicaragüenses en la Universidad Centroamericana (universidad Jesuita de la que Coronel Urtecho era uno de los fundadores). Cuando viaja a la capital para presentar las conferencias, el ideólogo y fundador del FSLN, Carlos Fonseca Amador, lo secuestra para un encuentro clandestino que una década después Coronel Urtecho publica bajo el título de "Conversación con Carlos".
Al triunfo de la Revolución Sandinista (1979), Coronel Urtecho es uno de los principales entusiastas, seguidores y promotores del nuevo movimiento. Escribe la obra "Paneles de Infierno", "un poema largo escrito en febrero de 1980 (o sea, unos seis meses después de la caída de la dictadura somocista) en el que utiliza la intertextualidad como un arma literaria.", dice Stephen White."
(https://es.wikipedia.org/wiki/Jos%C3%A9_Coronel_Urtecho)

Poème ce dernier ("*Paneles de Infierno*") dont José Coronel Urtecho se donne, au fait, la peine d'écrire à la main cette opportune préface: "*La lectura de este poema, Paneles de Infierno, como el mismo poema, la dedico a la Dirección Nacional del Frente Sandinista.*
Después de veinte años de silencio poético, o mejor dicho de esterilidad, en los que estuve, no tengo empacho en confesarlo, moralmente aplastado por el sentimiento de culpabilidad, que padeció gran parte del país, menos el pueblo explotado y oprimido, y la juventud, y sobre todo el Frente Sandinista, que redimió al país y lo libró de la ignominia y lo condujo a la victoria, he sentido de nuevo el impulso incontenible de escribir poesía."
(https://digital.march.es/fedora/objects/cortazar:3306/datastreams/PDF/content)

Et qui débute ainsi, avec cette tardive déclaration (pour un poète qui, cinq ans auparavant se dédiait à écrire " "*Tres Conferencias a la Empresa Privada", para un encuentro con empresarios nicaragüenses en la Universidad Centroamericana*"):

"*¿Quién recuerda al marrano octogenario en su silla de mano*
el que primero se robó Nicaragua el país el gobierno la tierra para él y su familia
el primero que vio a Nicaragua como negocio su propio negocio
el primero que en Nicaragua estableció el negocio de esclavos
la explotación y la venta de esclavos
el primero de los banqueros y financieros usureros extranjeros
de Nicaragua
el que trajo-primero a Nicaragua sus perros gen ocidas para guardar
sus minerales
el que mató primero en Nicaragua "dos cuentos de indios"
(2,000.000)
el primero que en Nicaragua instaló su dinastía

el primero de la primera dinastía de Nicaragua continuada por
su hija y su yerno y sus nietos tiranos usufructuarios del Imperio
quién se acuerda actualmente en Nicaragua del peor de todos los conquistadores
españoles de América y de sus descendientes asesinos?
Todos están hundidos en el estercolero de la Historia" (*Ibid.*)
[20]Paul Féval, *Annette Laïs*, Paris, Libraire de L. Hachette et Cie, 1864, p. 51.
[21]Féval, *Coeur d'Acier - Les Habits Noirs Tome II*, Booklassic, 2015, p. 302.
[22]Féval, *La fabrique de mariages*, Leipzig, Alph. Durr, 1858, T. II, p. 147. Cf. encore le Tome VI des *Habits Noirs* intitulé *L'Avaleur de sabres* (1867): "*Samuel, après avoir broyé ses couleurs, choisit deux ou trois pinceaux et quelques petits instruments de chirurgie, puis, à la place indiquée, la seule libre, entre un coq gaulois qui était bon teint, puisqu'il datait du temps de Louis-Philippe, et une aigle impériale déployant ses ailes au milieu des drapeaux, au-dessus d'un groupe de canons, au-dessous de deux colombes qui se becquetaient avec sensualité, il commença à pointiller, à racler, à peindre.*" ("*Deuxième Partie Mademoiselle Saphir*", cap. XI "*L'envie*", Booklassic, 2015, p. 359), plus spécifique encore au cap. XII "*Triomphe de Languedoc*" de la même partie: "*– Nous y sommes, répondit la fillette assise commodément et montrant au grand jour le satin de sa poitrine où il n'y avait ni coq gaulois ni drapeaux balancés au-dessus de l'aigle impériale.*" (p. 362).
[23]"*La Semaine sainte (1958) est un roman dont la diégèse se situe entre le dimanche 19 mars et le samedi 25 mars 1815, lors du retour de Napoléon Bonaparte, pendant la semaine qui va des Rameaux à la veille de Pâques. L'espace parcouru est celui de la fuite de Louis XVIII et des siens, de Paris vers la Belgique. Dans cette écriture d'une débâcle, foisonnent les figures historiques: maréchaux d'Empire ralliés à la Monarchie, le duc de Berry, le comte d'Artois, ou encore*

Alfred de Vigny." (Dominique Massonaud, "*L'Évangile selon Louis: fiction biographique et théorie de l'histoire dans La Semaine Sainte d'Aragon*", Fictions biographiques: XIXe-XXIe siècles, Presses Universitaires du Mirail, 2007, p. 117)
[24]https://fr.wikipedia.org/wiki/Charles-Maurice_de_Talleyrand-P%C3%A9rigord
[25]"*Au fur et à mesure des guerres napoléoniennes, et spécialement à partir de 1810, les coalisés semblent reprendre l'avantage, éveillant en Louis XVIII l'espérance du retour. Après la défaite de Napoléon en 1814, les coalisés réunis au congrès de Vienne hésitent encore sur le successeur à choisir à Napoléon. Désireux d'installer sur le trône de France un allié, mais aussi un chef légitime, ils hésitent entre Louis XVIII, dont l'impopularité pose problème, le «roi de Rome», fils de Napoléon, mais aussi le maréchal Bernadotte ou encore Eugène de Beauharnais, et à défaut une république. Talleyrand emporte finalement l'opinion des Alliés en faveur de Louis XVIII.*" (https://fr.wikipedia.org/wiki/Louis_XVIII#Premi%C3%A8re_Restauration)
[26]"*La Restauration ne dure pas. Confronté au non-paiement de sa pension attribuée par le traité de Fontainebleau et devant le mécontentement croissant des Français, Napoléon quitte son exil de l'île d'Elbe et débarque à Golfe-Juan le 1er mars 1815. Le 19 mars, Napoléon étant aux portes de Paris, Louis XVIII et sa cour quittent Paris et se dirigent à Beauvais puis s'installent à Gand, en Belgique, ce qui lui vaut le surnom de « Notre père de Gand » par les chansonniers. La défaite de Waterloo le 18 juin le réinstalle sur le trône de France.*" (*Ibid.*)
[27]"*Remarquant que le père du peintre souffrait depuis quatorze ans et jusqu'à quelques mois avant la naissance d'Eugène, d'une volumineuse tumeur testiculaire, certains auteurs en ont inféré que son géniteur aurait été un autre homme, Talleyrand, crédité de nombreuses liaisons féminines, qui a remplacé Charles-François Delacroix aux*

Affaires extérieures le 16 juillet 1797. Cette opinion est vigoureusement contestée.

Le chirurgien Ange-Bernard Imbert-Delonnes (1747-1818) publia en décembre 1797 une brochure à propos de l'ablation le 13 septembre 1797 de ce sarcocèle, qui constituait une première médicale. Il indique que l'opération a réussi et que le patient fut complètement rétabli au bout de soixante jours. Eugène Delacroix nait sept mois après l'intervention. Cependant, la tumeur de Charles Delacroix n'était pas nécessairement un obstacle à la procréation.

S'il existe des raisons de penser que Charles-François Delacroix n'a pas pu être son géniteur, les conjectures qui font de l'artiste un fils naturel de Talleyrand sont peu fondées. Caroline Jaubert évoque en 1880 cette rumeur dans la description d'une scène de salon qui aurait eu lieu vers 1840.

Pour Raymond Escholier «entre le masque du prince de Bénévent et celui de Delacroix il existe une étonnante ressemblance (...) les traits de Delacroix ne rappellent ni ceux de son frère le général, ni ceux de sa sœur Henriette (...) voilà bien des chances pour qu'Eugène Delacroix ait été un de ces fils de l'amour, doués si souvent de dons prestigieux». Cependant de nombreux autres notent que Talleyrand était blond et pâle, alors que, décrivant leur ami Eugène Delacroix à la chevelure de jais, très noire, Baudelaire parle d'un «teint de Péruvien» et Théophile Gautier d'un air de «maharadjah».

Emmanuel de Waresquiel rappelle l'absence de sources sérieuses à cette paternité supposée et conclut: «Tous ceux qui ont aimé à forcer le trait de leur personnage, [...] se sont laissé tenter, sans se soucier du reste, ni surtout des sources ou plutôt de l'absence de sources. Une fois pour toutes, Talleyrand n'est pas le père d'Eugène Delacroix. On ne prête qu'aux riches»...

Talleyrand est en tous cas un proche de la famille Delacroix et l'un des protecteurs occultes de l'artiste. Il aurait facilité l'achat par le baron Gérard de des Massacres de Scio, présenté au Salon de 1824 et aujourd'hui au musée du

Louvre), pour une somme de 6 000 francs. Le petit-fils adultérin de Talleyrand, le duc de Morny, président du corps législatif et demi-frère utérin de Napoléon III, fit de Delacroix le peintre officiel du Second Empire, bien que l'empereur lui préférât Winterhalter et Meissonnier. Delacroix a également bénéficié de l'ombre tutélaire d'Adolphe Thiers, qui fut son mentor. L'appui de Thiers semble avoir aidé Delacroix à obtenir plusieurs commandes importantes, notamment la décoration du Salon du Roi, au Palais Bourbon, et une partie du décor de la Bibliothèque du Sénat, au Palais du Luxembourg.
Cette protection n'établit cependant pas une paternité naturelle, et Maurice Sérullaze évite de se prononcer à ce sujet.
Au-delà de l'intérêt de curiosité, les opinions dans cette controverse reflètent l'importance que les commentateurs veulent attribuer, soit au talent individuel et au caractère, soit aux relations sociales et familiales, soit même à l'hérédité, dans le succès de Delacroix." (https://fr.wikipedia.org/wiki/Eug%C3%A8ne_Delacroix#Controverse_sur_la_paternit%C3%A9_de_Charles_Delacroix
)
[28]Charles Blanc, *Histoire des peintres français au dix-neuvième siècle*, Paris, Cauville Frères, 1845, T. I, pp. 414-415; repris par le même dans *Histoire des peintres de toutes les écoles: École française*, Paris, Veuve Jules Renouard, 1863, T. III, pp. 4-6.
[29]À sa suite, plusieurs auteurs reprirent l'épisode:
"Ce sera une curieuse étude, et édifiante, pour les critiques futurs, que de comparer la nullité, le goût détestable, l'exécution médiocre et souvent ridicule des travaux confiés par le gouvernement aux notabilités académiques, aux œuvres de leurs adversaires. Pendant que les illustrations du privilège avaient seules le droit de décorer l'insuffisance de la langue ne nous fournit pas d'autre mot les plafonds du Louvre, notamment dans la partie qu'on appelait jadis le

Musée Charles X, le plus grand nom de la peinture du dix-neuvième siècle, Géricault, ne pouvait réussir à placer son chef-d'œuvre, le Radeau de la Méduse, et la direction des Beaux-Arts, plusieurs années après la mort du maître, se décidait à grand peine à faire l'acquisition de ce chef-d'œuvre, à un prix qui n'aurait pu suffire à payer les frais qu'il avait dû coûter à l'artiste (NOTE: 5000 Francs). Encore est-il permis de supposer que la mémoire de Géricault ne reçut ce misérable et tardif hommage que parce que le peintre avait en l'honneur de porter l'uniforme des mousquetaires de S. M. Louis XVIII.
Je pourrais multiplier les exemples; ils abondent, alors même qu'on voudrait oublier le musée du Luxembourg, - le musée des artistes vivans! - où figurent presque seules les nullités officielles, mais dont sont impitoyablement exclus, en revanche, à l'exception de M. Eugène Delacroix, honoré de la protection particulière de M. Duchâtel et de celle de M. Thiers, et de quelques autres, tous les artistes qui ont porté si haut le renom de l'école moderne.
Les faits que je viens de citer, et que j'ai pris parmi ceux dont personne ne saurait contester l'évidence, suffisent à justifier l'art contemporain des reproches qui lui sont adressés par ses adversaires. Entre tous ces reproches, celui qui revient plus souvent, celui qu'on oppose à toutes les tentatives nouvelles, c'est que le besoin d'indépendance qui se trahit dans les œuvres les plus glorieuses de notre temps a amené la décadence, sinon l'oubli complet des traditions de l'École française." (Théodore Pelloquet, "*Beaux-Arts - Salon de 1850-1851*", Liberté de penser: revue démocratique, Paris, 1854, T. VII, 39ème livraison, p. 226)

"*GÉRICAULT (jean-louis-théodore-André), peintre, né à Rouen, en 1790, mort le 18 janvier 1824, était fils d'un ancien avocat. Il fit ses premières études au collège de Rouen; mais il en sortit bientôt, n'ayant pu y rien apprendre. Il ne réussit pas mieux chez Carie Vernet, sous lequel il commença à étudier la peinture. Entré plus tard chez Guérin, qui peut passer pour son seul maître, il était regardé par ses camarades d'atelier comme un jeune homme sans moyens et sans avenir. Le temps s'avançait où Géricault devait faire mentir tous ces sinistres pronostics. Ce fut en 1812 qu'il exposa une figure en pied assez remarquable, Le Chasseur; en 1814, il exposa une seconde figure en pied, Le Carabinier. Découragé du peu de succès qu'il obtenait, séduit d'un autre côté par l'espoir d'une gloire plus rapide, il s'engagea dans les mousquetaires; mais là aussi le dégoût l'attendait: on le vit bientôt mettre bas l'uniforme et reprendre les pinceaux. En 1815 il travailla avec une nouvelle opiniâtreté, et fit de nombreuses esquisses d'après les premiers maîtres. En 1816 il partit pour l'Italie, où pendant un an il peignit de grandes études."* (William Duckett, *Dictionnaire de la conversation et de la lecture inventaire raisonné: des notions générales les plus indispendables a tous*, Paris, Firmin Didot, 1868, T. X, p. 265)

"En 1814, lors de la rentrée des Bourbons, Géricault s'enrôla dans les mousquetaires, entraîné sans doute par son goût pour les chevaux et les scènes militaires qu'il aimait tant à peindre. Au retour de l'Ile d'Elbe il accompagna le Roi jusqu'à Béthune, et son régiment ayant été licencié, il reprit les pinceaux qu'il regrettait déjà d'avoir quittés." (Frédéric Villot, *Notice des tableaux exposés dans les galeries du Musée impérial du Louvre*, Paris, Charles de Mourgues Frères, Successeurs de Vinchon, 1857, "3ème partie: École française", p. 149)

"*S'engagea pendant quelque temps dans les mousquetaires de Bourbon qu'il quitta pour reprendre les pinceaux.*" (Adolf Siret, *Dictionnaire historique des peintres de toutes les écoles depuis l'origine de la peinture jusqu' à nos jours*, Bruxelles et Leipzig, A. Lacroix, Verboeckhoven et Cie, et Paris, E. Jung-Treuttel, 1862, art. "*Géricault*", p. 560)

[30]Bruno Chenique, "*Géricault, le Salon de 1814 et les semaines saintes d'un mousquetaire républicain*", La provocation, une dimension de l'art contemporain [XIX–XXe siècles] Actes du colloque organisé par le CIRHAC - Université Paris I sous la présidence d'honneur de Madame José Vovelle, sous la dir. d'Éric Darragon avec la coll. De Marianne Jakobi, Publications de la Sorbonne, 2004, p. 68.

[31]https://www.napoleon.org/histoire-des-2-empires/biographies/gericault-jean-louis-andre-theodore-1791-1824-peintre/

[32]Charles Clément, *Géricault: étude biographique et critique, avec le Catalogue raisonné de l'oeuvre du maître*, Didier & Cie, 1868, pp. 74-75.

[33]*Ibid.*, pp. 77-78.

[34]Homère, *Odyssée*, Chant I, traduction de Leconte de Lisle, Paris, A. Lemerre, 1893, p. 3.

[35]Chenique, p. 66-67.

[36]*Ibid.*, notamment pp. 67 et 78.

[37]*Ibid.*, p. 81.

[38]*Ibid.*, p. 80.

[39]*Ibid.*

[40]*Ibid.*, p. 69.

[41]*Ibid.*, pp. 70-71.

[42]Voir l'étude pour *Eugène de Beauharnais, le prince vice roi à l'armée de Russie délivrant un de ses aides de camp polonais surpris par les cosaques* (https://lh5.googleusercontent.com/-G6CMyY7TYaw/UlOLVbZHJMI/AAAAAAAAi-Q/lmhkNsoZYLo/w1150-h799-no/1318168840_1814-1818-gricault-eugne-de-beauharnais-le-prince-vice-roi-

larme-de-russie-dlivrant-un-de-ses-aides-de-camps-polonais-surpris-par-des-cosaques+%25283%2529.jpg et https://www.napoleon.org/histoire-des-2-empires/iconographie/le-prince-vice-roi-a-larmee-de-russie-delivrant-un-de-ses-officiers-dordonnance-polonais-surpris-par-des-cosaques/) et la toile *Eugène de Beauharnais et ses aides de camp* (https://lh3.googleusercontent.com/-OkGmO0QF_hU/UlOF2_B4tWI/AAAAAAAAi6M/rV0W6asAolk/w970-h799-no/Gericault+Eugene+de+Beauharnais+et+ses+aides+de+camp+1814-1815+huile+sur+toile+64+x+80+cm+Bruxelles+Musees+royaux+des+beaux+Arts.jpg).
[43]Chenique, p. 71.
[44]*Ibid.*, pp. 71-72.
[45]*Ibid.*, p. 72.
[46]*Ibid.*
[47]*Ibid.*, pp. 72-74.
[48]*Ibid.*, p. 74.
[49]*Ibid.*, pp. 74-82.
[50]*Ibid.*, p. 83.
[51]*Ibid.*, pp. 82-83.
[52]Auguste Baron, *Mosaïques belges, mélanges historiques et littéraires,* Bruxelles, Société belge de Librairie, etc. Hauman, Cattoir et Cie, 1837, pp. 228-229.
[53]*Ibid.*, pp. 227-228.
[54]Dans sa Leçon du 13 Janvier 1848 (voir, par ex., le texte, qui y est toutefois daté de 1847, dans Ernest Chesneau, *La peinture au XIXe siècle - Les chefs d'école L. David, Gros, Géricault, Decamps, Meissonier, Ingres, H. Flandrin, E. Delacroix*, Paris, Didier et Cie, 1862, "*Appendice: Note A. - p. 139*", pp. 393ss.), non professée (Jean-Philippe Chimot, "*Géricault vu par Michelet: l'aveugle et le voyant*", *De la métaphysique au physique - Pour une histoire contemporaine de l'art - Hommage à Fanette Roche*, Publications de la Sorbonne, 1995, p. 30), au Collège de France, dont les

origines se trouvent déjà présents dans le journal de 1840 (*ibid.*, et Chakè Matossian, "*Michelet et Géricault: l'agencement du monde*", *Écrire la peinture entre XVIIIe et XIXe siècles*, Presses Universitaires Blaise Pascal, 2003, p. 417), publié posthumement par sa veuve (Gabriel Monod, *Renan, Taine, Michelet*, Paris, Calmann Lévy, 1894, "*Appendice II. Le journal intime de Michelet*", pp. 290-291), se rattache ("*Michelet donne la mesure de son information quand il date de 1817 le Cuirassier (blessé) qui est de 1811.*", Germain Bazin, *Théodore Géricault - Étude critique, documents et catalogue raisonné*, Paris, La Bibliothèque des Arts, 1997, T. I, "*Documents 39-55*"), ironiquement, à la description, volontairement paradoxale, comme on peut le lire à continuation (dans laquelle la force guerrière et de charge du cavalier, fer au poing, sur sa monture devient le symbole de sa folie face à son importance devant l'évènement qui le dépasse), donnée, dans la littérature populaire, par Féval (lequel reprend le *Précis d'Histoire Moderne*, 1840, dans *Le Chevalier Fortune*, cf. Claude Nières, "*L'histoire dans l'œuvre romanesque*", *Paul Féval, romancier populaire*, Presses Universitaires de Rennes, 1992, pp. 209-215), à la fin de son ouvrage: *Les Mystères de Londres*, (*Le Courrier français*, 20 Décembre 1843-12 Septembre 1844), "*Cinquième Partie Guerre à l'Angleterre*", "*XXVIII La Chevauchée Fantôme*", https://www.ebooksgratuits.com/newsendbook.php?id=2 521&format=pdf, pp. 373-374 et image correspondante, p. 376 ("*Le lieutenant est toujours en tête, brandissant son sabre. Il hurle des commandements, pousse des cris rauques et parfois se met à chanter à tue-tête un couplet qui finit dans un ricanement sauvage. Il ne s'est point trompé de chemin, il suit toujours la route qui mène à Londres!... Mais sait-il où il va, combien de milles il a parcouru déjà, combien il lui en reste à franchir encore?... que lui importe? Malheur à celui qui tenterait de l'arrêter dans sa course folle: on n'arrête pas un tourbillon, un cyclone, et prétendre entraver la marche d'un boulet ne serait pas plus insensé.*", pp. 375-376): "*Pour*

en revenir au lieutenant, c'était un des plus beaux spécimens de la race anglo-saxonne, entraînée par les exercices athlétiques. Depuis longtemps il s'était débarrassé de son immense bonnet à poils; le vent du soir caressait son front brûlant sans y apporter l'apaisement et le calme. Dans le crépuscule, sa tunique rouge flamboyait et sa main droite, enfouie dans le gant à crispin, brandissait la lame haute. Debout sur ses étriers, gigantesque, délirant, il semblait hurler à la mort. Il était beau, comme le sont ces fanatiques du combat, ces êtres qui s'enivrent de la flamme et du fer pour s'en aller mourir à la gueule des ca-nons ennemis.
Ses éperons étaient rouges de sang; son cheval, affolé comme lui, faisait des bonds énormes, se cabrait, retombait sur ses pieds, ruait et soufflait. Parfois, tous deux se détachaient sur la ligne de l'horizon où couraient encore des lueurs blanches et c'était là un spectacle indéfinissable où se mêlaient le sublime et l'horrible.
Ce n'était plus une masse d'hommes et de chevaux, comme on en voit aux jours de victoire et de défaite, courant sus à l'ennemi ou bien fuyant dans une débandade. C'était une véritable chevauchée fantôme."
[55]Notre démonstration est, similairement réutilisée, bien qu'apparemment par une source indirecte, car mal comprise, dans l'extrait suivant, sorte, comme le présent article de Chenique, d'incommode compromis entre la théorie traditionnelle autour des deux toiles et la nôtre: "*Ce «guerrier» est en effet loin d'appeler à la guerre. Il se tait. Il ne crie aucun ordre alors qu'il est placé au milieu de la bataille. Michelet a donc bien perçu le message pacifiste de la toile comme il a bien saisi que le Cuirassier blessé, beau grandiose mais si fragile glissant avec son coursier colossal sur cette «descente rapide, glissante, où l'Empire roule vers l'abîme qu'on ne voit pas encore...».*" ("*Géricault romantique et moderne*", "*Histoire des Arts en Khâgne 2 Le 2e site de l'option HIDA en Khâgne à Fustel*", https://lewebpedagogique.com/khagnehida2/archives/70 86)

[56] *La Philosophie de Georges Courteline - Nouvelle édition revue et considérablement augmentée*, Paris, Ernest Flammarion, 1922, p. 13.

[57] https://www.20minutes.fr/culture/diaporama-5001-photo-780021-louvre-lens-desastres-guerre-1800-2014

[58] Permettons-nous ici cette postérieure citation, qui nous rappelle, cependant, l'ambiance d'implicite grandeur du personnage: "*Les uns disent que Fra Diavolo portait déjà la couronne de cheveux blancs qui coiffait encore un demi-siècle après la tête vénérable du Père-à-tous; les autres prétendent que c'était alors un héroïque soldat, donnant au vent des nuits les longues boucles de sa chevelure noire comme le jais. Toujours est-il qu'il s'assit dans l'enceinte du temple, sur un fût de colonne brisée, comme Charlemagne au milieu de ses douze pairs.*

Pour plafond, il y avait le ciel d'Italie suspendant des milliers d'étoiles aux profondeurs de son azur; le croissant énorme se couchait derrière les perspectives lucaniennes, à l'horizon du pays des roses, et, par les entredeux des piliers doriques, on voyait les ombres des soldats sommeillant ou buvant autour de leurs feux." (Féval, *La bande Cadet*, Paris, E. Dentu, 1875, T. I *Une évasion et un contrat*, pp. 260-261)

[59] http://lewebpedagogique.com/khagnehida2/files/2013/10/1318168820_1814-gricault-carabinier-assis-sur-un-tertre-crayon-plume-et-encre-brune-205x165-cm-paris-collection-particulire.jpg

[60] https://www.brooklynmuseum.org/opencollection/objects/54748

[61] Lorenz Eitner, "*Géricault's 'Wounded Cuirassier'*", *The Burlington Magazine*, Vol. 96, No. 617: *Théodore Géricault*, Août 1954, pp. 236-241.

[62] https://cdn.shopify.com/s/files/1/0895/0864/products/xir191321_1024x1024.jpeg?v=1450173652

[63] http://cn.wahooart.com/@@/AQRMVV-Emil-H%C3%BCnten--

⁶⁴http://www.agraart.pl/nowe/nowe/objectn.php?idd=308&aid=&off=36&curr=PLN&sch=1&ord=cu&s=1&gal=1&id_malarza=134

⁶⁵https://lh5.googleusercontent.com/--P3rWvmb4LU/UlN_iXubOII/AAAAAAAAi2k/PLv5XzXIoS0/w539-h650-no/Gericault+La+retraite+de+Russie+etude+1818+mine+de+plomb%252C+encre+brune+et+aquarelle+25+x+20+cm+Rouen+MBA+.jpg

⁶⁶https://cieljyoti.files.wordpress.com/2013/11/gc3a9ricault-5.jpg

⁶⁷https://cieljyoti.files.wordpress.com/2013/11/gc3a9ricault-9.jpg

⁶⁸http://mbarouen.fr/fr/oeuvres/cheval-arrete-par-des-esclaves et https://fineartamerica.com/featured/slaves-stopping-a-horse-study-for-the-race-of-the-barbarian-horses-1817-oil-on-canvas-theodore-gericault.html

⁶⁹https://www.museothyssen.org/en/collection/artists/gericault-theodore/horse-race

⁷⁰https://cieljyoti.files.wordpress.com/2013/11/gc3a9ricault-10.jpg

⁷¹En particulier les suivantes, que nous reproduisons dans les Planches: http://www.artnet.com/artists/th%C3%A9odore-g%C3%A9ricault/study-for-the-race-of-the-barberi-horses-uhF5MMtPKc4Ob1CziJlZEg2; http://www.thierrydemaigret.com/html/fiche.jsp?id=1334301; http://www.artnet.com/artists/th%C3%A9odore-g%C3%A9ricault/the-race-of-the-barberi-horses-xcXkWvhsW0m7h31ZF19bg2; http://www.lankaart.org/2018/03/gericault-la-course-des-barberi.html; http://4.bp.blogspot.com/-bYh0Uw7NdMg/UsHkwYpvCnI/AAAAAAAAERI/bKhdBIIfuoc/s1600/rearing+stallion.jpg

⁷²https://fr.wikipedia.org/wiki/Fichier:G%C3%A9ricault_-_Portrait_de_carabinier_-_Louvre.jpg et https://commons.wikimedia.org/wiki/File:Th%C3%A9odo

re_G%C3%A9ricault_-_A_Carabinier_with_his_Horse_-_WGA08623.jpg

[73]"*Acquis à la vente Antoine Vollon, 1901*
Le carabinier porte la cuirasse double en acier recouvert d'une feuille de laiton propre à son régiment d'élite de la cavalerie française sous l'Empire. Sous cet armement défensif tenu par deux épaulières et une ceinture, l'habit blanc au collet bleu céleste passepoilé de blanc et l'épaulette de fil d'argent et d'écarlate indiquent qu'il appartient au premier des deux régiments de carabiniers et qu'il a rang de sous-officier. Les carabiniers avaient pour armes un sabre, dont la monture particulière présentait sur la coquille une grenade, insigne du soldat d'élite, un pistolet et un mousqueton.

Théodore Géricault inscrit ce portrait dans la suite des portraits militaires en vogue à l'époque impériale, chez les maîtres qui l'ont formé (Vernet, Guérin) ou qu'il a admirés (Gros). Mais il le peint à la fin de l'Empire, vers 1813-1814: avec l'abdication de Napoléon et l'avènement de Louis XVIII, la gloire militaire est passée. C'est pourquoi le carabinier, sans armes, a mis pied à terre devant un cheval qui n'est qu'une ombre noire et close, bel homme au regard sombre, à la moue agressive et au front lumineux, habillé de métal aux reflets froids. L'insistante domination du regard a fait penser que Géricault a mis une part d'autoportrait dans cette figure... Le jeune Delacroix, découvrant l'œuvre dans l'atelier du peintre en 1823, s'exclame simplement: «Une étude de tête de carabinier. S'en souvenir. Quelle fermeté.» (Journal, 1823)." (http://mbarouen.fr/fr/oeuvres/carabinier-en-buste-avec-son-cheval)

[74]https://www.pinterest.fr/pin/764908936520060787/ et
[75]https://www.pinterest.fr/pin/764908936554106638/
[76]https://www.meisterdrucke.com/kunstdrucke/Theodore-Gericault/314582/Carabinier-Offizier,-der-den-Befehl-zum-Aufladen-gibt-(Bleistift-und-WC).html
[77]https://i.pinimg.com/736x/45/9e/f0/459ef05f3c916abdb296b2daa3167cb1--napoleonic-wars-art-museum.jpg

[78] https://www.artcurial.com/en/lot-theodore-gericault-rouen-1791-paris-1824-carabinier-cheval-chargeant-vers-1823-aquarelle
[79] https://commons.wikimedia.org/wiki/File:G%C3%A9ricault_Wincenty_Krasi%C5%84ski.jpg?uselang=fr
[80] https://fr.wikipedia.org/wiki/Fichier:Vernet_-_Louis-Philippe_duc_d%27Orl%C3%A9ans_(1773-1850)_en_uniforme_de_colonel-g%C3%A9n%C3%A9ral_des_Hussards.jpg
[81] https://i.pinimg.com/originals/41/43/77/4143775ebf100588d07bbf7b4100daa6.jpg
[82] *"Le regard vide de cet officier blessé, le ciel chargé mêlé aux salves d'artillerie, l'ordre de bataille continuant, irrémédiablement; et se dirigeant vers le néant; voilà la vision de l'Empire finissant qu'a voulu traduire Horace Vernet.*
Notre tableau montre la fin de l'aventure napoléonienne, et le dernier effort surhumain de Waterloo face à une Europe coalisée. Horace Vernet, pourtant de sentiment pro-napoléonien, individualise ici avec le grenadier ce que Géricault avait déjà brillamment traduit au Salon de 1814 avec son Cuirassier blessé (actuellement conservé au Musée du Louvre). Le rapprochement du travail de Vernet avec celui de Géricault est évident lorsque l'on découvre le Cuirassier assis sur un tertre (Fig. 1), élément du procédé d'élaboration du grand tableau de Salon.
Refusé au Salon de 1822, Horace Vernet expose la même année chez lui quarante-cinq de ses toiles dont 'Le soldat de Waterloo' (localisation actuelle inconnue) peint quelques années auparavant.
Notre tableau est très proche de ce dernier dans sa volonté de représenter la fin de l'époque napoléonienne. Il peut être daté autour de 1820." (https://www.artcurial.com/fr/lot-horace-vernet-paris-1789-1863-le-grenadier-blesse-huile-sur-toile-1884-69)
[83] https://fr.wikipedia.org/wiki/Fichier:Vernet_-_Le_Dernier_Grenadier_De_Waterloo.jpg
[84] https://www.nortonsimon.org/art/detail/M.1977.26.3.P

[85] http://www.lucienparis.com/html/fiche.jsp?id=7299345&np=12&lng=fr&npp=20&ordre=&aff=1&r=
[86] http://www.musee-armee.fr/collections/base-de-donnees-des-collections/objet/la-derniere-charge-du-general-de-lasalle-wagram-6-juillet-1809.html et https://fr.wikipedia.org/wiki/Fichier:Lasalle-wagram.jpg
[87] https://www.kimbellart.org/collection-object/equestrian-portrait-duke-buckingham
[88] https://commons.wikimedia.org/wiki/File:Milvbruck.jpg?uselang=fr
[89] https://commons.wikimedia.org/wiki/File:Battle_at_the_Milvian_Bridge,_G%C3%A9rard_Audran_after_Charles_Le_Brun,_1666.jpg?uselang=fr
[90] https://www.artsy.net/artwork/romeyn-de-hooghe-orbis-habitabilis-oppida-et-vestitus

PLANCHES
DU PREAMBULE

Théodore Géricault, 2 *Esquisses préparatoires pour l'Officier des chasseurs de la Garde Impériale chargeant, Carabinier à cheval, vu de dos, Officier des Carabinier donnant l'ordre de charger, Carabinier à cheval chargeant, Général de division attaquant l'ennemi, Eugène de Beauharnais, le prince vice roi à l'armée de Russie délivrant un de ses aides de camp polonais surpris par les cosaques, Eugène de Beauharnais et ses aides de camp, Le Cuirassier blessé, quittant le feu,* études: Louvre et Brooklyn Museum; *Carabinier assis sur un tertre, un autre militaire à genoux portant un enfant dans ses bras, La retraite de Russie, Louis XVIII passant en revue au Champs de Mars,* 2 études; *Enseigne du Maréchal-ferrant, Cuirassier, Le marché aux chevaux, Course de chevaux libres, Course de chevaux, Course de chevaux sans cavaliers à Rome,* 5 études pour la *Course des Barberi, Cheval arrêté par des esclaves, Portrait équestre du général Krasiński, Lancier hollandais de la Garde Impériale, Portrait de Carabinier, Un Carabinier avec son cheval;* Carle Vernet, *Louis-Philippe duc d'Orléans en uniforme de colonel-général des Hussards;* Horace Vernet, *Le Cuirassier blessé, Un soldat sur le champ de bataille, Le Dernier Grenadier de Waterloo;* Copie par l'École française du débtu du Xxème s.; Wojciech Kossak, *Ranny kirasjer i dziewczyna;* Emil Hünten, *Cuirassier prussien blessé;* Plat représentant *Le Cuirassier blessé, quittant le feu* d'après Théodore Géricault, avant 1900; Édouard Detaille, *La dernière charge du général De Lasalle, Wagram, 6 Juillet 1809, dans l'après-midi, juste avant qu'il soit tué;* Pierre-Paul Rubens, *Portrait équestre du Duc de Buckhingam; Prétoriens tombant dans le Tibre durant la bataille Pont Milvio:* versions de Pieter Lastmann et de Gérard Audran d'après Charles Le Brun; Romeyn de Hooghe, *Orbis habitabilis oppida et vestitus*

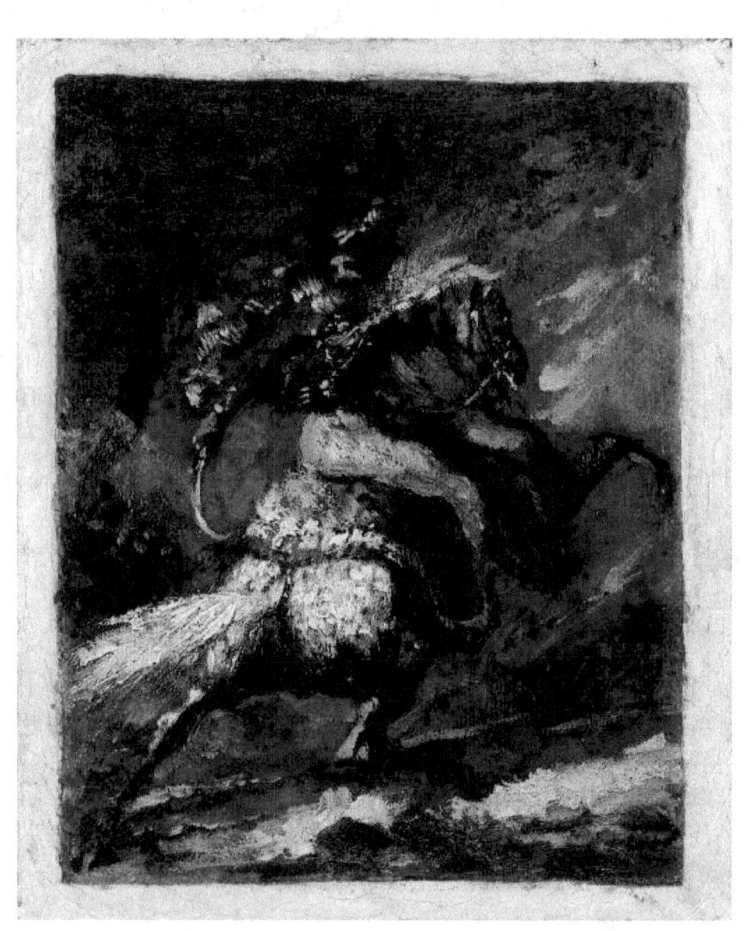

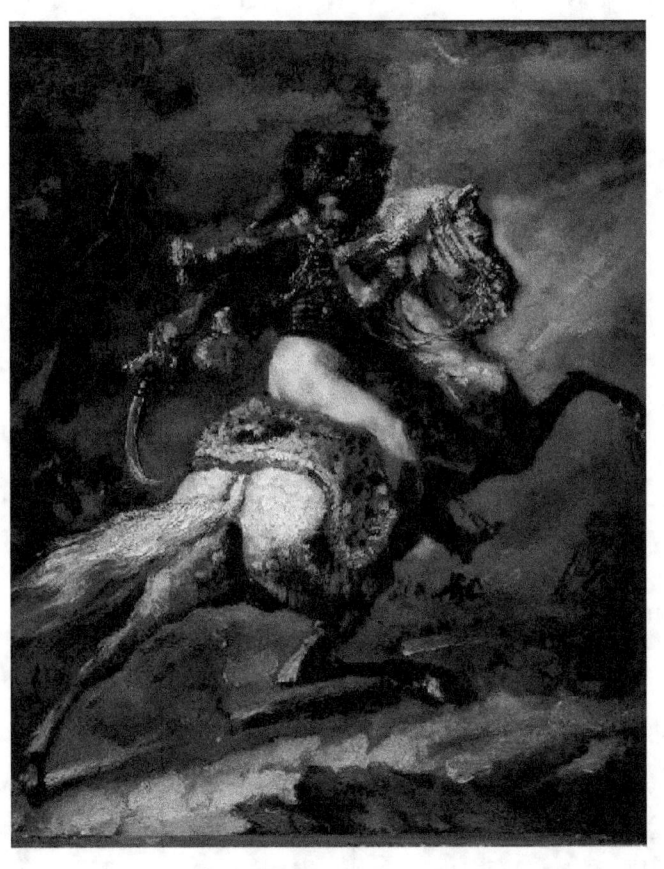

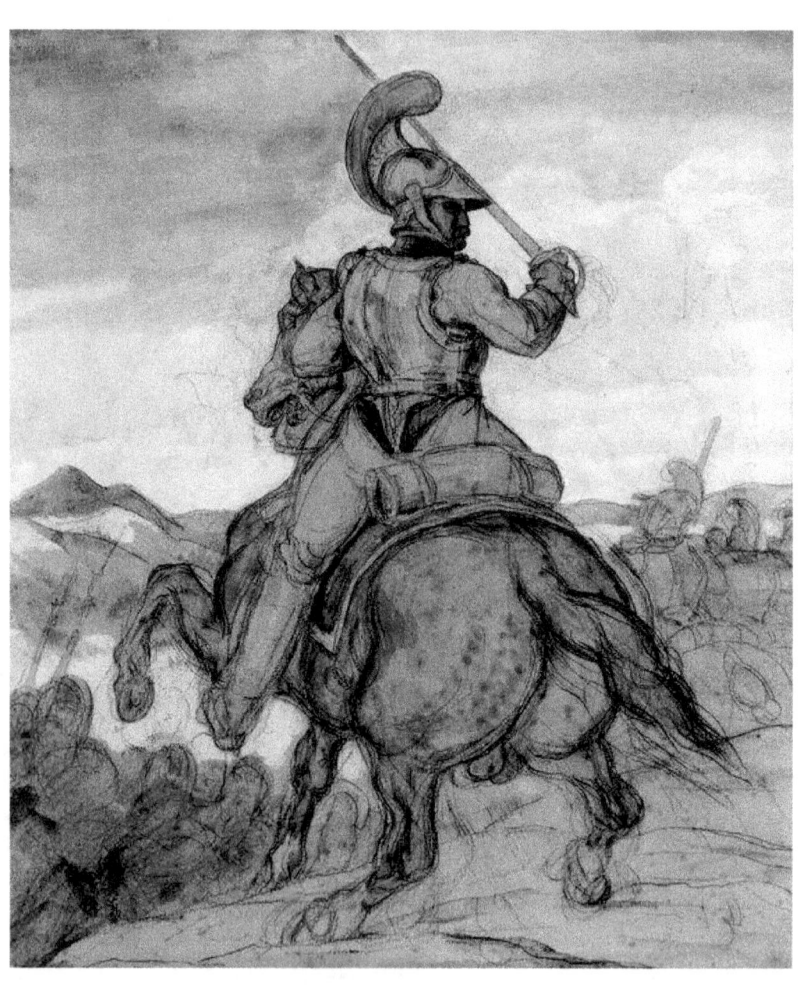

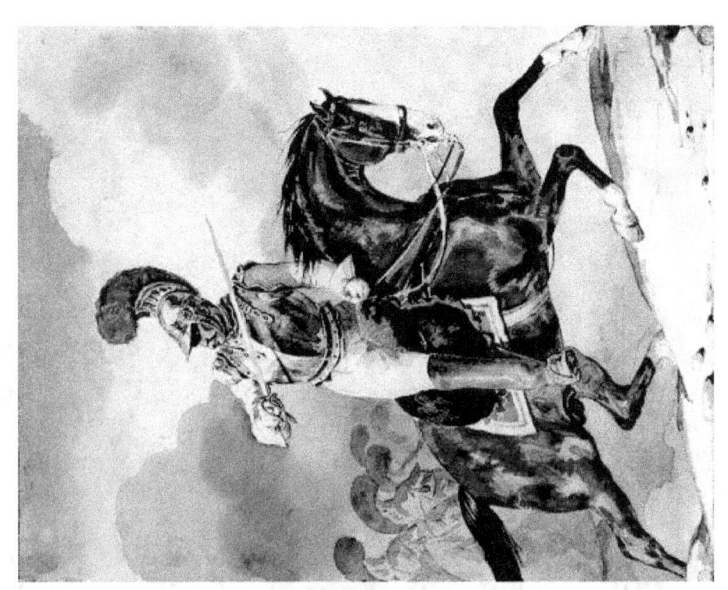
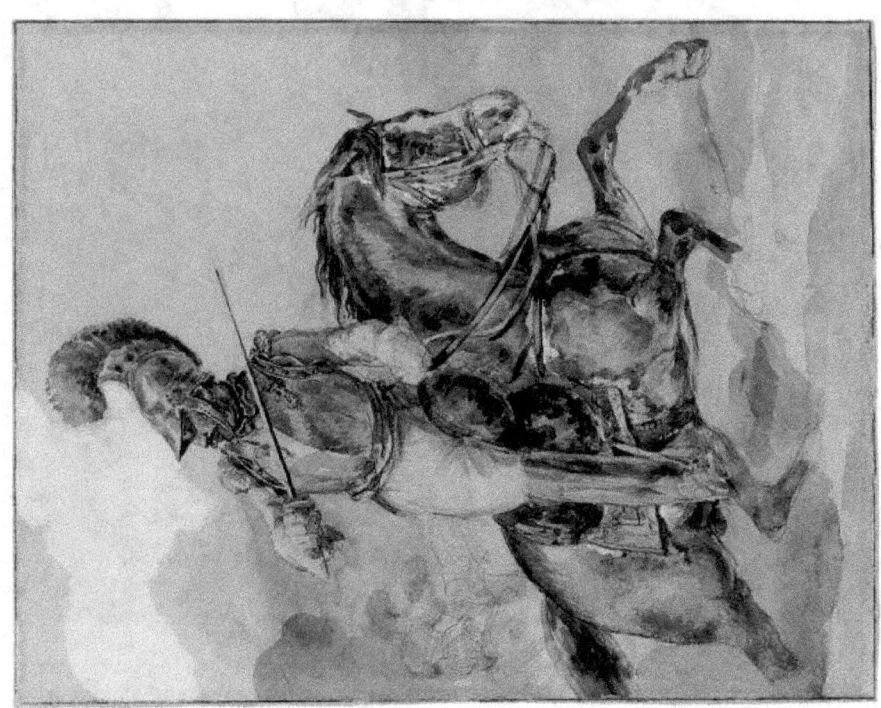

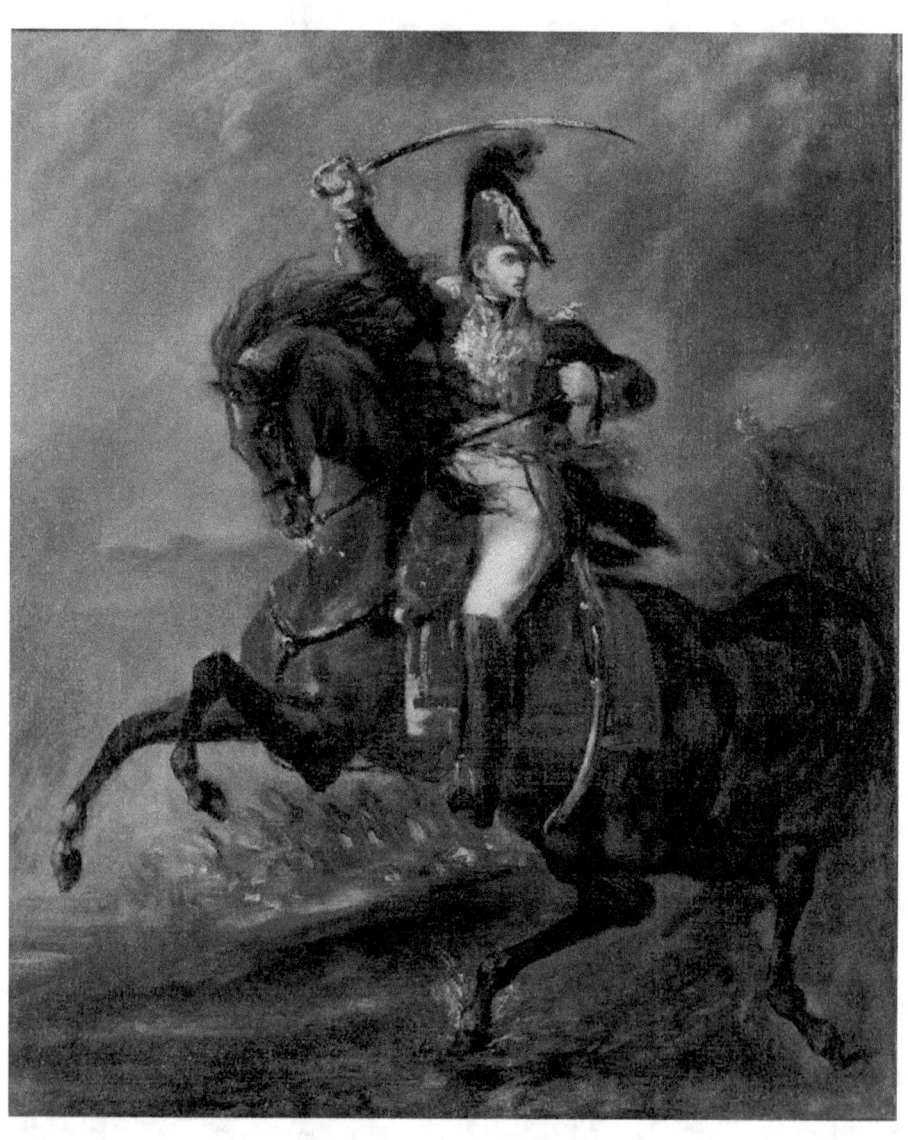

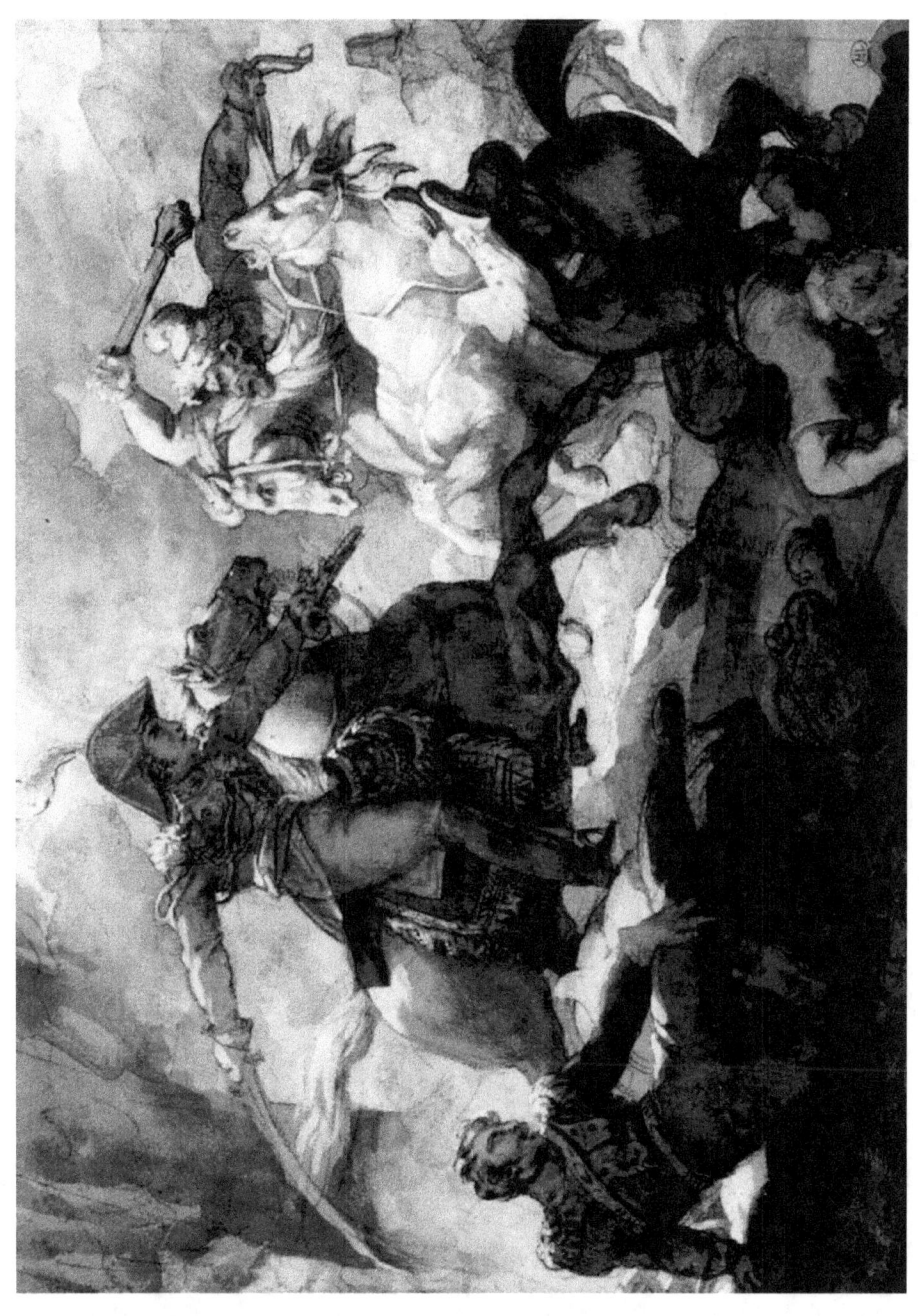

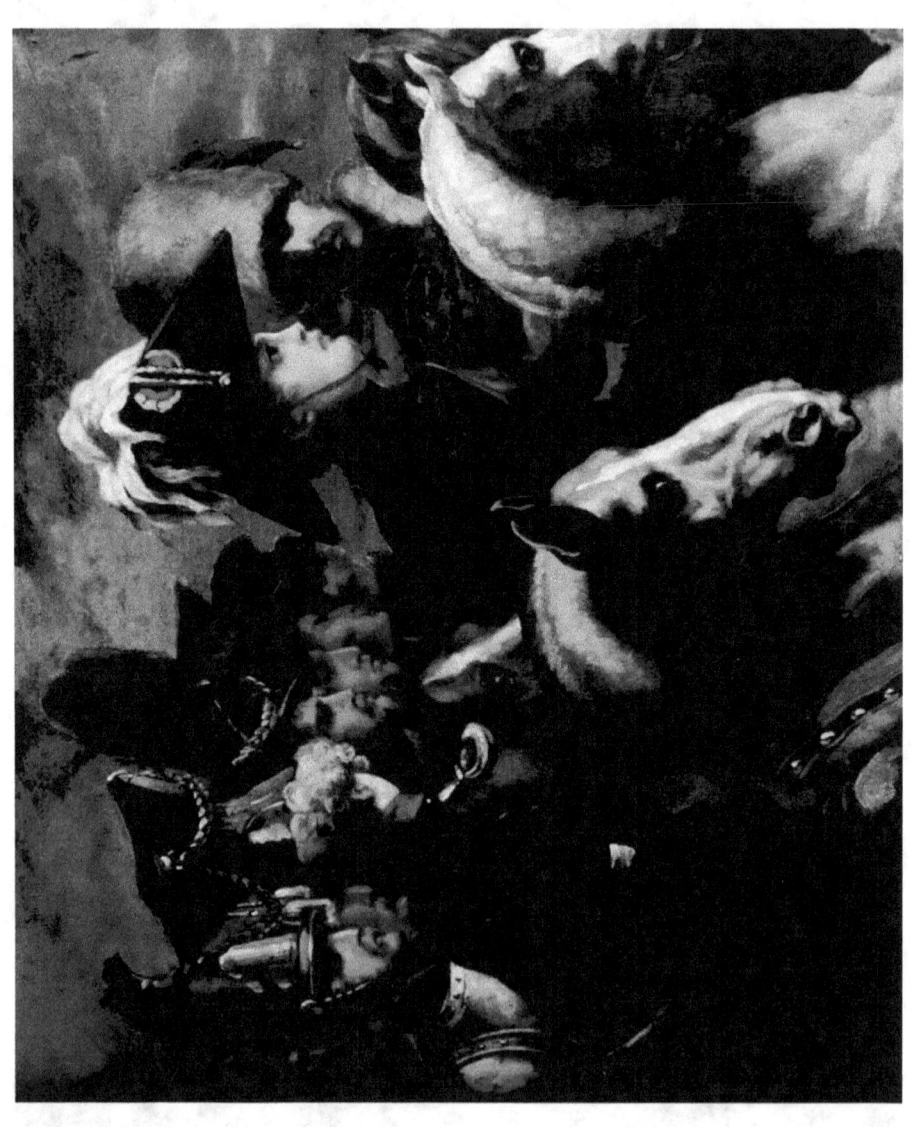

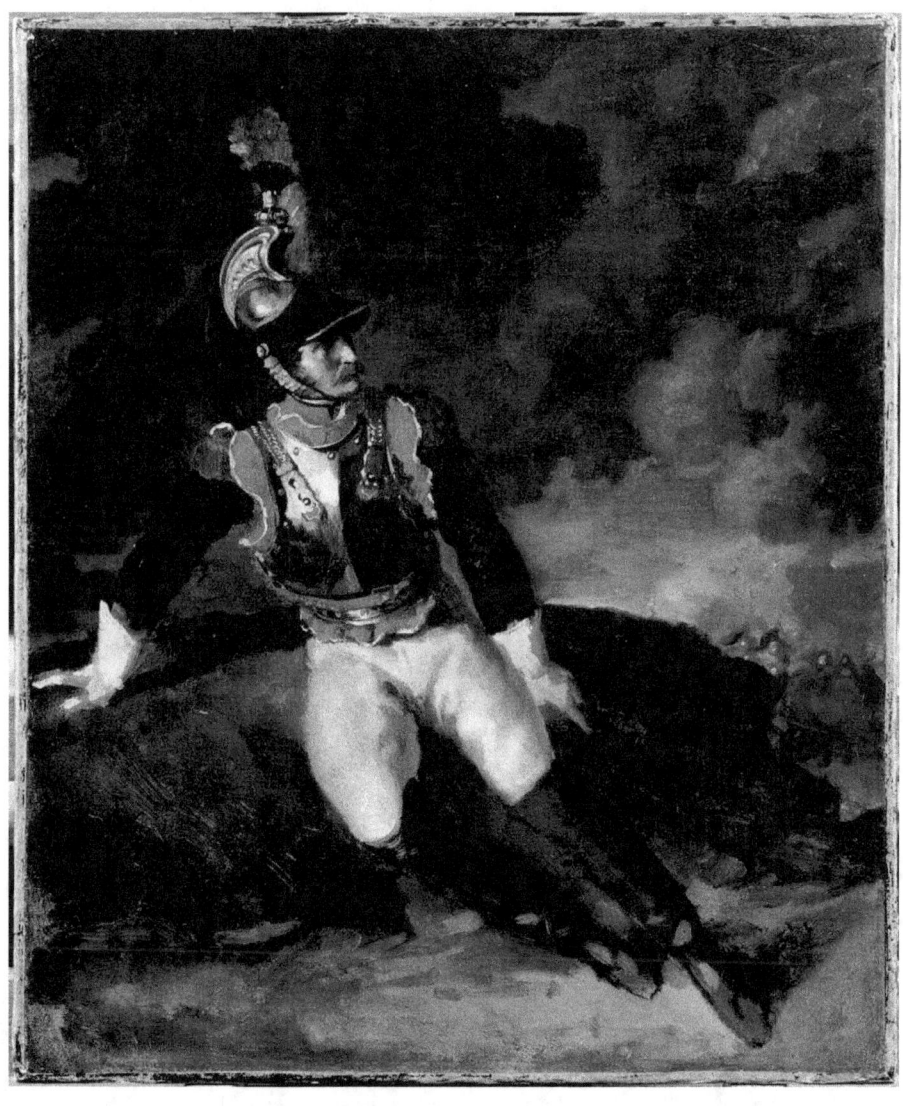

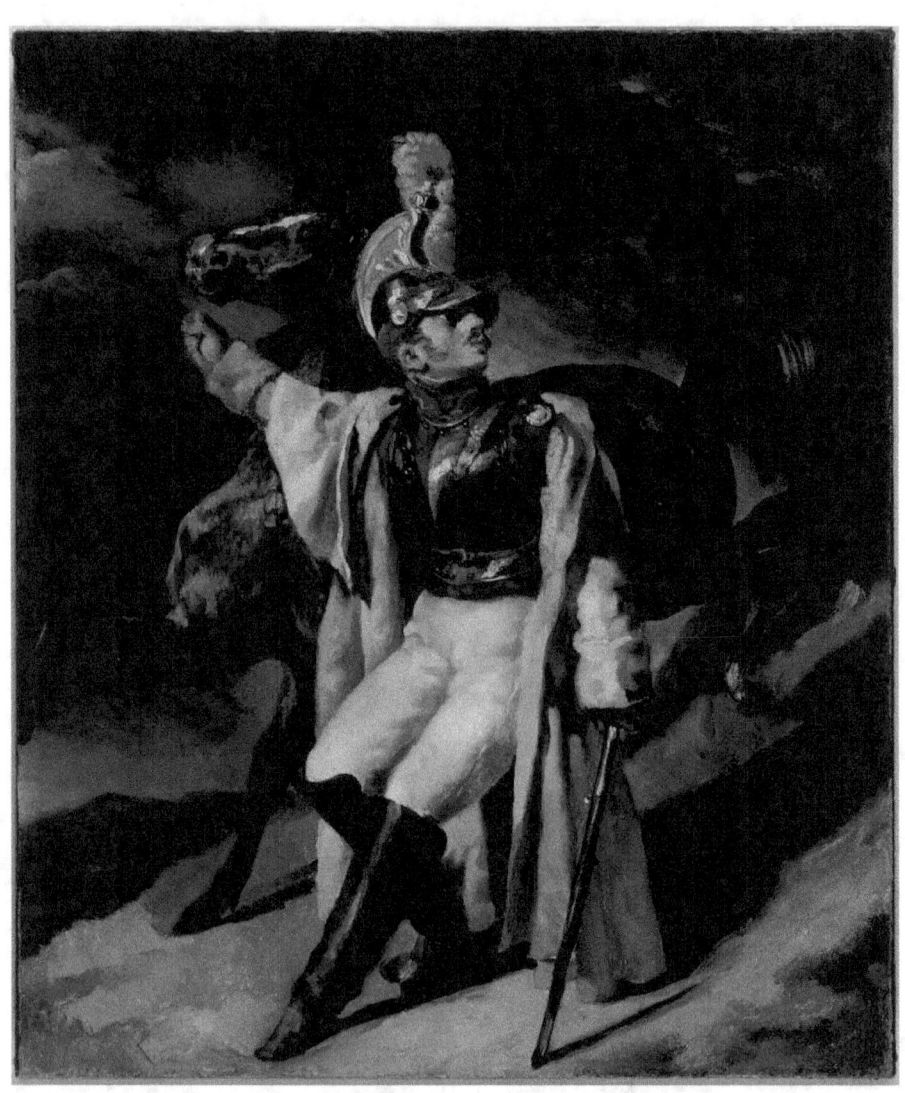

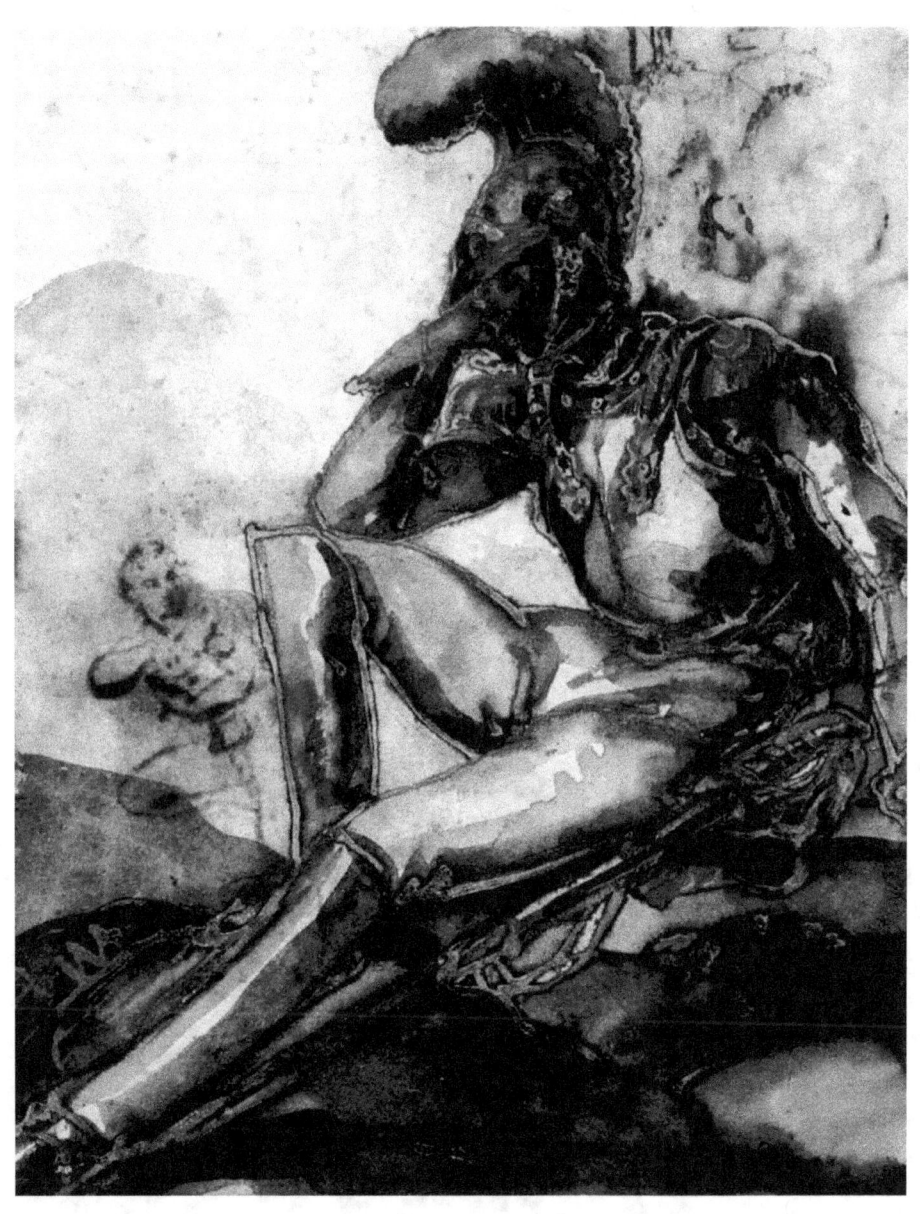

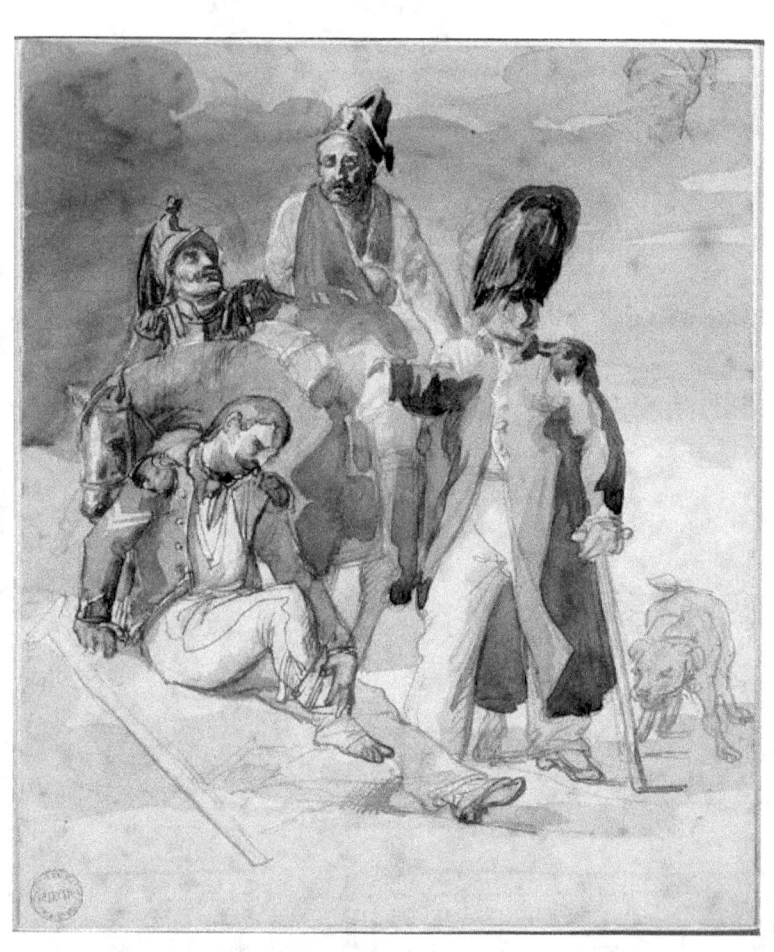

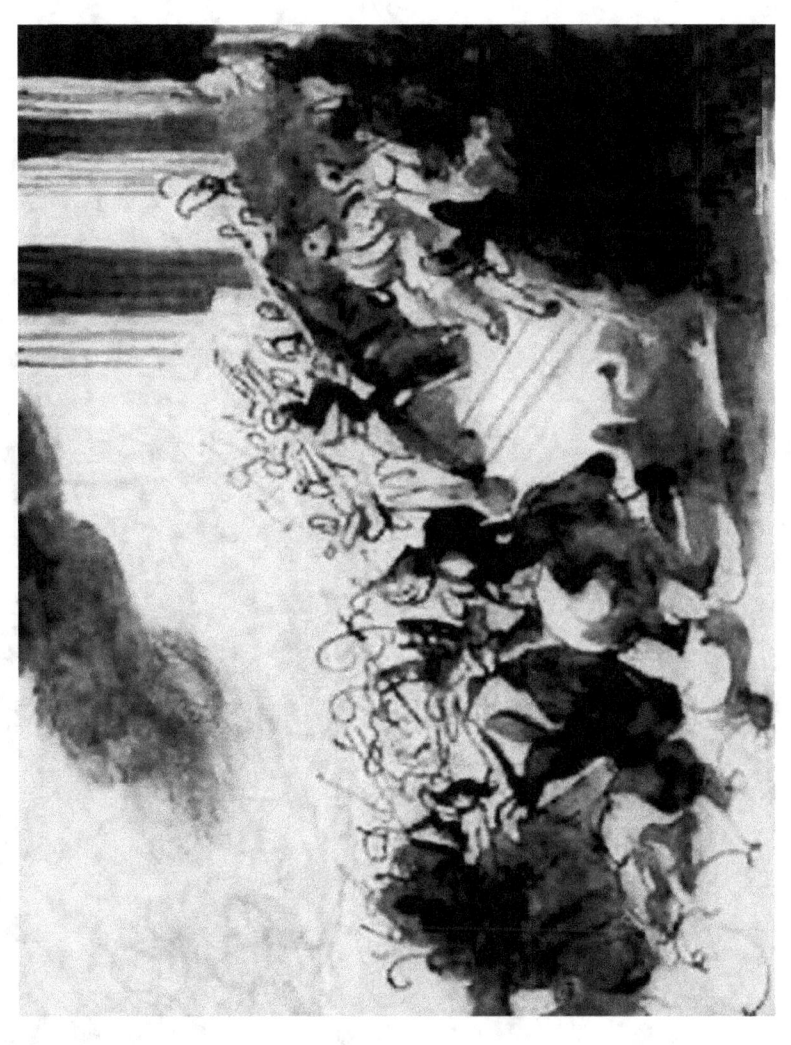

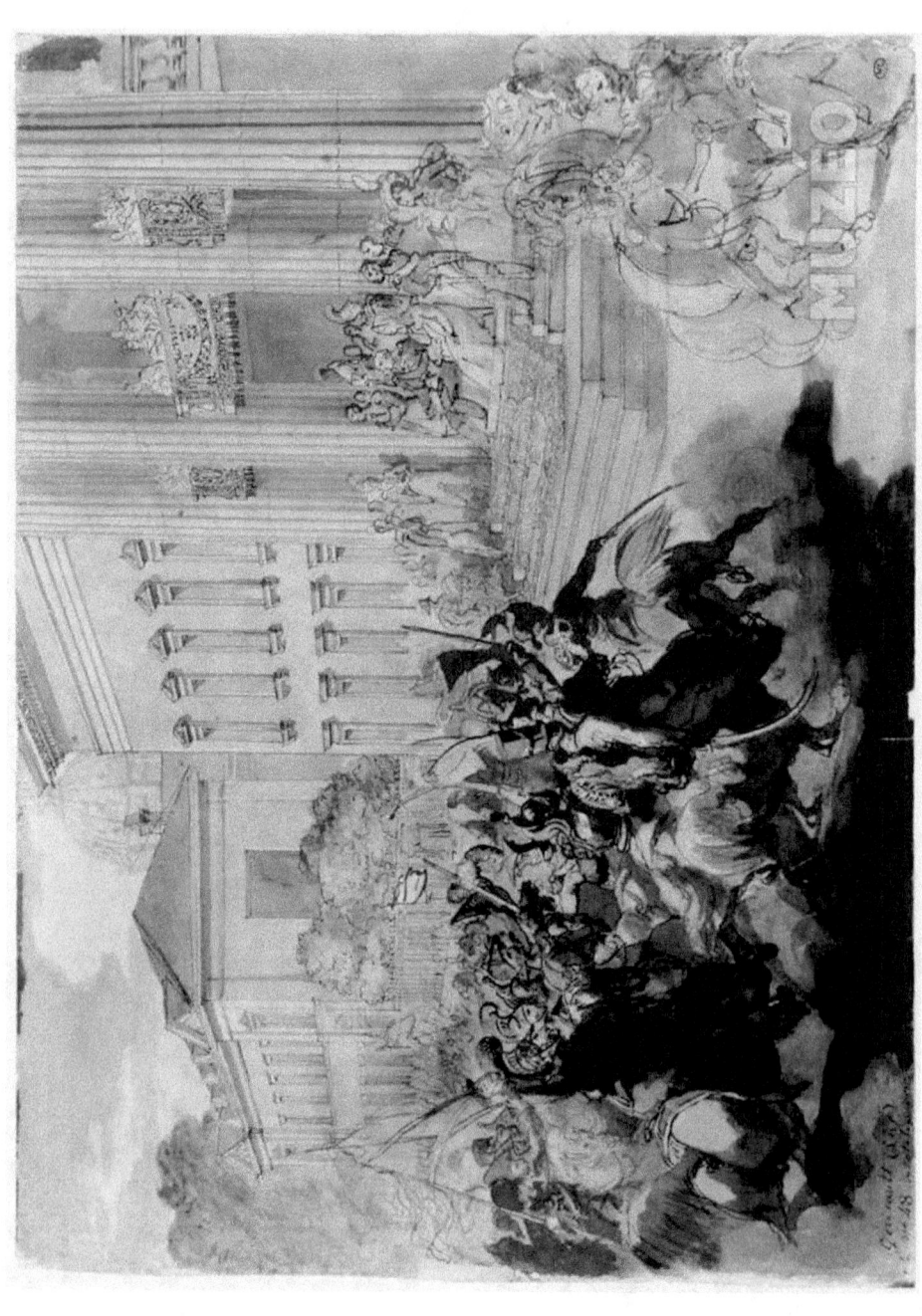

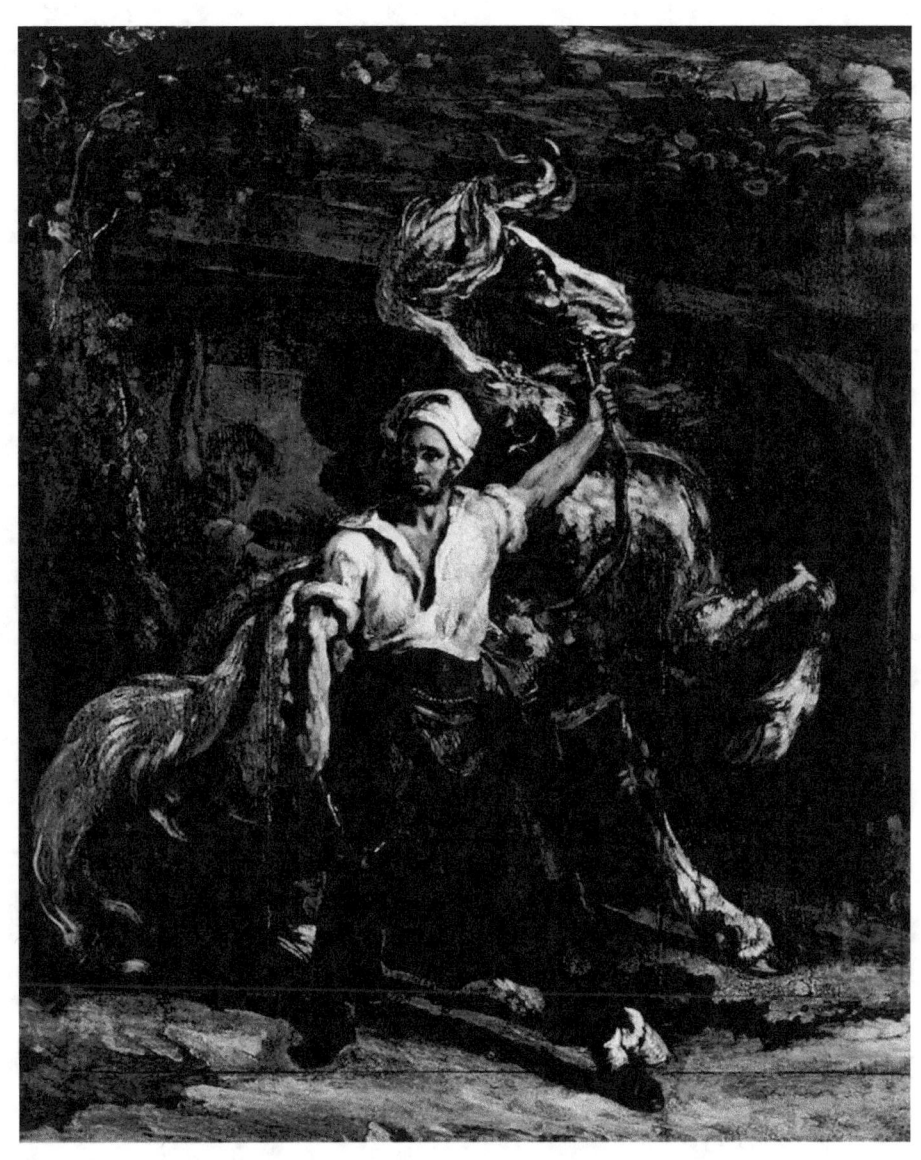

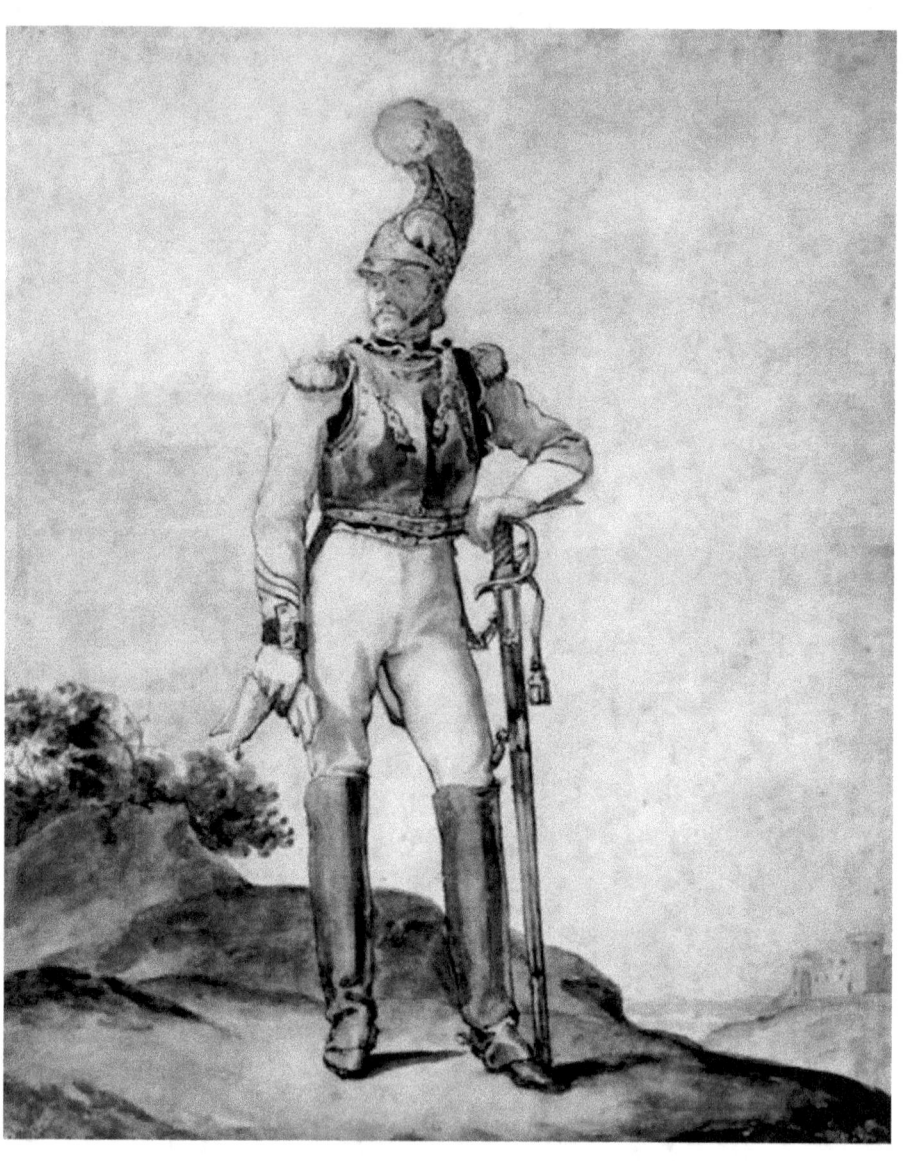

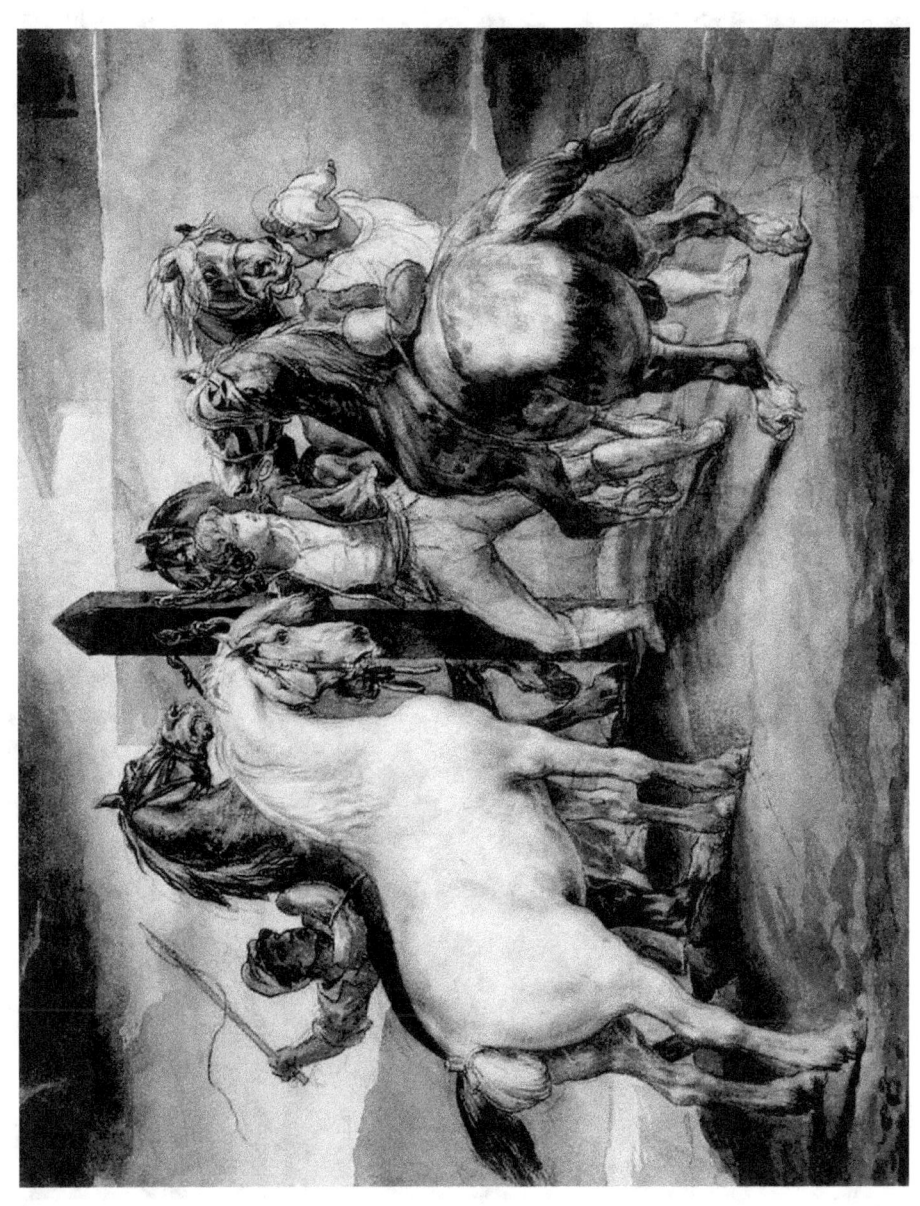

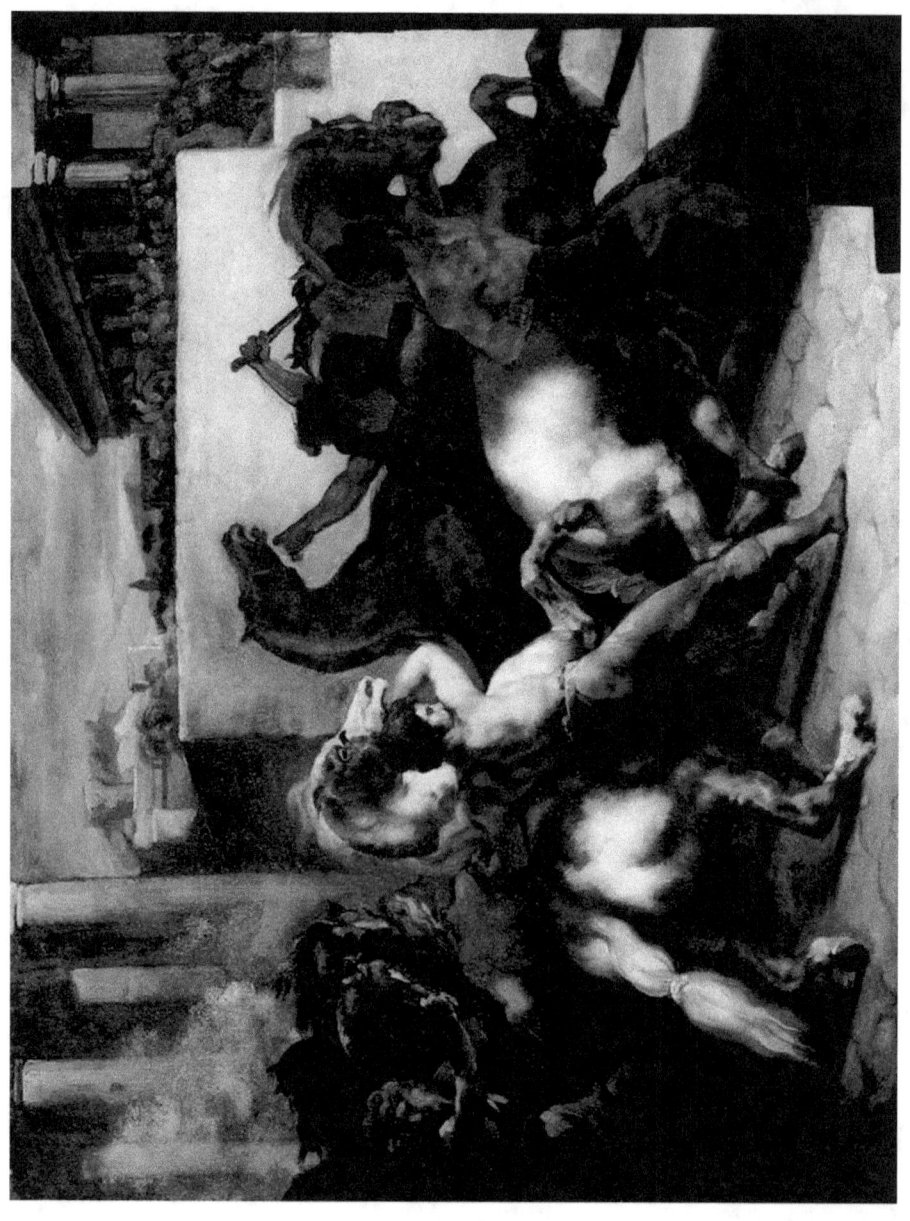

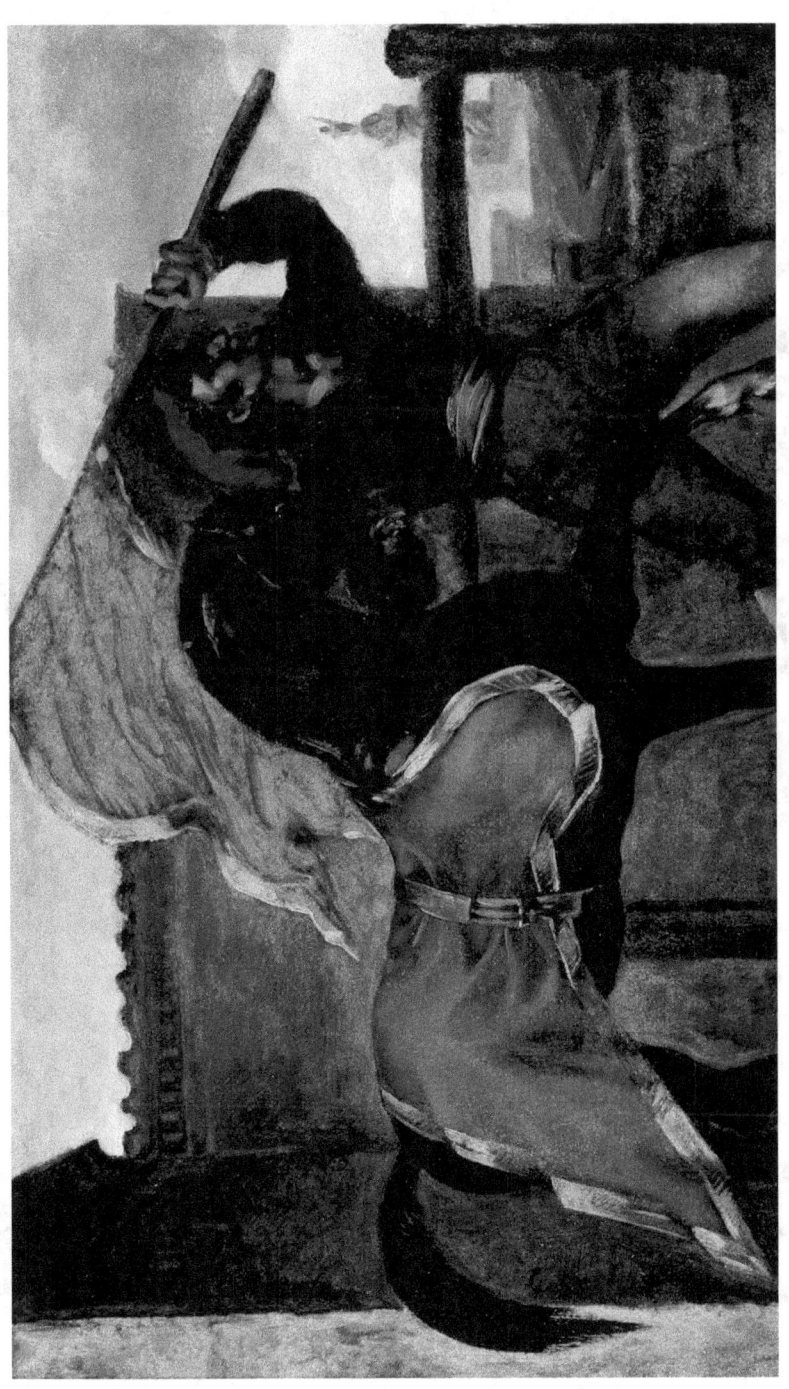

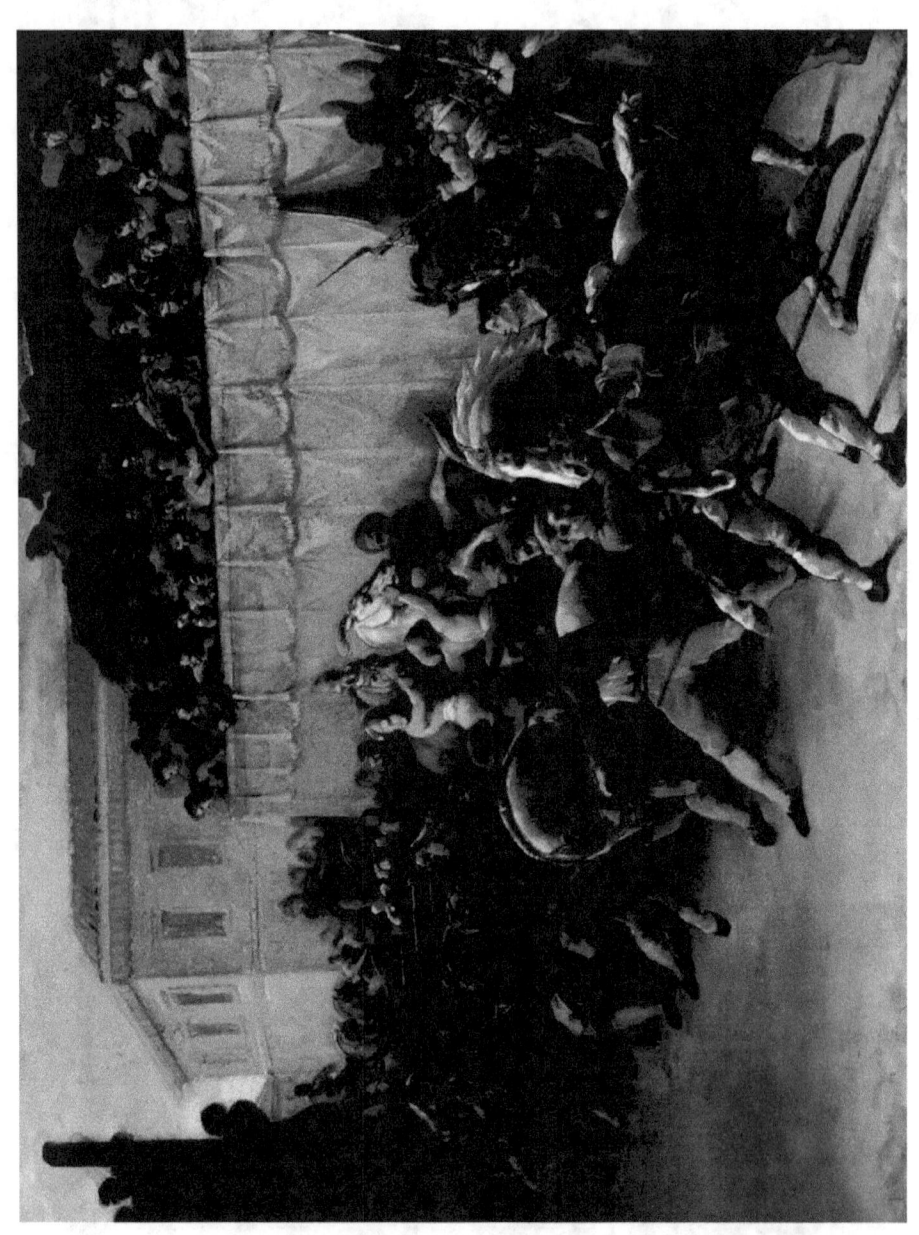

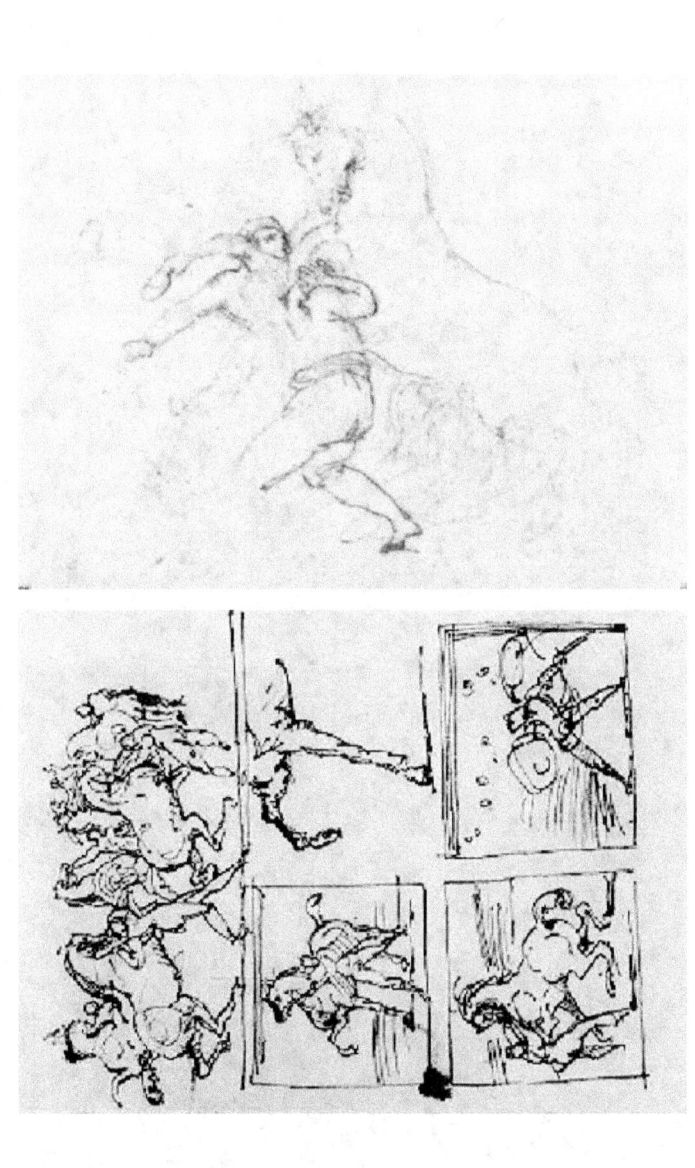

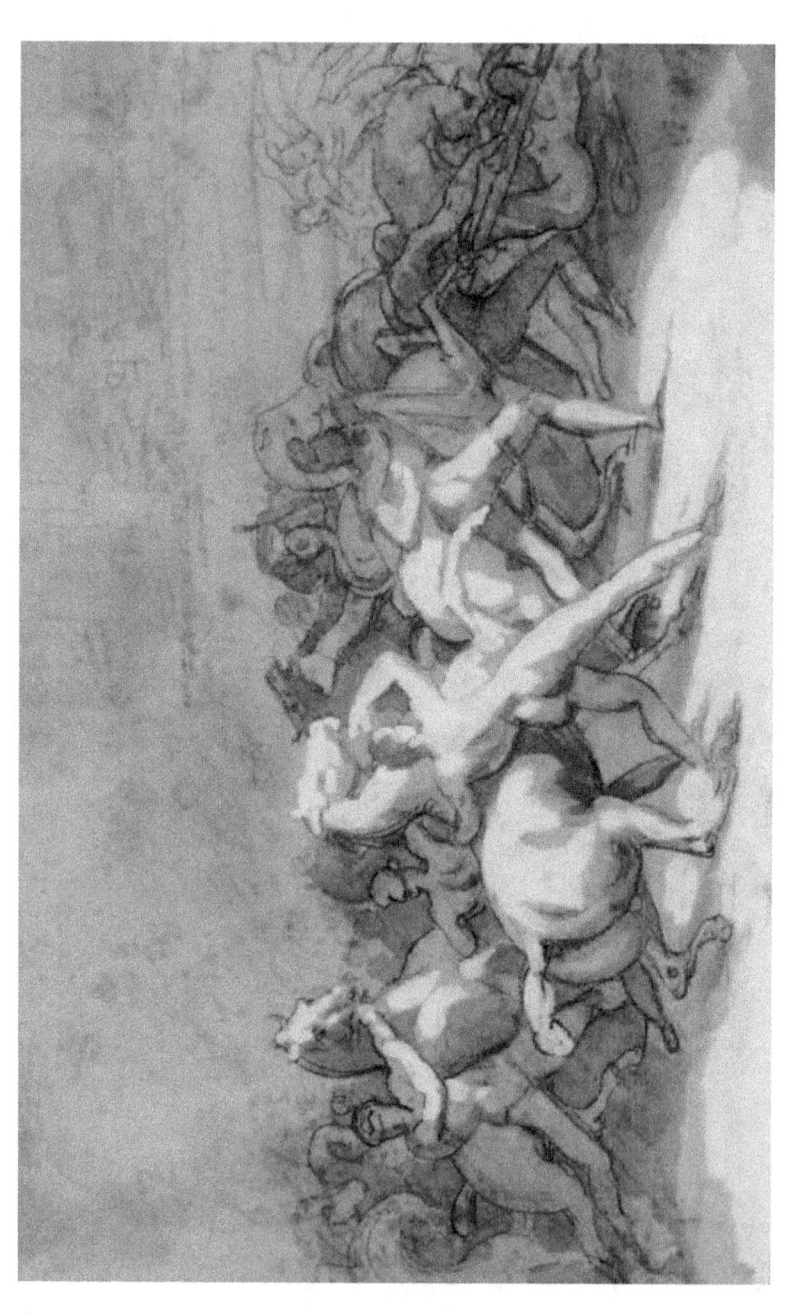

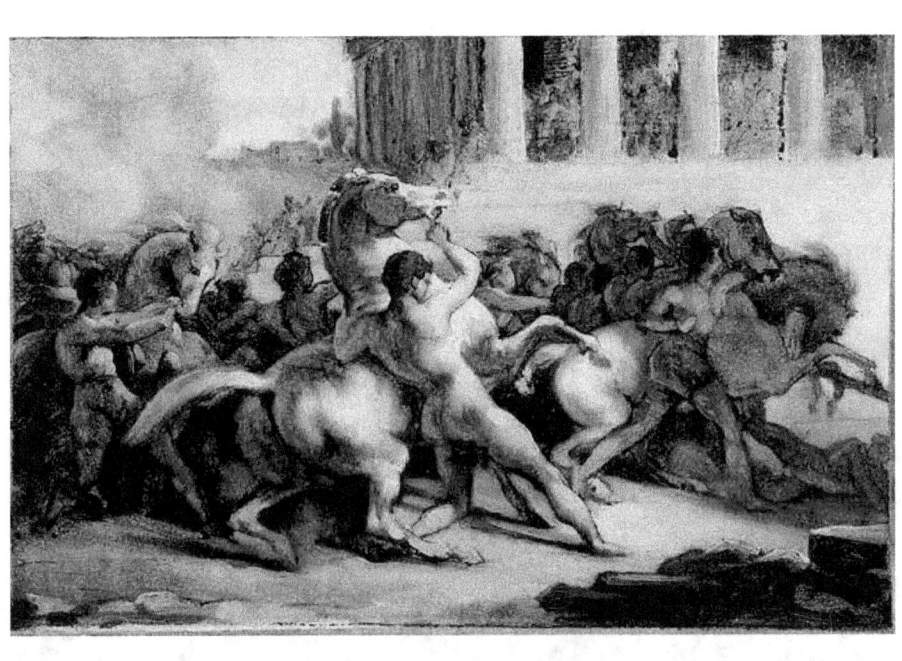

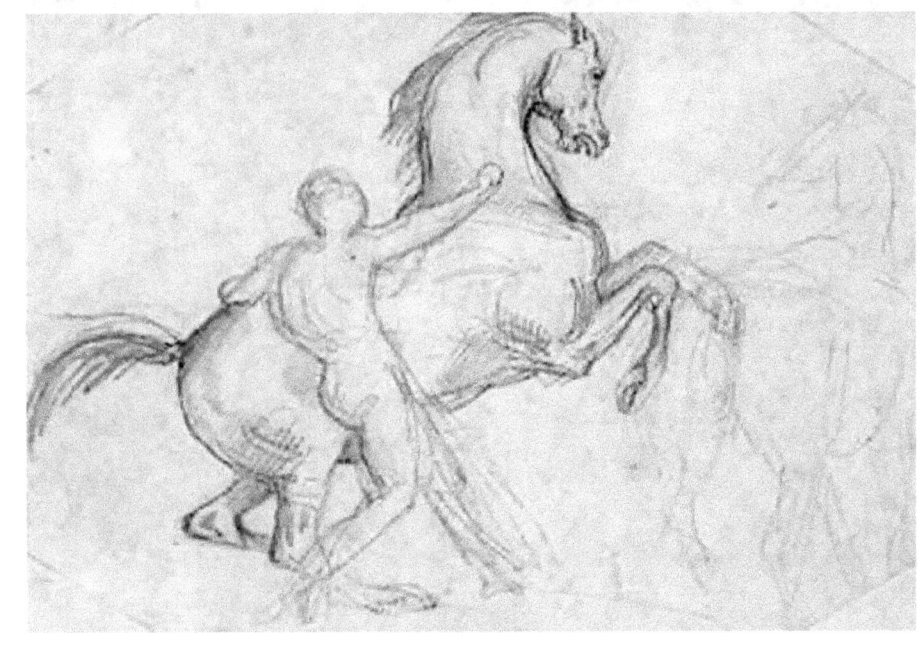

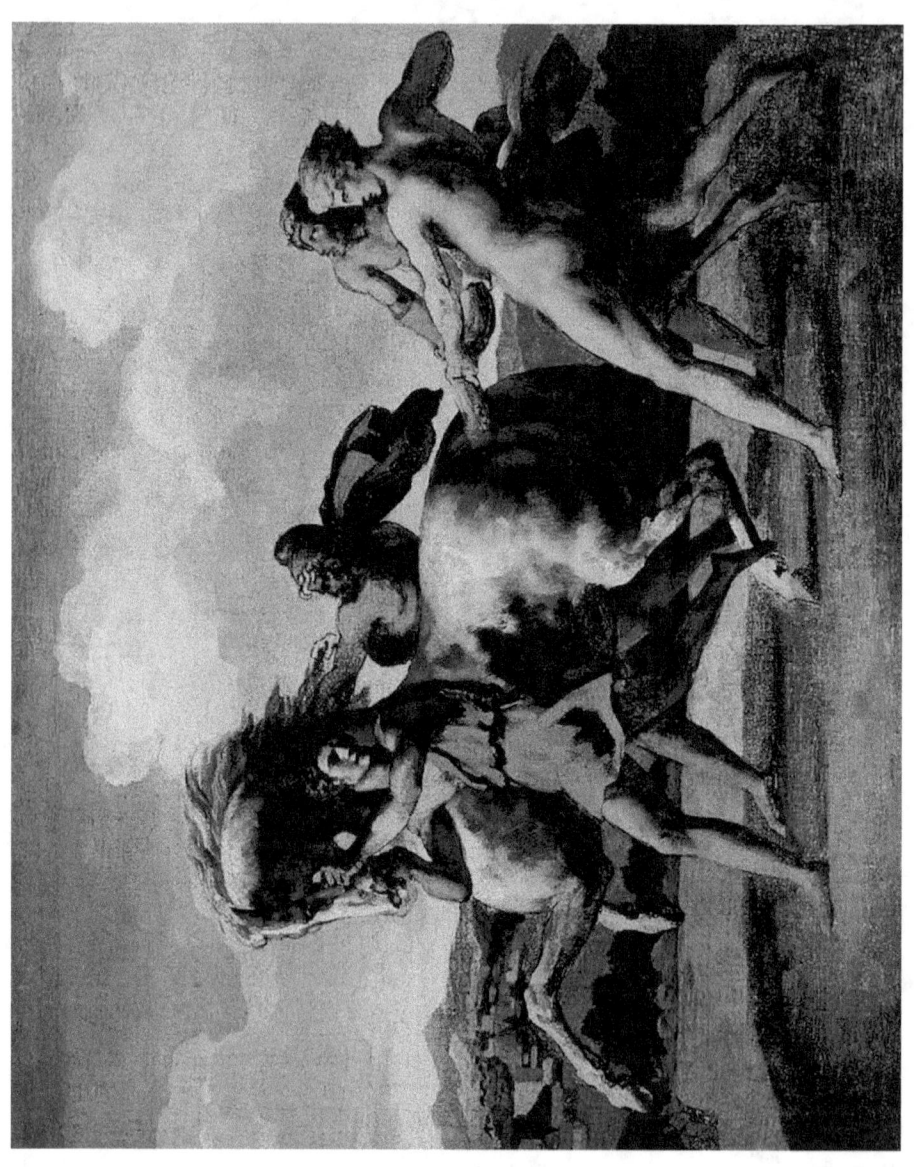

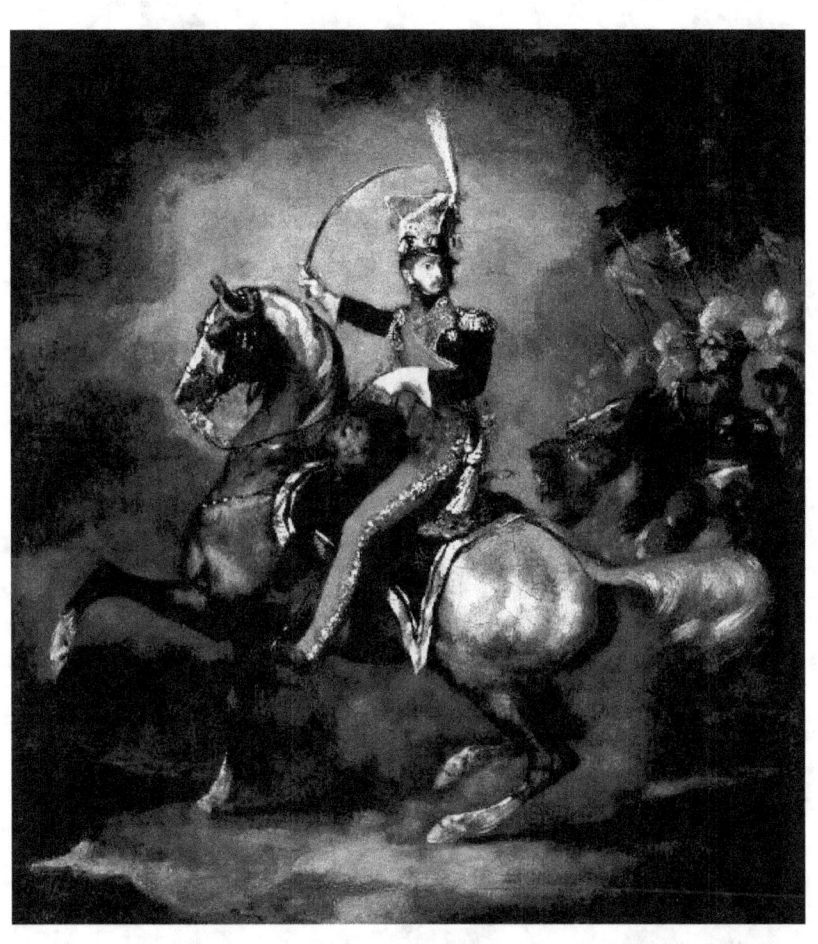

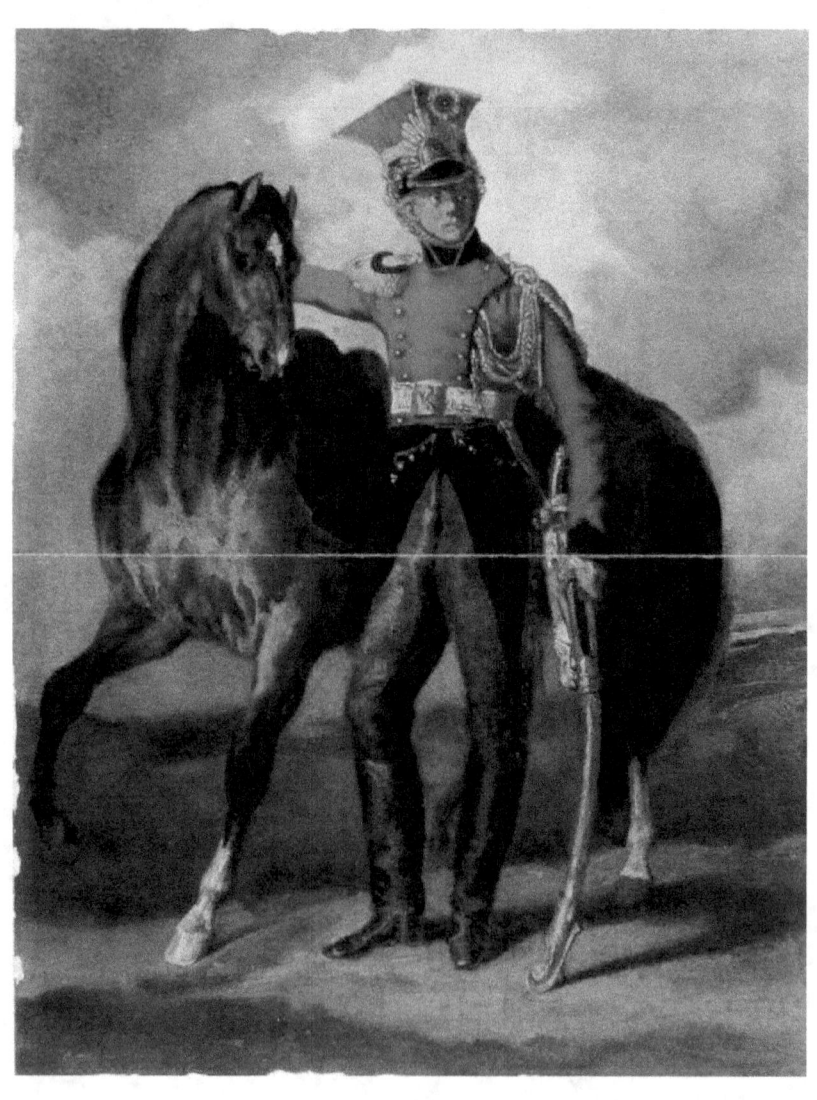

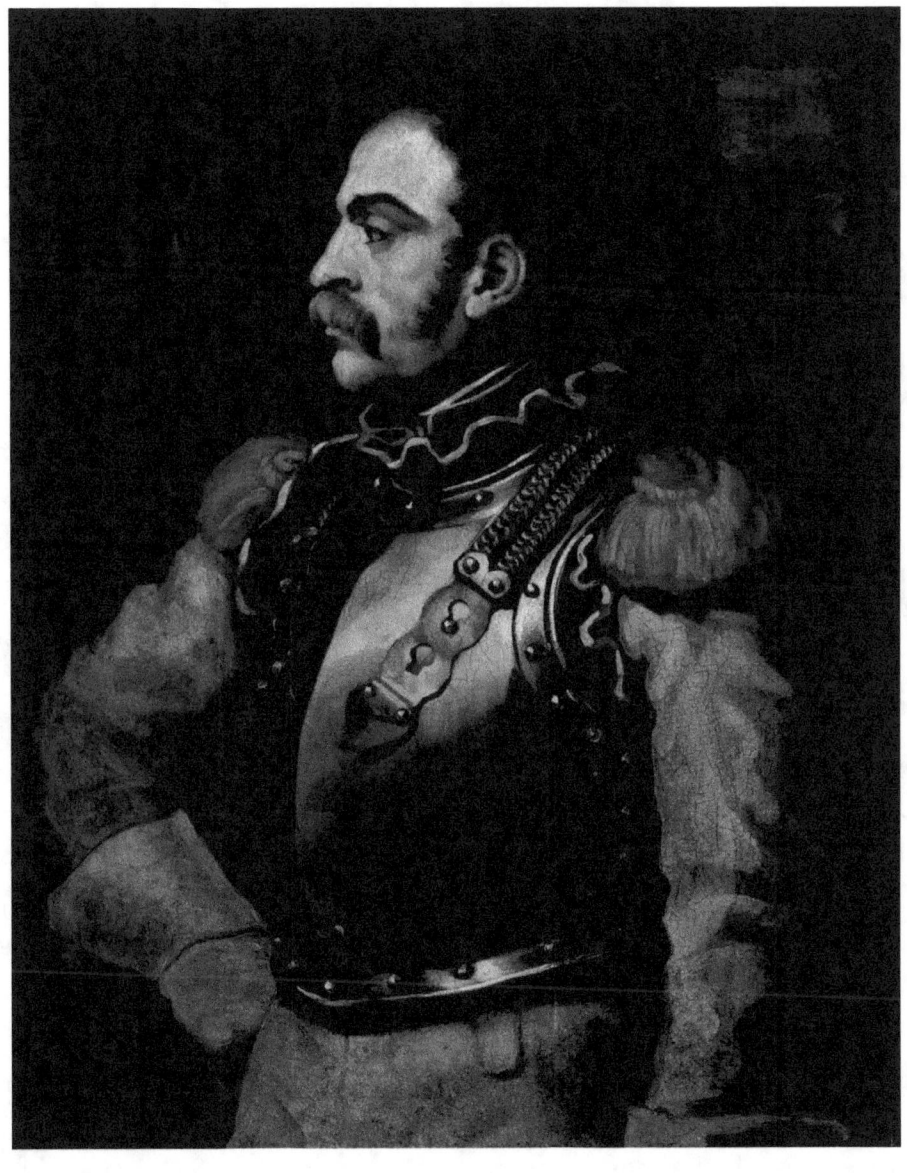

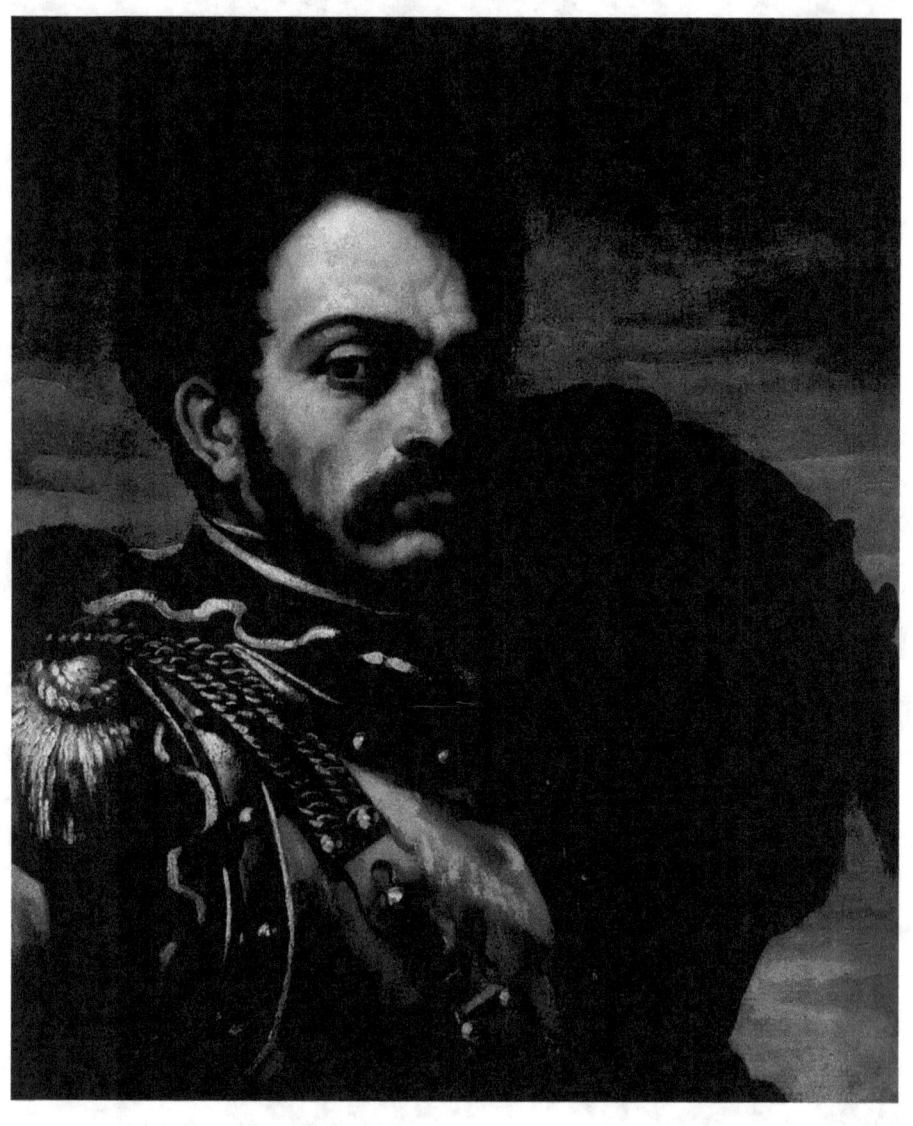

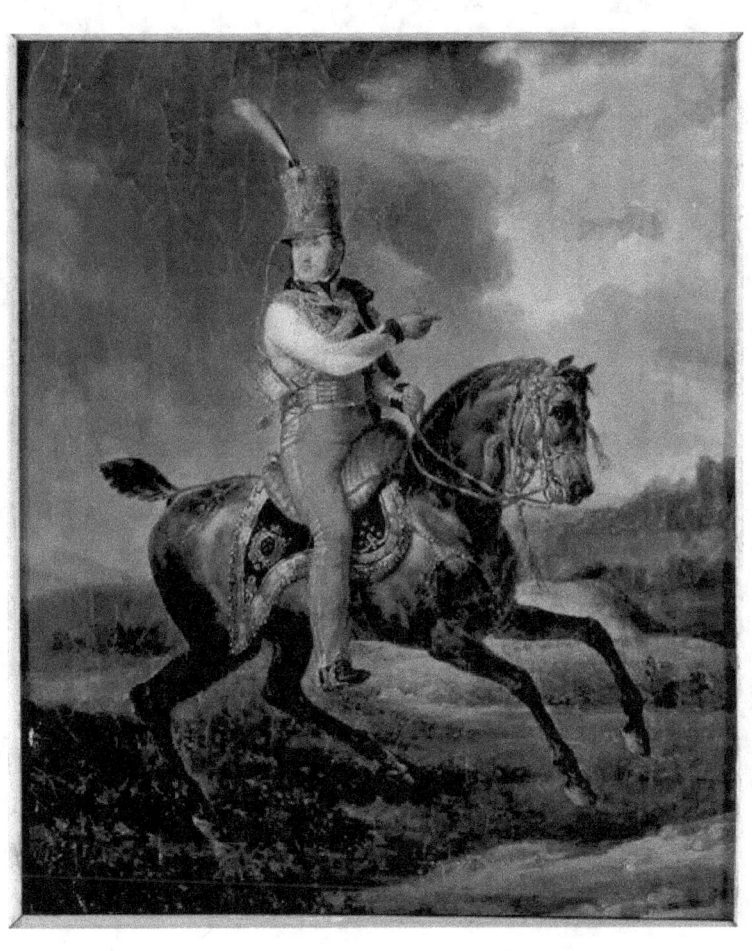

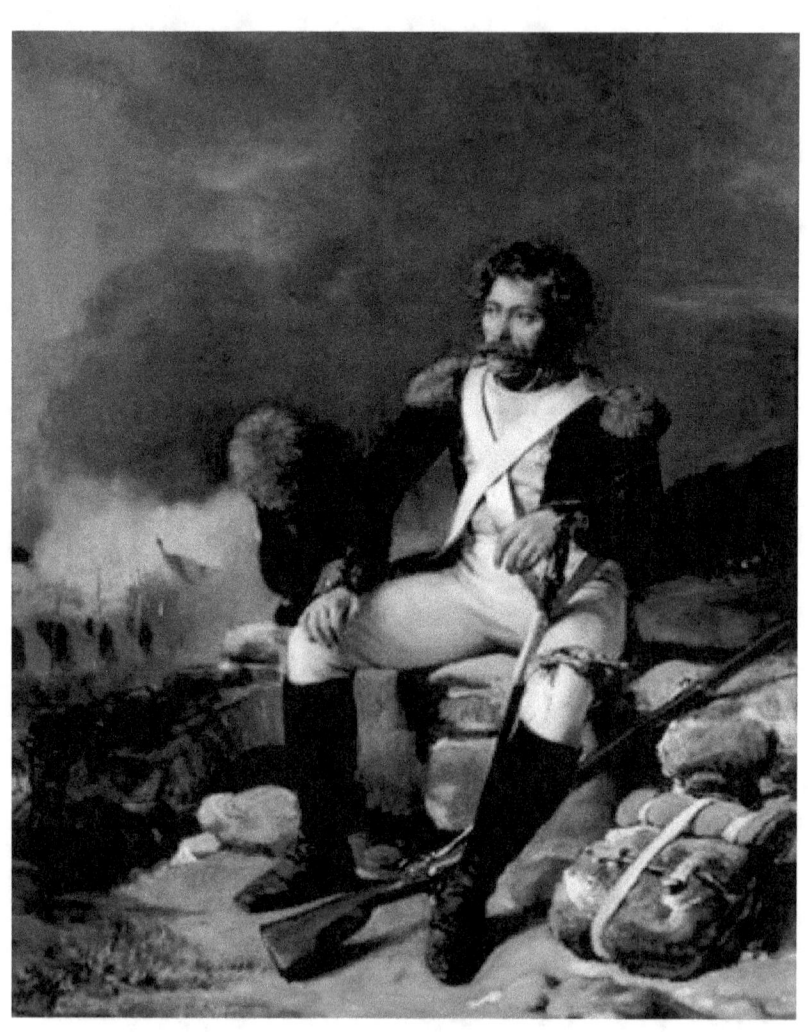

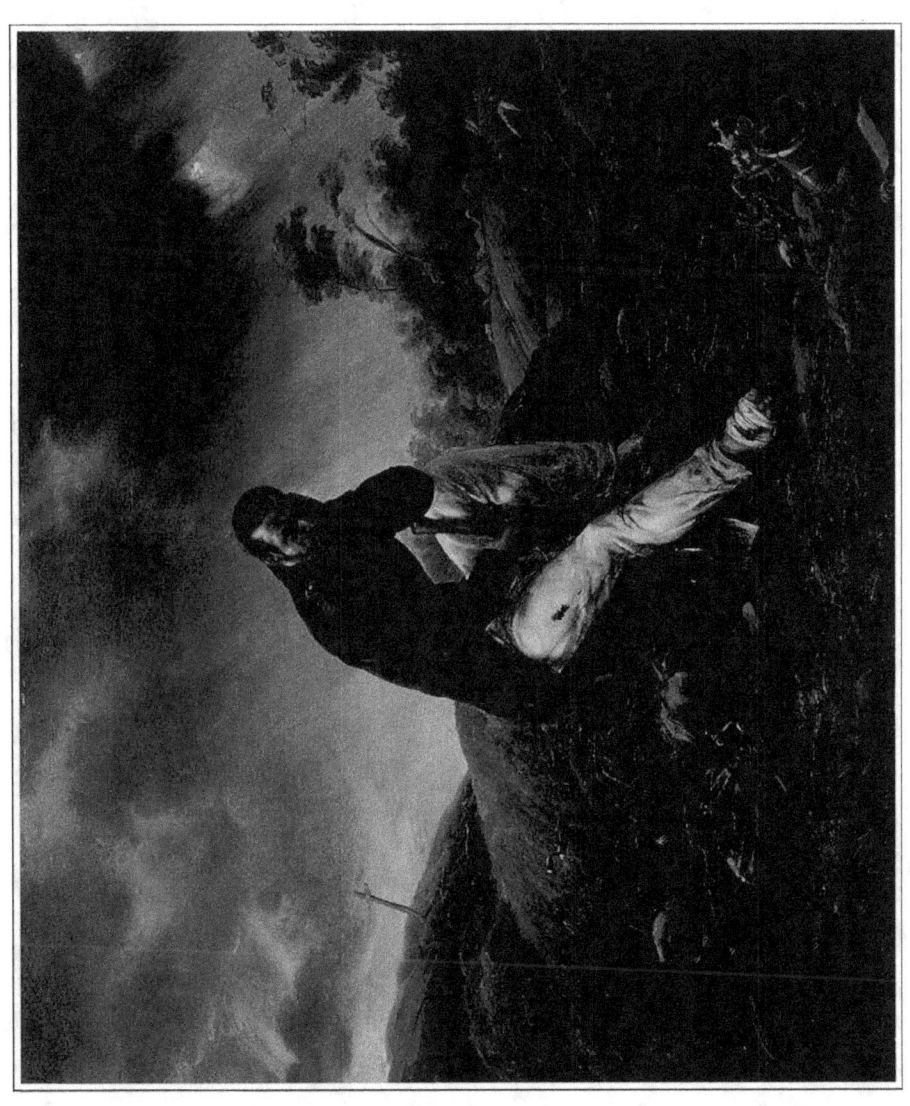

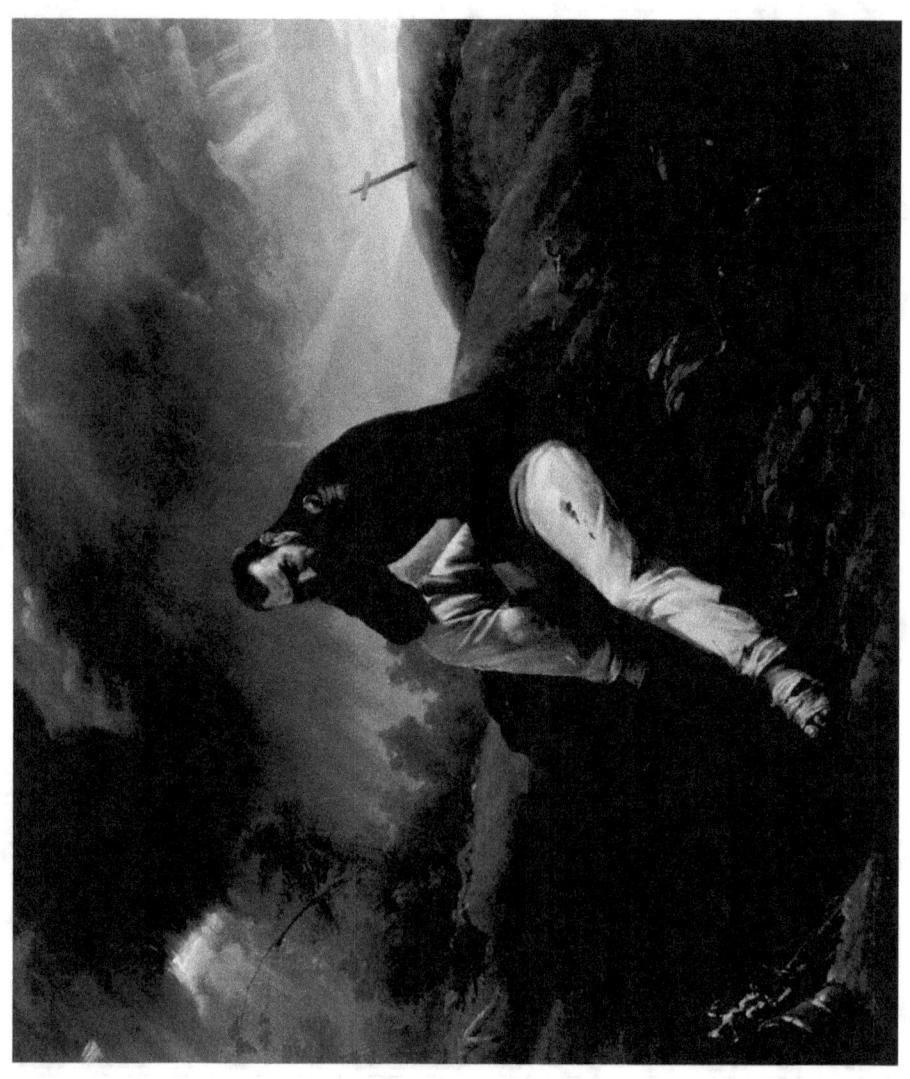

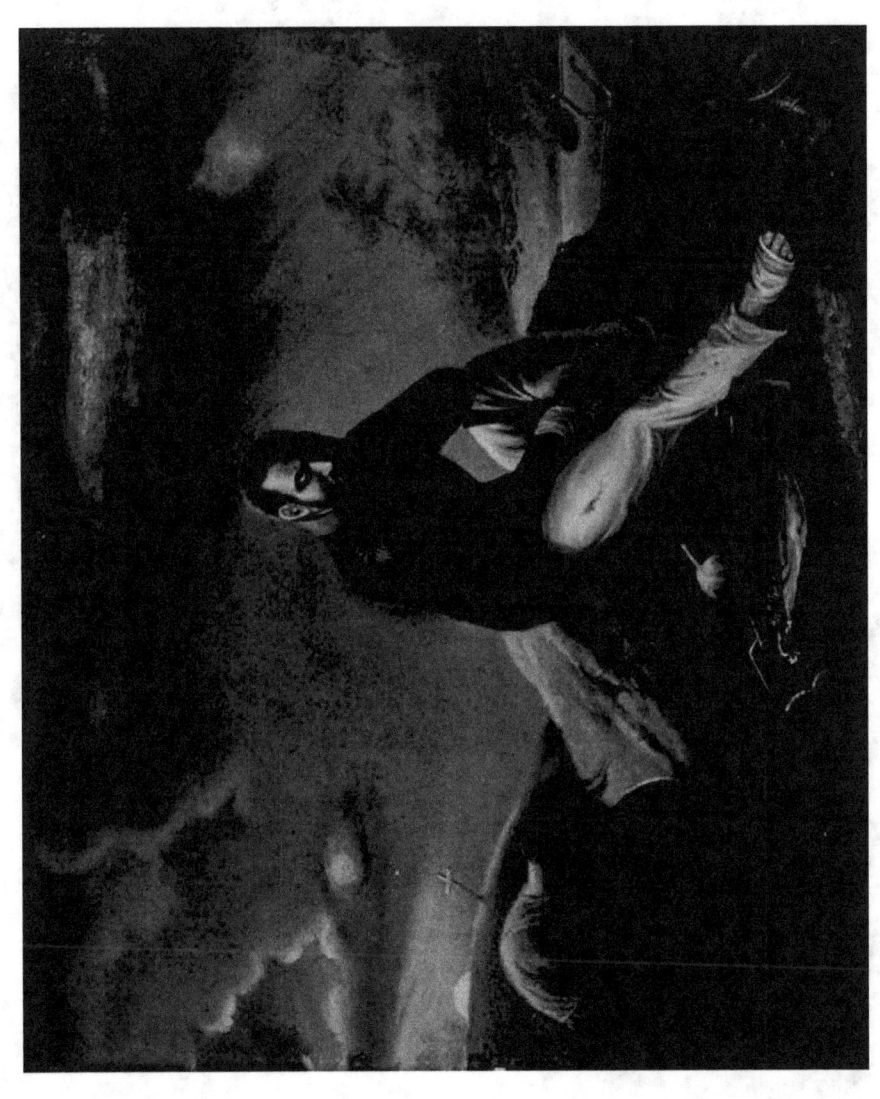

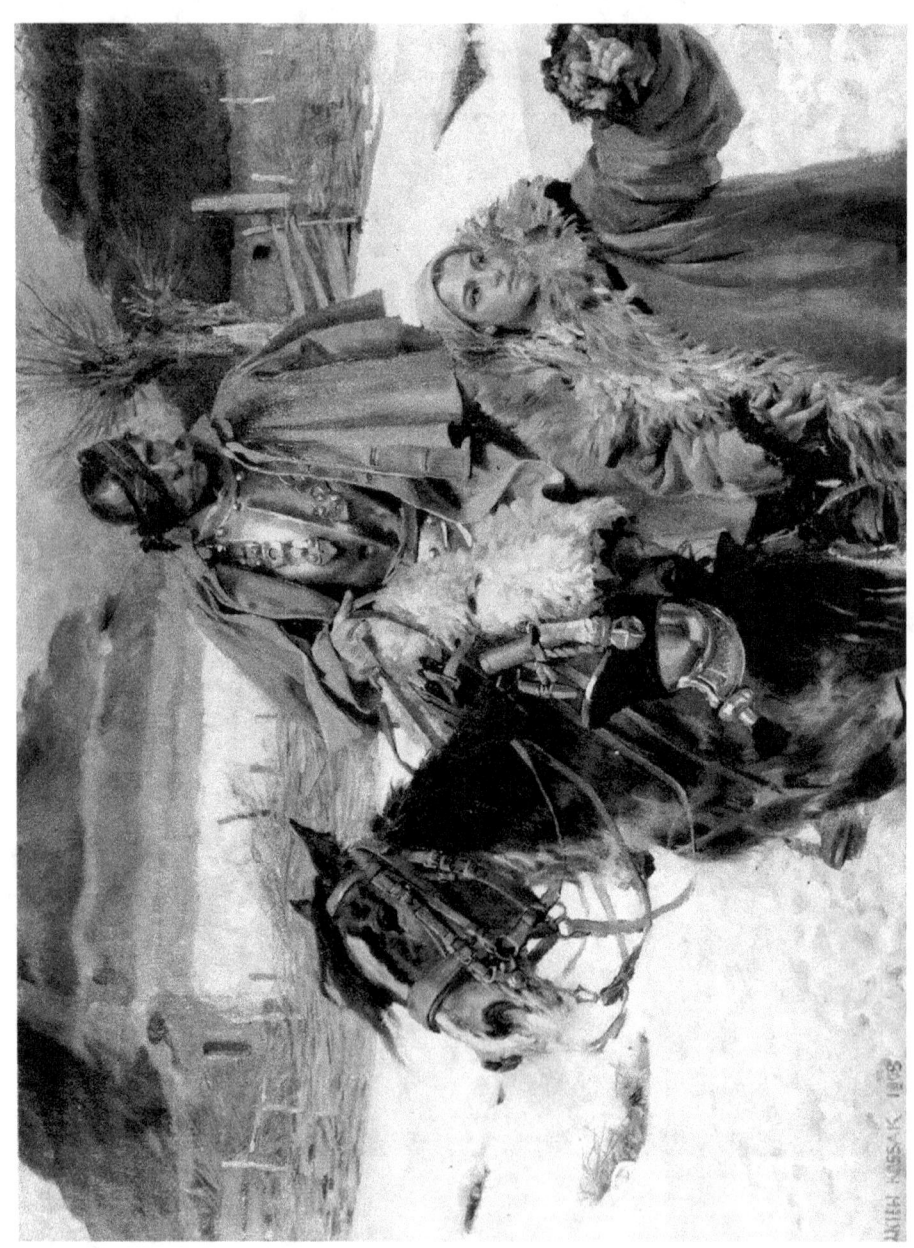

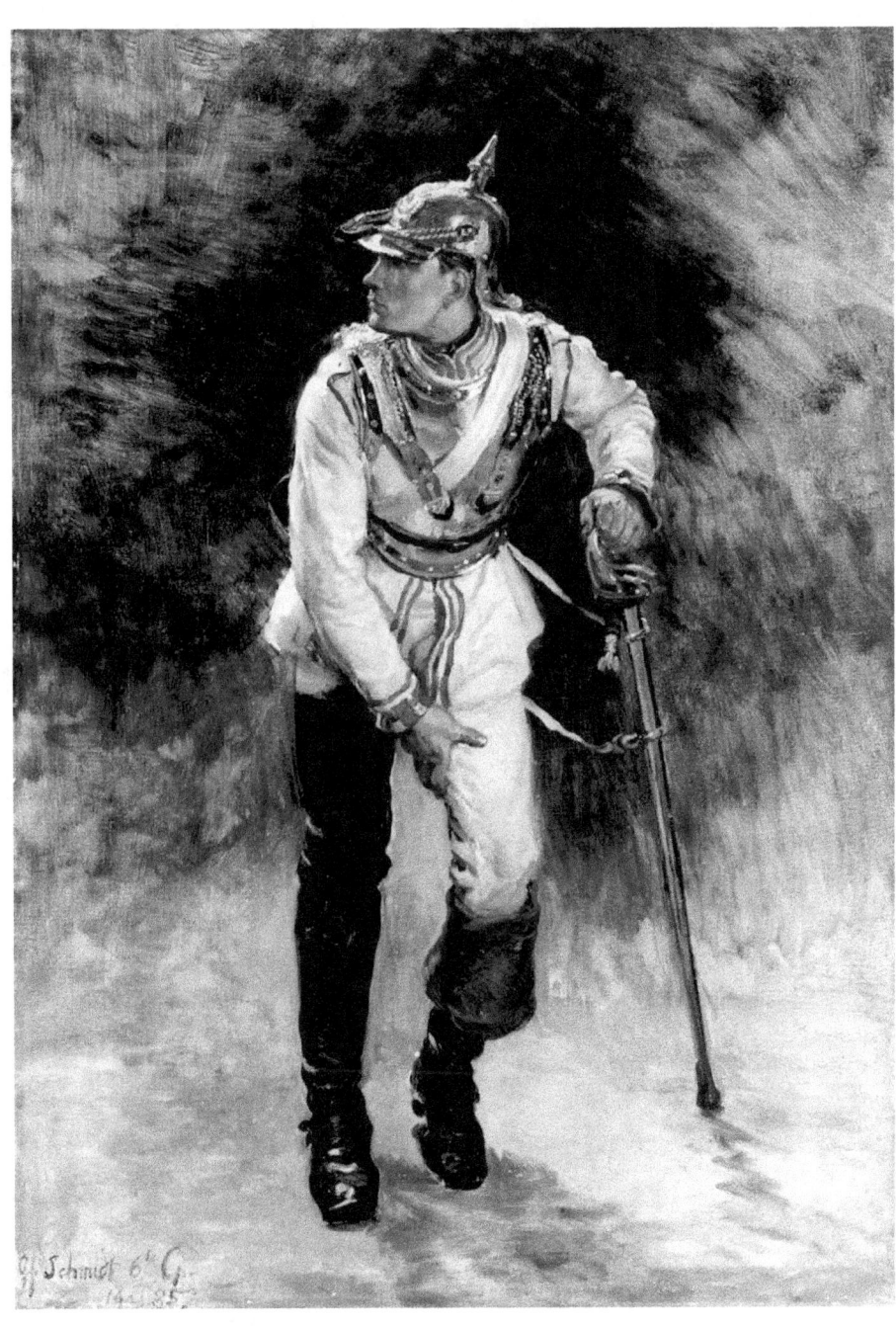

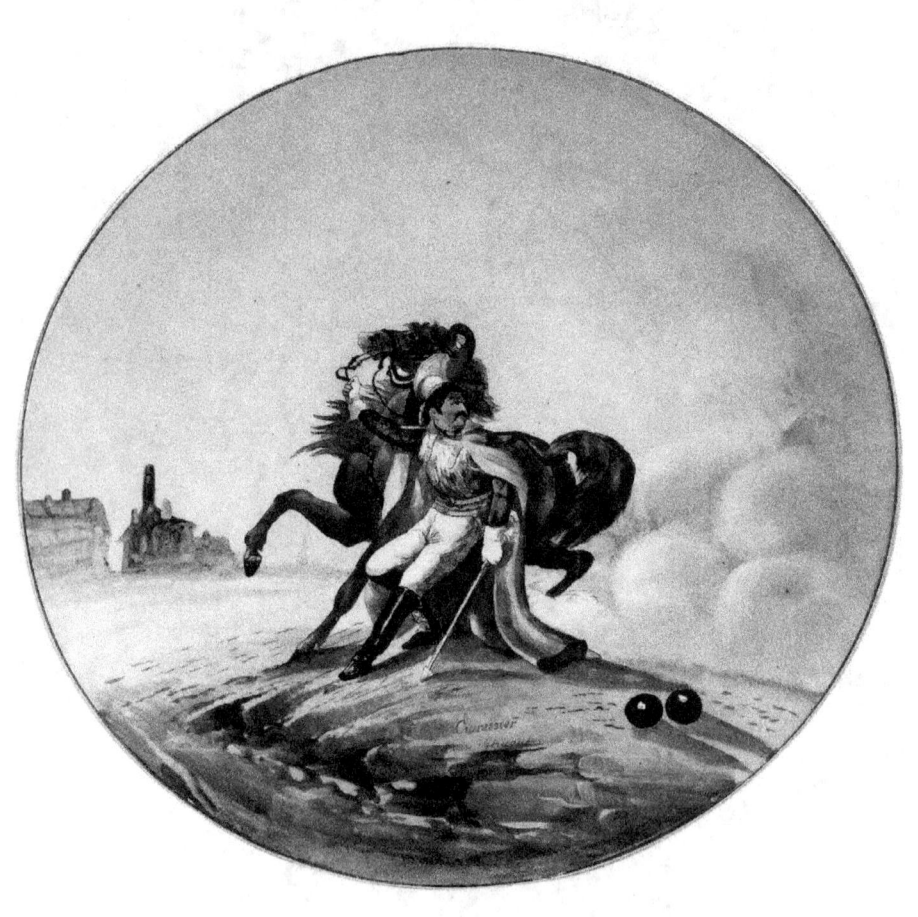

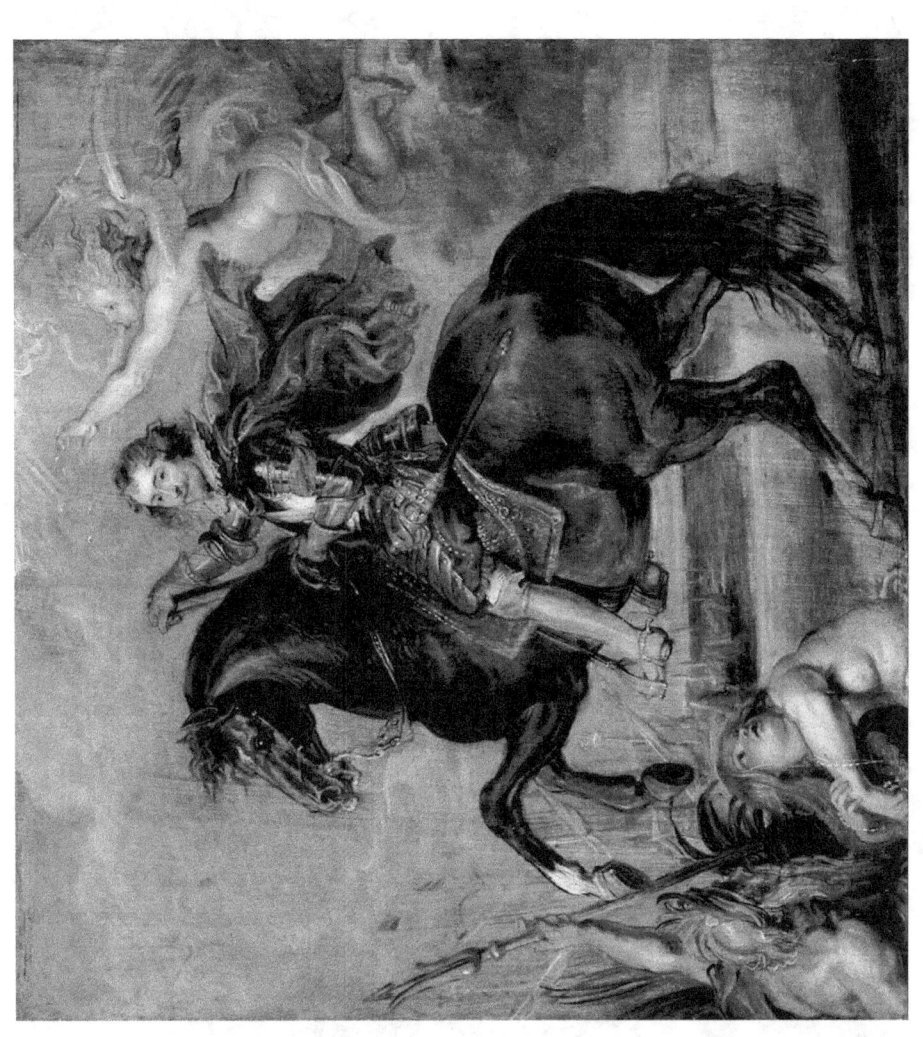

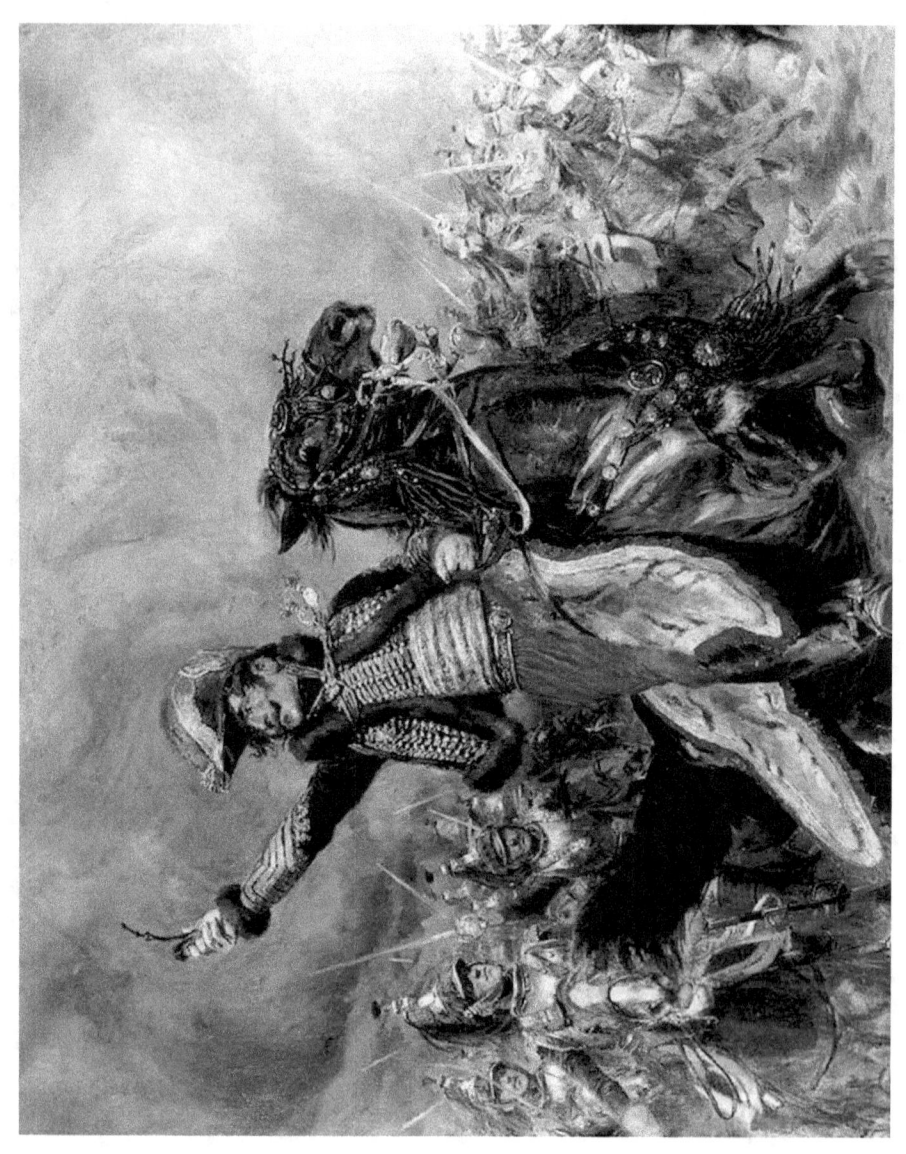

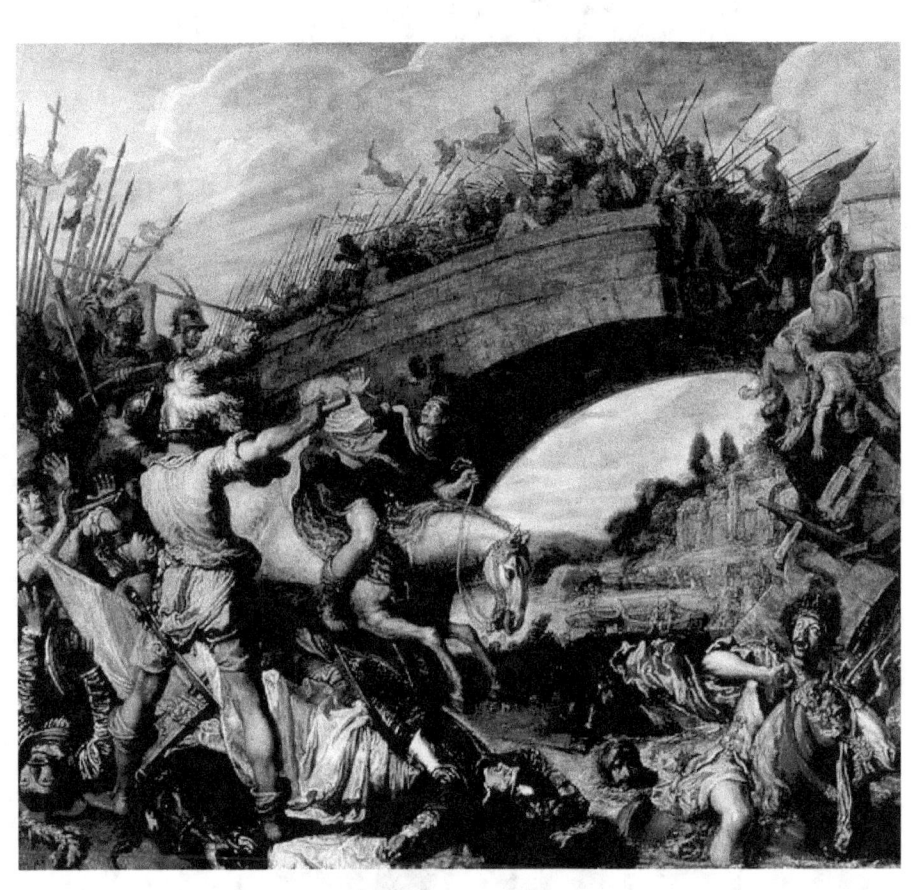

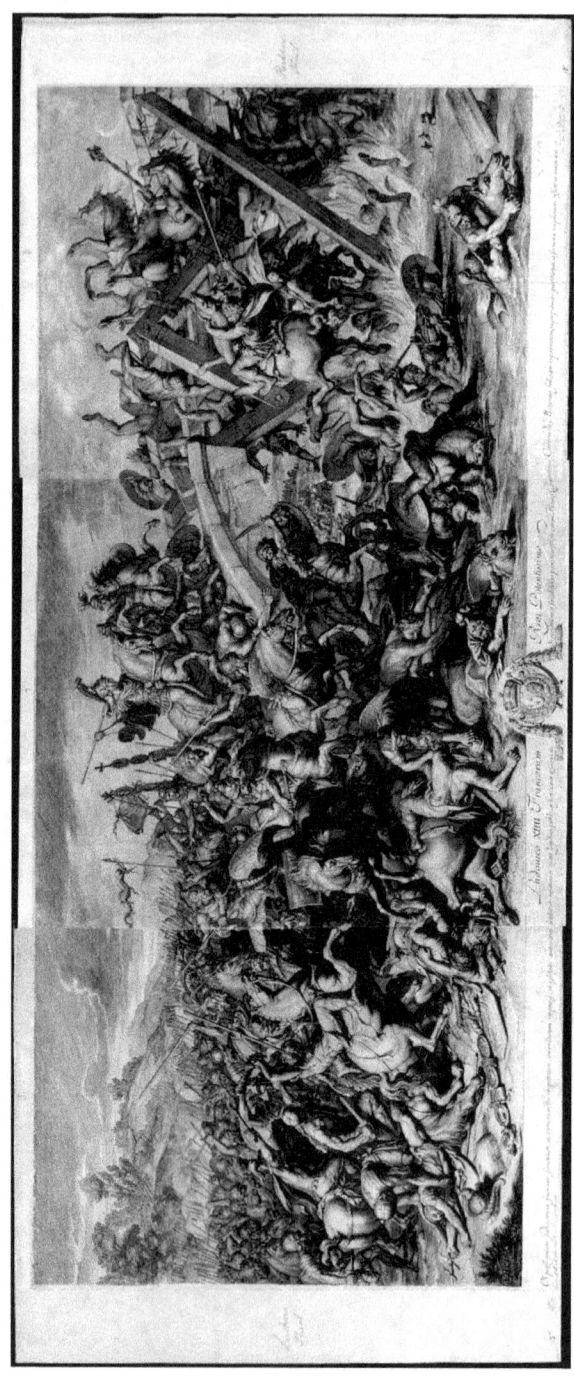

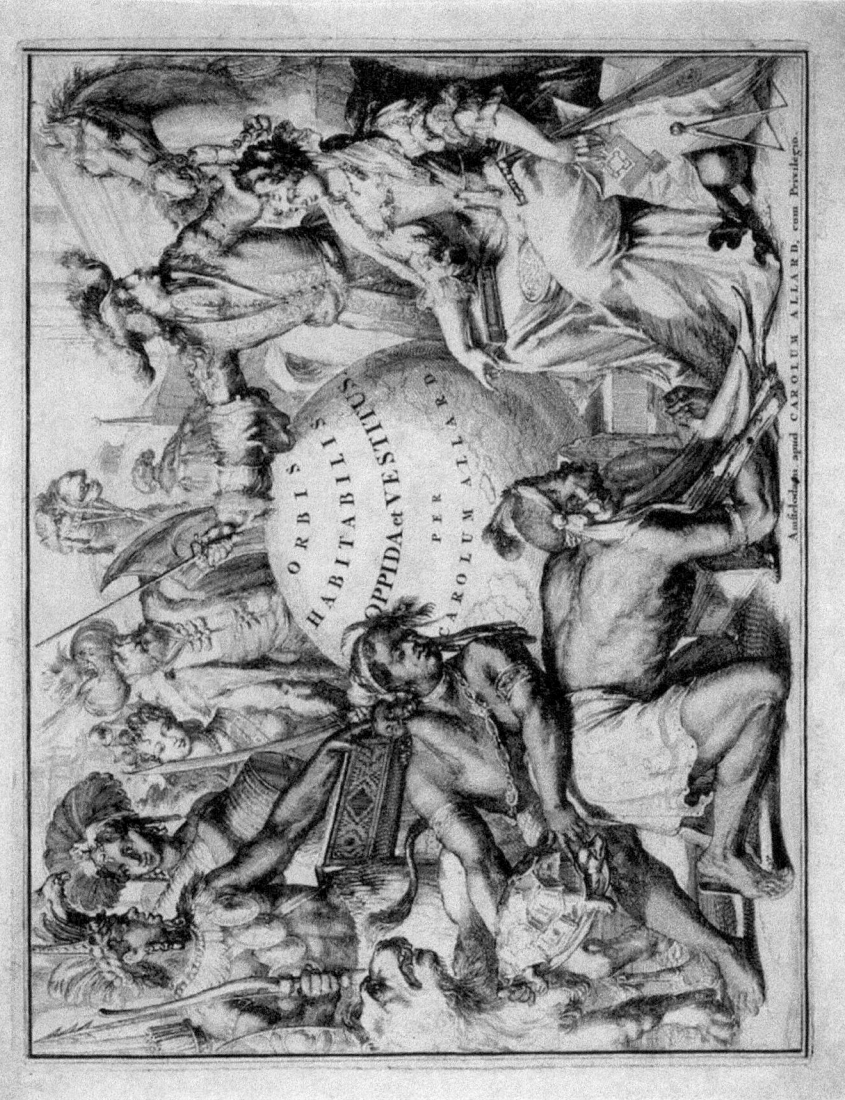

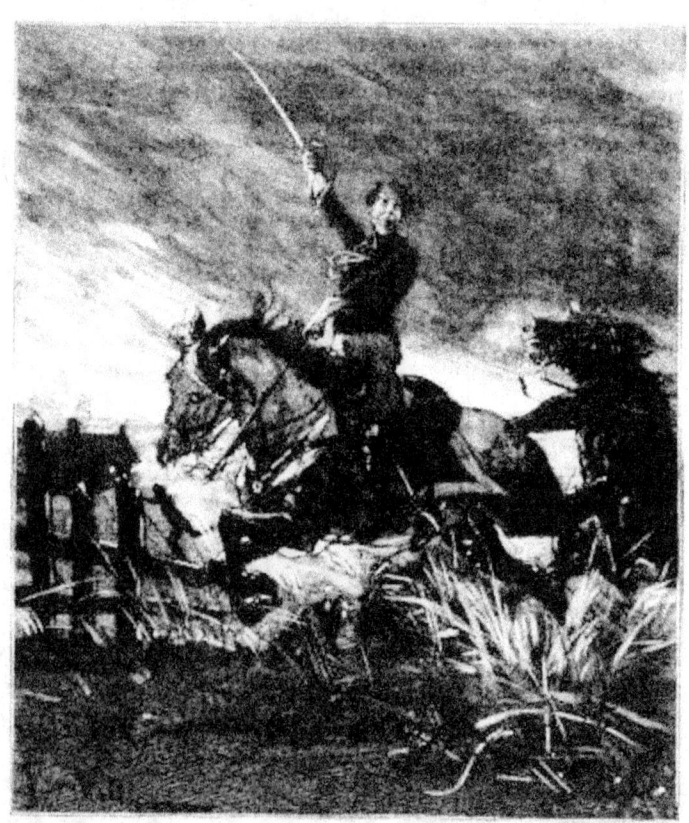

Paul Féval, *Les Mystères de Londres*, Lib. V-cap. XXVIII: "*Le lieutenant est toujours en tête, brandissant son sabre.*", ill. De Charles Mettais, gravé par Sotain

> *"La Force qu'autrefois le Poète tenait*
> *En bride, blanc cheval ailé qui rayonnait..."*

(Verlaine, *Poèmes saturniens*, "Prologue")

I - Questions liminaires à l'étude du *Cuirassier blessé, quittant le feu* de 1814

La question de l'art de Géricault a toujours posé problème. Depuis Michelet, les exégètes le considèrent comme paradigme de la *"chute de la France"*. Or cette interprétation est essentiellement basée sur deux oeuvres: le *Cuirassier blessé, quittant le feu* (1814) et le *Radeau de la Méduse* (1817), dans lesquelles Michelet chercha comment faire de Géricault l'épigone de la katabase de la France, le *"peintre-héros"* et martyr, qu'il n'a cessé d'être depuis pour l'ensemble des critiques et des historiens d'art.

Or l'examen de l'oeuvre de Géricault nous révèle au contraire une impressionnante récurrence des tableaux de guerriers et cavaliers napoléoniens, ardents au combat. D'ailleurs si, peut-être poussé par les mauvaises fortunes que lui-même avait pu subir, Géricault représente les fous et, surtout lors de son séjour en Angleterre, la misère du petit peuple, à l'inverse, exception faite d'une série de sept dessins préparatoires[1] à *La retraite de Russie* (toile supposée avoir été réalisée en 1815, mais dont l'attestation est encore douteuse[2]) et d'une autre série de deux dessins préparatoires à *La charrette de blessés* (petit tableau conservé au Fitzwilliam Museum de Cambridge)[3], il ne peint jamais la débâcle. Il ne montre jamais que des charges héroïques ou, pour le moins, de fiers estropiés de guerre[4], tout prêts à moucher un planton trop zélé, comme dans *Le factionnaire suisse au Louvre* de juin 1819:

"La scène est "une interprétation pittoresque d'un article de 1817 du "Constitutionnel", qui faisait alors de l'opposition bonapartiste. Un factionnaire de la garde royale suisse arrête un ancien

soldat avec une jambe de bois, coiffé d'un chapeau rond et d'une redingote, qui se présente pour traverser le Louvre. Le militaire, indigné, déboutonne sa redingote et fait voir sa croix d'honneur en disant: "Sentinelle, portez... arme!" D'autres personnages, au second plan, regardent et applaudissent. Les fonds, qui représentent les Tuileries, ont été, assure-t-on, dessinés par Horace Vernet."[5]

De plus à la fin de sa vie (de 1822 à 1824), Géricault illustra *La vie politique et militaire de Napoléon* par Antoine-Vincent Arnault, en s'inspirant de l'iconographie héroïque de l'Empereur, notamment celle des *Pestiférés de Jaffa*[6], ce qui en d'autres termes signifie que, loin d'être un peintre critique ou moral sur les campagnes de Bonaparte, Géricault fait partie d'un courant pictural largement développé, comme on le sait, au début du XIXème siècle et dont la figure emblématique reste David. A savoir la peinture d'histoire, mais la peinture d'histoire relatant, de manière soit allégorique soit simplement apologétique - ou encore les deux à la fois

-, les hauts faits (ce que nous serions tenté d'appeler "la geste") des soldats de l'Empire et de leur chef, vu comme une sorte de moderne César.

Notre étude ne se veut pas polémique. Elle essayera au contraire de mettre en place un certain nombre d'éléments qui, par typologie, inciteront peut-être à revoir l'analyse de l'art de Géricault. Nous voulons en effet soutenir ici que son oeuvre est héroïque et patriotique, et non allégorie de la chute de la France comme le pensait Michelet. Pour cela, nous axerons notre démonstration sur le *Cuirassier blessé*, ce qui est logique, puisque, comme nous l'avons dit, l'un des points fort de l'étude de Géricault par Michelet est justement cette toile.

II - *Le Chasseur* et *Le Cuirassier*, du divers au même

Le symbolisme macabre prêté, depuis Michelet, au *Cuirassier*, rejaillit sur *Le Chasseur de la Garde*. Ce qui doit inviter à s'interroger. Les auteurs du catalogue sur *Géricault*, qui se fondent sur la concordance historique et sur le choix du modèle, écrivent:

"En Juin 1812, la Grande Armée franchit le Niémen. En décembre, une poignée de "spectres" (le mot est de Napoléon) repassent le fleuve en sens inverse. Grandeur et décadence de la geste impériale: Géricault peint le "Chasseur de la Garde" pour le Salon de 1812 quand l'Empire vacille sous le poids des cadavres. On aurait tort de l'oublier: une tradition tenace fait du tableau un exemple éclatant d'épopée guerrière. Par cécité sans doute. Car il suffit de le "lire": l'ouvrage est sombre, sinon critique. L'idée en serait née, si l'on en croit Clément, d'un épisode vécu: la vision d'un cheval sur la route de Saint-Cloud. L'animal, rétif, se cabrait sous le joug d'un omnibus. On ne sait trop ce que vaut

l'anecdote. Mais on en voit la thèse: la peinture consiste à "sublimer" le réel. Par où Clément, classique incurable, nie le réalisme de Géricault. L'artiste s'établit, pour peindre sa toile aux dimensions du Salon, dans un magasin vacant du boulevard Montmartre, où son pinceau fit diligence: il aurait mis, nous dit-on, "douze" jours à la tâche, conte pieux qui exalte le "brio" de la touche. Géricault prit pour modèle un lieutenant des Chasseurs de la Garde impériale, Alexandre Dieudonné. On notera le patronyme, qui est, en langue vernaculaire, l'équivalent de Théodore. Cette équation d'état-civil suggère fortement un mécanisme projectif d'identification directe: l'oeuvre est "aussi" un autoportrait. Tragique: officier subalterne, au "cursus" besogneux, qui est, à trente-quatre ans, un vétéran précoce. Dieudonné meurt en décembre, sur une route de Russie. La peinture vaut "requiem" pour un soldat du rang./ La rhétorique du tableau recourt à deux tropes majeurs: la synecdoque et la prosopopée. La première consiste à prendre la partie pour le tout. La bataille se borne au seul cavalier: un militaire suffit à résumer la guerre. De là, deux conséquences narratives. L'une est d'ordre plastique: l'effet de "saillie". Le cheval sort du cadre sous la violence du mouvement, et le tableau se dilate aux dimensions du réel. L'hypertrophie du motif sollicite la technique du "gros plan", où s'altère la fonction du récit: plus expressif que mimétique. Le drame l'emporte sur l'illusion. L'autre conséquence est d'ordre syntaxique. Géricault fonde le "micro-récit", où la linéarité le cède au fragment, l'anecdote à la figure. C'est rompre avec l'esthétique du panorama, vision intégrale aux dimensions massives, comme le "Léonidas" de David, dont le spectateur "marche dans la toile", selon le mot fameux de Napoléon. Géricault mue le récit en monologue, et le héros en sujet. La prosopopée, qui consiste à faire parler les morts, est, au sens strict, une épiphanie du visage. Le retournement du cavalier répond à cette exigence ontologique. Non sans paradoxe: l'homme est "muet". Ses lèvres sont closes. Clément seul, qui entend des voix, lui prête l'usage de la parole, soucieux de rétablir l'ordre rationnel d'un monde logocentrique. Mais le cavalier ne parle pas: il "médite". En plein combat. Et cette effraction imprévue du phénomène cogitatif au coeur même de l'action vaut critique de la guerre. Sinon - voir Maine de Biran - du "cogito" cartésien./... Mais c'est Michelet qui a le mieux compris le "Chasseur de la Garde". "Il se tourne vers nous et pense". L'historien est le seul exégète à relever la nature "pensive" de ce retournement. Mais à quoi pense le cavalier de Géricault? A la mort. "Cette fois, c'est probablement pour mourir". Ce Mars vétéran est un guerrier funèbre emporté par le tempête de la guerre. Le Géricault de Michelet s'affranchit enfin des rengaines bellicistes: il est le peintre de la conscience et de la mort."[7]

Dans cette interprétation, un point reste obscur. Sachant que Géricault s'est attelé à la réalisation du tableau dès septembre 1812 et l'eut fini pour novembre, époque de l'ouverture du Salon, et sachant d'autre part que le lieutenant Dieudonné, intime de Géricault, servit de modèle, au moins *"pour la tête"*[8], on voit mal comment le peintre aurait pu transformer ce tableau en éloge funèbre, alors que son ami ne mourut qu'en décembre, d'autant que Géricault étudia en premier le mouvement général du cheval, pour ne s'intéresser qu'en second lieu au cavalier[9]. De plus:

"... lorsqu'il entreprend son tableau, avec un sens aigu de l'actualité dont il ne se départira jamais, l'offensive menée par Napoléon contre les Russes semble encore pouvoir connaître une issue favorable et justifier l'élan et le courage fervent du jeune officier./... Dans les premières esquisses, le cheval va à gauche et son mouvement semble directement issu de Gros et du "Napoléon au Saint-Bernard" par David, dont il vivifie le souvenir par des études directes."[10]

La série des *Lanciers* réalisée par Géricault sensiblement en même temps (1812-1815), peut-être même contemporainement[11], reprend une imagerie identique: un cavalier au premier plan sur son cheval cabré, et dans certaines versions un canon détruit gisant sous les sabots de l'animal, pendant qu'au loin la bataille fait rage avec ses feux et ses fumées. On retrouve dans ces toiles le même mutisme et le même visage inexpressif que chez Dieudonné dans le *Chasseur*.

Il semble enfin qu'il faille attribuer à Gustave Planche ("*Géricault*", *Revue des Deux Mondes*, vol. XXI, 1851) l'identification dans le tableau de la campagne de Russie:

"*Lors même que la date de ce tableau n'aiderait pas le spectateur à deviner le lieu de la scène, le terrain du premier plan, l'aspect glacé du fond sur lequel se détache le cavalier indiqueraient que l'auteur a voulu nous représenter un épisode de la retraite de Russie.*"[12]

Malgré ce que Planche prétend, rien n'est aussi évident dans le *Chasseur*, et le fond "*sur lequel se détache le cavalier*" n'a rien de particulièrement "*glacé*". au contraire, il est très semblable à ceux du

Cuirassier ou des autres peintures militaires de Géricault, notamment la série des *Lanciers*.

En ce qui concerne le *Cuirassier*, les problèmes chronologiques ne paraissent plus se poser. L'année 1814 est celle de la campagne de France. Il est donc évident que le *Cuirassier* en est l'illustration. Du moins les exégètes le pensent-ils. D'ailleurs, Géricault avait tout d'abord pensé à représenter le *Cuirassier* assis sur un rocher, un enfant dans les bras, ce qui, en en faisant l'illustration pathétique des défaites napoléoniennes, l'aurait rapproché de la figure du père du *Radeau*[13]. Néanmoins:

"Le mythe du "Cuirassier blessé" se cristallise vers 1840 sur l'historicité de l'image. Un biographe, qui est La Garenne, précise le premier le nature de l'épisode: "la retraite de Moscou". L'assertion est gratuite. Rien dans le tableau n'évoque l"hiver russe. Mais la thèse fait florès. D'estimables critiques supputent les frimas de la steppe et recherchent les traces de la

neige. Purs fantasmes: le décor du tableau se réfère sans doute à la Campagne de France. Mais celle de Russie a de quoi séduire les amateurs de drame. Et de métaphore. Michelet connote le tableau d'un sens "politique". Le cuirassier n'incarne pas seulement les malheurs de la France, mais la chute de l'Empire. Ce héros vaincu est un homme "sur la pente": il retient son cheval dans la course à l'abîme. Et Michelet dote le "bon géant", soldat mais homme, de son aura démocratique quarante-huitarde. Ce troupier ne saurait être que d'extraction populaire: il sera donc la figure pathétique du peuple en marche. Même si la marche est funèbre..."[14]

Voici donc planté le décor. Un peu plus d'une dizaine d'années avant Planche pour le *Chasseur*, La Garenne fait du *Cuirassier* une représentation de la Campagne de Russie, et Michelet, père de la vision moderne de Géricault, fait de ce *Cuirassier blessé, quittant le feu*, l'image d'un *"bon géant" "d'extraction populaire"*, comme les auteurs du catalogue le diront de Dieudonné quelques cent cinquante ans plus tard :

... officier subalterne, au "cursus" besogneux, qui est, à trente-quatre ans, un vétéran précoce. Dieudonné meurt en décembre, sur une route de Russie. La peinture vaut "requiem" pour un soldat du rang.

Pourtant à notre connaissance, aucun élément des oeuvres elles-mêmes, si ce n'est un simple rapprochement historique entre leur date d'exécution et celle des campagnes du moment, ne permet d'affirmer que le *Chasseur* soit une image de celle de Russie, ou que le *Cuirassier* illustrât celle de France. De même rien, sinon une stricte obédience à l'"hagiographie" de Géricault inventée par Michelet, ne permet de faire de l'un ou de l'autre un officier d'"*extraction populaire*", et encore moins une réflexion sur "*la mort*", notamment en ce qui concerne le *Chasseur*. C'est ce que l'étude iconographique va nous confirmer.

III - Premières objections: l'origine iconographique des peintures de chevaux de Géricault

Il faut se demander d'où vient que l'iconographie du *Cuirassier* et le symbolisme qui lui a été attribué furent assez puissants pour rejaillir sur le *Chasseur*.

Quant à la deuxième partie de la question, il est évident, comme nous venons de le dire, que c'est l'importance de l'interprétation du *Cuirassier* par Michelet, "*l'historien*", qui contamina dans le temps la mythologie du *Chasseur*.

Quant à la première partie de la question, il semble qu'il faille se tourner vers la tradition iconographique pour lui trouver sa réponse, en quelque sorte toute naturelle.

En effet, l'étude d'un certain nombre d'ouvrages d'iconographie apportent une réponse immédiate. A quelques exceptions près, le cavalier sur son cheval représente la force militaire victorieuse[15], alors que le cavalier à terre représente soit un vaincu[16], soit plus couramment un serviteur[17]. Cette opposition se retrouve dans la littérature dès le Moyen Age[18].

Mais cette réponse apparaît provisoire et demande à être précisée, car si l'iconographie victorieuse n'offre pas grand problème d'interprétation (l'exemple du *Chasseur* pouvant être considéré comme un cas d'école), celle du cavalier à terre se subdivise en plusieurs groupes.

Même si tout système serait sans doute dangereux, on peut considérer que l'iconographie du cavalier à terre se répartit en trois grands groupes, de symbolisme assez différent[19]:

1°/ Le cavalier à terre, piétiné par le cheval du vainqueur, il symbolise la défaite (saint Paul lui-même, chutant de cheval, reprend le modèle, puisque par ce biais l'iconographie entend marquer la victoire du Christ sur son esprit);

2°/ Le palefrenier ou le messager, tenant son cheval par la bride (soit pour l'offrir soit par marque de déférence envers celui qu'il visite), mais dans ce groupe il est rare (sauf chez Géricault) que le cheval se cabre[20] ;

3°/ Le cavalier à pied, prêt pour partir à la guerre et maîtrisant son cheval qu'il tient en bride (l'exemple le plus fameux sont les cavaliers de la frise du Parthénon[21]).

Or rien n'indique que le *Cuirassier* réponde ni au premier ni au second groupe, bien qu'il reprenne un thème typique de Géricault, celui du palefrenier maîtrisant un cheval[22]. Le lien entre l'iconographie du *Cuirassier* et celle du palefrenier maîtrisant un cheval est d'autant plus évident chez Géricault que, selon le récit de Clément[23], ce serait une scène de ce genre qui aurait inspiré le peintre pour le *Chasseur*.

Dans le même ordre d'idée, on ne restera pas indifférent à la ressemblance du *Cuirassier* d'une part avec *Le lieutenant Legrand* de Gros[24], dont le modèle fut réutilisé par Géricault au moins pour deux représentations de *Lanciers*[25], et d'autre part avec l'*Enseigne de Maréchal-Ferrant* qu'il réalisa quelque temps seulement avant le *Cuirassier*[26]. Bien sûr, ces deux archétypes du *Cuirassier* n'illustrent en aucune façon une quelconque défaite.

En fait, plus que dans l'imagerie classique du cheval, notamment issue de la tradition néerlandaise (Albert Cuyp, De Garnier, Johan van Huchtenburg, T. de Keyser, Peter van Laar, Adam Frans van der Meulen, Pieter Meulener, Isaac Ostade, Paul Potter, Peeter Snayers, D. Stoop, Van de Velde, P. Verbeck, Sebastian Vrancx, ou encore Felix Wouwermans)[27], qui n'est pas d'une grande utilité pour comprendre les peintures de chevaux de Géricault, c'est chez son maître, Carle Vernet, qu'il faut chercher l'origine de son inspiration. En effet, Vernet a peint beaucoup de chevaux d'écurie et de cavalerie, se cabrant, étrillés, bouchonnés, effrayés par la foudre, domptés, etc., dont la similitude avec ceux de Géricault est indéniable, notamment en ce qui concerne les chevaux effrayés par la foudre et ceux domptés par un soldat ou un maréchal-ferrant[28]. Identiquement, la série de peintures de la course des barberi par Vernet[29] évoque, évidemment, celle qu'en a donné Géricault.

Cependant c'est aussi, croyons-nous, dans l'opposition, très prisée par l'emblématique flamande des XVIème-XVIIème siècles, entre les différents tempéraments de chevaux, principalement entre le cheval domestiqué au repos et le cheval sauvage se cabrant[30] (qui, on le verra, relève d'une symbolique amoureuse et guerrière sur l'alternance de la Guerre et de la Paix, et la soumission de la première à la seconde), qu'il faut encore chercher l'origine de l'opposition, voulue par Géricault entre le *Chasseur* et le *Cuirassier*, au Salon de 1814.

IV - Le *Chasseur*, le *Cuirassier* et les emblèmes de Cesare Ripa
a) Le "*Chasseur*" et les emblèmes de Ripa

Il faut tout d'abord rappeler, ce qui n'est pas superfétatoire, ce que représente exactement le *Chasseur*, oeuvre tellement célèbre qu'on en oublie de la regarder. Le *Chasseur* nous montre une charge de cavalerie (on voit à l'arrière-plan gauche un autre cheval cabré, pris en pleine course). Au fond à droite on distingue, au milieu du feu de la bataille, un canon, semble-t-il renversé, et d'autres cavaliers se battant à travers la brume épaisse des canonnades. Enfin le *Chasseur* occupe le centre du tableau, dressé sabre au clair sur son cheval cabré, dont les pattes arrières piétinent des roues et un fût de canon.

Certes, on l'a dit, les historiens de l'Art ont souvent noté que le *Chasseur* s'inspirait du *Murat* de Gros et du *Napoléon franchissant les Alpes* de 1800 de David, évocation apologétique de l'Empereur en moderne Hannibal, dont le regard est aussi triste et l'air aussi sombre (mais nous préférerions dire volontaire) que ceux du *Chasseur* de Géricault (ce ne peut donc pas être, comme le croient les auteurs du catalogue, un élément positif en faveur d'une interprétation macabre du *Chasseur*). Ainsi, le *Chasseur* dérive de toute une tradition représentant des empereurs ou rois victorieux sur leurs montures cabrées[31], dont l'iconographie a d'ailleurs, avant Géricault, été réutilisée dans la propagande napoléonienne, aussi bien par David que par Gros.

Pourtant ni dans le tableau de Gros ni dans celui de David les chevaux ne piétinent de trophées, au contraire des montures du *Chasseur* et des *Lanciers* de Géricault, bien que le canon foulé par le cheval du *Chasseur* se trouve déjà sous les sabots de celui du *Napoléon franchissant les Alpes* de David, mais en simple jeu d'optique (dont il est malgré tout à parier que David se sert pour évoquer le caractère victorieux de Napoléon, selon le modèle classique du vainqueur foulant les armes ennemies). On retrouve encore chez Géricault le motif des armes piétinées dans la *Charge de cuirassiers*[32].

Le type du *Chasseur* de Géricault se rencontre aussi antérieurement, par exemple dans un médaillon en relief de la salle de la Guerre du château de Versailles représentant Louis XIV ou l'*Alexandre victorieux* de Pierre Puget[33], sculptures montrant les chevaux respectifs des deux monarques piétinant un vaincu et ses armes. Louis XIV et Alexandre, qui tiennent leurs épées sorties et levées, sont prêts à frapper un nouvel assaillant, non représenté. Cette imagerie du héros victorieux prend donc sa source dans un code iconographique bien établi.

Or en consultant cette fois différents livres d'emblèmes des XVIème-XVIIème siècles, on trouve dans la première partie de l'*Iconologie* (1593) de Cesare Ripa un emblème fort révélateur. Il s'agit de celui d'"*Amour-vers-sa-Patrie*"[34].

Ne serait-ce l'absence du cheval, on y voit déjà les symboles présents dans le

Chasseur: les trophées piétinés, la colonne de fumée et celle de feu, ainsi que l'attitude victorieuse du soldat casqué. Ripa explique:

"*On le représente* (l'amour de la patrie) *par un vigoureux & jeune Guerrier, qui se tient debout entre une grande flamme de feu, & une épaisse exhalaison de fumée, vers laquelle il tourne les yeux avec une mine résolue, & une assurance inesbranlable. En la main droite il porte une Couronne d'Herbe; & en la gauche il en tient une autre de Chêne. Il est armé à l'antique, pour les raisons que nous dirons ci après; & bien qu'il doive appréhender apparemment, étant sur le bord d'un précipice profond, si est-ce qu'avec le même courage qu'il témoigne avoir à mépriser ce danger, il marche sur les piques, & foule aux pieds les épées nues.*"[35]

On reconnaît dans cette description et dans l'emblème qui l'accompagne l'attitude du *Chasseur* de Géricault se retournant vers la colonne de fumée, pendant que devant lui brûle une autre colonne, de feu celle-ci.

b) Le "Cuirassier" et les emblèmes de Ripa

Plus intéressant encore, Ripa fait suivre son commentaire d'un long passage sur l'amour de la patrie, puis conclut:

"Le précipice qui se voit ouvert aux pieds du Soldat que nous dépeignons, avec lesquels il foule sans crainte toute sorte d'armes, nous avertit qu'un vrai Citoyen n'appréhende jamais aucun danger pour l'amour de sa patrie; En cela semblable au renommé Curtius, Chevalier Romain, & au valeureux Anchur, fils de Midas Roi de Phrygie, qui pour sauver leur pays des contagieuses exhalaisons qui sortaient d'un gouffre épouvantable, s'y précipitèrent volontairement; Ce qui montre assez combien doit être recommandable aux courages nobles le Service de leur Patrie: & qu'avec beaucoup de raison Nestor dans Homère, pour mieux encourager les Troyens à combattre les Grecs, leur dit ces paroles,/ "Courage, compagnons, suivez votre destin;/ Attaquez les vaisseaux de ce

peuple mutin,/ Et que pas un de vous lâchement ne s'étonne/ Des atteintes de Mars, ni des traits de Bellonne:/ Sauvez votre pays par un dernier effort,/ Vous ne sauriez mourir d'une plus belle mort."/ Le sage Lycurgue, grand législateur & grand Roi tout ensemble, ordonna pour cet effet, Qu'on n'eut à graver sur les tombeaux les noms d'aucuns Citoyens, que de ceux-là seulement qui seraient morts pour la défense de leur pays: Ce qu'il fit sans doute, pour apprendre aux autres à les imiter; comme s'il eût voulu dire, que dans un Etat bien policé, les valeureux et fidèles Compatriotes étaient seuls dignes de la mémoire des hommes./ Par ces exemples il est aisé de juger, que l'habit de soldat est fort convenable au bon Citoyen, puisque pour défendre le lieu de sa naissance, il fait toujours gloire de mourir courageusement, & les armes à la main. Cette vérité ne se peut cacher, étant visible dans l'Histoire; où tant que les belles actions auront lieu, on remarquera par-dessus les plus grands Noms ceux des ces braves Romains, Decius, Horace, Fabius, & ainsi des autres; Et parmi les Grecs celui de Grillus, fils de Xénophon,

Philosophe Athénien, qui durant un Sacrifice, où il prédit, ayant appris que ce valeureux jeune homme qu'il croyait lui devoir survivre, était mort en combattant pour son pays, se remit à l'heure même la Couronne sur la tête, & se tournant vers le messager qui lui avait apporté de si funestes nouvelles: "Voilà, dit-il, mes voeux exhaussés: Je viens d'obtenir ce que j'ai toujours demandé aux Dieux, à savoir qu'ils me donnassent un fils qui mourut pour sa Patrie, & non qui vécut de longues années, vu qu'on ne sait s'il est bon ou mauvais de vivre longtemps.""[36]

L'exemple du cavalier a une certaine récurrence dans l'explication de cet emblème. En outre, comme le héros piétinant des trophées décrit par Ripa, le *Chasseur*, sabre au clair et foulant des débris de canon, est le symbole même du vainqueur héroïque. On notera aussi, dans le tableau de Géricault, en bas à gauche, la présence d'un petit rocher, sorte de suréminence que l'on retrouve dans le *Napoléon franchissant les Alpes* de David. Peut-être faut-il y voir une allusion au "*précipice*" dans lequel le héros patriotique doit se jeter, à l'exemple des modèles de sacrifice antiques.

Or le *Cuirassier*, descendant le précipice qui s'offre à lui, ne peut-il identiquement être vu comme une autre image, parallèle à celle, apparemment plus classique, du *Chasseur*[37]? D'autant qu'il est iconographiquement assez proche de Marcus[38] Curtius.

De fait, si dans l'emblème que nous venons d'étudier, Ripa insiste beaucoup sur l'aspect combatif et patriotique du bon citoyen-soldat, il reprend la démonstration dans la deuxième partie de son *Iconologie*, à propos de l'emblème intitulé "*Amour de la Patrie*"[39], mais deux divergences apparaissent.

La première est iconographique, bien que la figure soit à peu près la même que dans la première partie, la principale différence est que le personnage n'a pas de casque.

L'autre différence est textuelle. Plus courte, l'explication de cet emblème met moins l'accent sur l'aspect victorieux de la gloire militaire, pour s'intéresser plus particulièrement à l'amour de la terre natale. Il ne s'agit pas, bien sûr, d'une différence aussi évidente que cela. La structure et les exemples des deux explications sont les mêmes. Ripa commence par faire une courte description de l'emblème, puis continue sur l'amour du pays natal qui doit être plus fort que celui de n'importe quel autre pays. Enfin, il fait l'apologie du sacrifice patriotique. Pourtant dans le deuxième emblème cette apologie du sacrifice prend presque la moitié de l'explication. Une telle importance s'explique par le fait qu'ayant déjà développé les principaux thèmes de sa démonstration dans la première partie, Ripa ne trouve pas nécessaire de la reprendre en intégralité. Mais l'intérêt qu'il accorde à la notion de sacrifice est d'autant plus marqué qu'il occupe une grande partie de l'explication et la conclut:

"De l'Amour du Pays est le vrai symbole de la Couronne de Gramen, faite de la même herbe qui se trouvait dans l'enclos d'une Ville que les ennemis tenaient assiégée, & qui était ordinairement le prix de celui qui leur avait fait lever le siège. A raison de quoi le grand Fabius la reçut à bon droit du Sénat Romain, comme il eut délivré Rome des violences que lui faisaient les Carthaginois; Et à vrai dire, cette récompense quelque petite qu'elle semble, était d'autant plus grande, que celui qu'on en jugeait digne, se pouvait vanter qu'en sauvant tout le corps de l'Etat, il en sauvait aussi particulièrement tous les membres./ Les précipices ouverts près de ce Guerrier, qui foule aux pieds courageusement diverses armes, signifient que les plus grands dangers semblent petits aux courages nobles, quand il s'agit de la conservation & de la défense de leur Patrie. De quoi les Anciens nous ont donné des preuves certaines en la personne d'Ancur, fils d'Emidas Roi de Phrygie, & de M. Curse Romain, qui pour sauver leurs patries, se précipitèrent volontairement dans un gouffre d'où s'exhalaient les contagieuses

vapeurs de la peste."[40]

Certes, on ne peut pas dire que l'emblème ou sa légende se distinguent particulièrement de ceux de la première partie. Reste cependant que les deux, ainsi que la différence dans les images d'une part du soldat en armure et casqué, et d'autre part du soldat sans casque, semblent bien fonctionner sur le mode binaire (comme d'ailleurs tous les emblèmes de l'ouvrage). En effet, dans le premier emblème Ripa insiste plutôt sur la vertu héroïque, et dans l'autre plutôt sur le désir des soldats de rentrer dans leur patrie même si elle est la plus déshéritée et "*stérile*" de la terre (dans les deux emblèmes, le symbole de cet amour irraisonné est Ulysse parcourant les mers pour rejoindre Ithaque), et sur la notion de sacrifice dont le symbole final est le "*précipice*".

Or cette référence au "*précipice*" dans les deux emblèmes fait immédiatement penser au *Cuirassier blessé, quittant le feu*, surtout sachant que

Géricault s'est directement inspiré de Ripa pour le *Chasseur*, qu'il a voulu comme pendant du *Cuirassier* à l'exposition de 1814.

On ne peut opposer à cette comparaison avec Ripa le fait que *"Géricault lui-même ne fut jamais qu'un médiocre lettré"*, dans la mesure où, conformément à l'étude des maîtres et de l'Italie qu'il préconisait explicitement dans *Des écoles de peinture et de sculpture et du Prix de Rome*[41], "*L'inventaire posthume de son atelier recense plus de "soixante" copies en tous genres*" de maîtres, surtout transalpins[42].

La récurrence des motifs identiques dans les deux tableaux devient donc symptomatique si on la rapproche des descriptions de Ripa. Les deux officiers regardent en arrière (comme les deux figures de Ripa), une colonne de fumée s'échappe derrière eux et dans les deux oeuvres un rocher rappelle le *"précipice"*, symbole du sacrifice patriotique[43] (là encore, *exactement* comme dans les emblèmes de Ripa). Il ne peut plus rester de doute sur l'origine commune de ces toiles que Géricault a, encore une fois, conçues comme devant se faire pendant au Salon de 1814.

A l'arrière-plan du *Cuirassier*, comme dans le *Chasseur*, s'échappe une épaisse fumée, pendant que brûle au loin le feu de la bataille évoqué par Ripa. Cependant, alors que le *Chasseur* avance vers le feu qui embrase littéralement la moitié droite du tableau (toute l'action semble être tendue vers lui, comme elle l'est vers la trouée crépusculaire du ciel, également à droite du spectateur, dans le *Radeau*), le *Cuirassier* est entouré par une épaisse et noire colonne de fumée. Le feu apparaît à peine, caché par le rocher que descendent l'officier et son cheval[44]. Cette quasi-inexistence, voire cette absence du feu qu'il faut chercher dans un recoin de la toile, accentue dans le *Cuirassier* l'importance accordée à la colonne de fumée qui prend ici presque toute la place, confirmant ainsi sans équivoque possible la volonté de Géricault d'insister sur le désir de retour au foyer du soldat, conformément à l'emblème de la deuxième partie de l'*Iconologie* de Ripa:

"Aussi est-il vrai, que nous n'aimons notre pays qu'à cause que nous y sommes nés, d'où vient que pour stérile & pauvre qu'il soit, nous en faisons plus d'état que de tous les autres lieux, que leurs richesses & leurs fertilité rendent recommandables. C'est de là qu'est venu le proverbe, que la fumée de notre patrie nous semble plus luisante, que n'est le feu de celle d'autrui. A quoi se rapporte le bon mot d'Homère au commencement de son Odyssée, où il dit du même Ulysse dont nous venons de parler, qu'après tant de longs voyages qu'il avait fait,/ "L'Amour de son Pays dans son âme allumée,/ Lui faisait désirer d'en revoir la fumée.""[45]

La deuxième partie du titre du *Cuirassier blessé, quittant le feu*, pourrait ainsi faire référence à l'opposition de Ripa entre *"la fumée de notre patrie"* que ne peut faire oublier *"le feu de celle d'autrui"* (dans le *Cuirassier*, comme implicitement chez Ripa, il s'agit des feux de la guerre). Le fait que le *Cuirassier* soit "*blessé*" renverrait quant à lui à son sacrifice héroïque pour la Patrie (le thème du sacrifice patriotique étant explicitement lié, chez Ripa comme dans toute la tradition antique et moderne, à l'idée de courage, c'est-à-dire de *Virtus*, et non de défaite).

V - Le *Cuirassier*, ses modèles iconographiques du sacrifice patriotique et l'allégorie de la Paix dans les autres recueils de l'emblématique classique et baroque
a) Les iconographies du "Chasseur", du "Cuirassier", de "Marcus Curtius" et les "Hiéroglyphes" de Valeriano

Cette insistance du *Cuirassier* sur le symbolisme du retour au foyer est, comme on l'a vu, contaminée par un autre motif. Le "*précipice*" profond dans lequel s'engage le *Cuirassier* est doublé par ce qui semble bien être un rocher, entre la patte avant du cheval posée au sol et la jambe tendue du *Cuirassier*. Ainsi, le principal élément, emblématique chez Ripa du sacrifice patriotique, est-il accentué par deux fois dans le *Cuirassier*, ce qui ne saurait être dû au hasard:

"*Les précipices ouverts près de ce Guerrier, qui foule aux pieds courageusement diverses armes, signifient que les plus grands dangers semblent petits aux courages nobles, quand il s'agit de la conservation & de la défense de leur Patrie. De quoi les Anciens nous ont donné des preuves certaines en la personne d'Ancur, fils d'Emidas Roi de Phrygie, & de M. Curse Romain, qui pour sauver leurs patries, se précipitèrent volontairement dans un gouffre d'où s'exhalaient les contagieuses vapeurs de la peste.*"[46]

Nous avons dit que le type du *Cuirassier* pouvait évoquer celui de Marcus Curtius[47], le thème du précipice étant étroitement lié à celui du sacrifice patriotique dont les parangons sont les héros romains classiques, comme on le voit clairement chez Ripa qui ne fait que rendre compte d'une réalité iconographique[48].

Mais il faudrait aussi rapprocher le *Cuirassier* de l'imagerie de la Paix. En effet, dans ses *Images des Dieux de l'Antiquité* (1556), Vincenzo Cartari[49] fait de Mercure domptant un cheval l'emblème de la Paix (ce qui peut facilement se concevoir[50], si l'on considère que le dieu à cheval était, pour les Thraces notamment, la manifestation guerrière du Soleil[51]). De même, dans la première partie de l'*Iconologie*, Ripa donne le caducée pour emblème à la Paix[52]. Il y adjoint, comme Andrea Alciati (1531), l'épée ou la lance, car la Paix ne s'acquiert que par la guerre et "*les armes*"[53].

Ceci implique en ce qui nous concerne que, si le *Chasseur de la garde* est une image victorieuse qui ne pose *a priori* aucun problème d'interprétation, le *Cuirassier blessé*, image plus complexe, pourrait, en tant que pendant de la première, être une allégorie de la Paix. Bien sûr, il serait possible d'en conclure, en reprenant l'interprétation de Michelet, que le *Cuirassier* est une allégorie critique des défaites napoléoniennes et une manière d'évoquer le retour souhaitable des soldats dans leurs foyers.

Mais deux autres facteurs sont à prendre en compte. D'abord, Ripa écrit que les soldats ne doivent pas appréhender les dangers symbolisés par le fameux "*précipice*", leur gloire éternelle étant de sauver leur Patrie, comme l'a fait Marcus Curtius :

"Le précipice qui se voit ouvert aux pieds du Soldat que nous dépeignons, avec lesquels il foule sans crainte toute sorte d'armes, nous avertit qu'un vrai Citoyen n'appréhende jamais aucun danger pour l'amour de sa patrie; En cela semblable au renommé Curtius, Chevalier Romain, & au valeureux Anchur, fils de Midas Roi de Phrygie, qui pour sauver leur pays des contagieuses exhalaisons qui sortaient d'un gouffre épouvantable, s'y précipitèrent volontairement; Ce qui montre assez combien doit être recommandable aux courages nobles le Service de leur Patrie..."

Le texte de Ripa doit donc nous inciter à *clairement distinguer* la notion *explicitement glorieuse* du *sacrifice patriotique* (*"... nous avertit qu'un vrai Citoyen n'appréhende jamais aucun danger pour l'amour de sa patrie; En cela semblable au <u>renommé</u> Curtius, Chevalier Romain, & au <u>valeureux</u> Anchur..."* - nous soulignons les deux qualificatifs -), et celle de la *défaite*, avec laquelle les critiques voudraient confondre le *Cuirassier*[54].

D'autre part, Giovanni Pierio Valeriano, dans le quatrième livre de ses *Hieroglyphica*, consacré au cheval, fait de l'animal, *"race belliqueuse"* (chapitre I)[55], le symbole de la *"celerite ou Vitesse"* (chapitre III)[56], et du cheval tenu en mors celui de la *"Ferocite reprimee"*, du *"jougs de concorde"*, et du *"courage invincible, mais maniable par raison"*[57], car *"toute ferocite s'amollit une fois domptée"* (chapitre VIII)[58]:

"Ne voyez-vous pas (dit-il (Themistocle)*)*

que les poulains indomptés et neufs deviennent en fin bons chevaux?" C'est donc prudemment que Prudence descrivant l'orgueil de fierte de courage, dit:/ "Par les Scadrons espars l'Areogance à hault train/ D'adventure trottoit comme un cheval sans frain." (chap. XX)[59]

Valeriano ajoute que le cheval était l'emblème de l'Italie et de la force (de la puissance) de l'Empire[60], et qu'en Mauretanie il était guidé par une femme (chapitre XII)[61].

Ainsi, peut-on voir dans le cheval, symbole d'"*Autorite*" (chapitre XXVI)[62], lorsqu'il est bridé la représentation de la tempérance menée par la sagesse. Cette division se retrouve dans l'emblème du "*double chef*"[63] dans lequel doivent se combiner, selon Valeriano, la "*Vertu feminine*"[64] et "*Mars vangeur*"[65].

L'image de Mercure bridant un cheval comme symbole de Paix chez Cartari se comprend parfaitement dans cette grille de lecture, puisque, comme l'écrit Edgar Wind dans *Pagan Mysteries in the Renaissance* (1958), le dieu, "*divin "mystagogue"*", "*rappelle*" "*l'esprit aux choses célestes par la force de la raison*"[66]. Pareillement, on peut rapprocher la figure du "*double chef*" de Valeriano de "*la servitude de Mars, dont Vénus* (elle-même "*déesse de la concorde, (qui) aime la lutte*", selon le principe des "*dei ambigui*" de l'*Hypnerotomachia Poliphilii* de 1499, attribuée à Francesco Colonna[67]) *a endormi la férocité*" dans les représentations de "*Vénus victorieuse, qui a subjugué par l'amour le redoutable Mars*"[68].

Cela veut dire en d'autres termes que si le *Cuirassier* s'inspire doublement de l'imagerie de Marcus Curtius et de celle, mercurienne, de la Paix dans les livres d'emblèmes, il n'est pas pour autant, au contraire de *La traite des nègres* ou de l'*Ouverture des portes du pénitencier*, l'expression pertinente d'une critique sociale qui reviendrait en l'occurrence à une mise en accusation de la guerre, mais bien la représentation graphique de l'idée d'Alciati, Cartari, Valeriano ou Ripa, que la paix naît de la guerre. Ce qui est évident si l'on se reporte à la tradition iconographique dont le *Cuirassier* est issue, et à son association avec le *Chasseur*.

D'ailleurs en postulant que la paix découle de la guerre (ou du moins est favorisée et mise en place par elle), Alciati, Cartari, Ripa, Valeriano et Géricault ne font que reprendre une idée philosophique parfaitement établie, au moins depuis son exposé par Hugo Grotius dans le célèbre *Droit de la guerre et de la paix* (1625). Nombreux ont été les philosophes à la reprendre et à la développer. Les plus connus furent, on le sait, Fichte, Rousseau et Kant.

Panofsky, qui s'est à plusieurs reprises intéressé à la symbolique du cheval[69], nous en fournit la preuve, en se fondant sur Valeriano:

"On trouve une allégorie de ce type, particulièrement complexe - et d'un intérêt

particulier car elle est presque contemporaine de "l'Amour sacré et l'amour profane" du Titien et se présente sous la forme d'un bas-relief antique - dans un portrait de donateur au Detroit Institute of Art qui porte l'inscription falsifiée RAPHAEL VRBINAS PINXIT A. D. MDVI, mais qui est en réalité un fragment découpé d'un retable exécuté par un disciple provincial de Raphaël (Girolamo Nardini?);... Il représente trois jeunes gens nus qui, en présence de quatre dignitaires d'un certain âge, repoussent trois chevaux débridés dans le dessein d'obtenir un trophée similaire à celui de l'illustration de l'emblème IVSTA VINDICTA dans la première édition de l'Emblemata d'Andrea Alciati (Augsbourg, Steyner, 1531, fol. B. 7v, modifié dans les éditions ultérieures). Celui-ci consiste en un casque et une massue suspendus à un arbre sec. Dans l'"Iconologia" de Ripa, le casque - un attribut de Minerve, la Dea Roma, etc. - indique des qualités désirables, comme "Ingegno", "Intelleto", "Prudenza" et, par-dessus tout, "Fortezza"; et la massue et le gourdin, qui rappelle Hercule, dénote

"Fortezza" ainsi que "Libertà". La morale est que la jeunesse ne peut atteindre qu'en domptant ses appétits effrénés la force du corps et de l'esprit qui assure la liberté et recueille l'approbation d'une génération plus âgée et plus sage."[70]

Il écrit de manière plus précise encore, à propos d'un groupe de deux reliefs de la Galerie François Ier à Fontainebleau, et toujours à partir de Valeriano:

"L'iconographie de ces deux reliefs est absolument incompatible avec celle de la peinture qui se trouve de nos jours au-dessus d'eux. C'est une très fidèle copie, due à Jean Alaux (1788-1864), et dont la taille seule a été modifiée pour correspondre à l'espace imparti, d'une composition de Rosso connue par les gravures de Fantuzzi... et de Boyvin... et représentant la Dispute d'Athéna et de Poséidon. Le format, le thème et l'esprit de cette composition seraient tout à fait en accord avec les autres fresques: la rivalité entre deux divinités, aboutissant à la création du

cheval, symbole de l'emportement guerrier, et à celle de l'olivier, symbole de paix et de prospérité, aurait résumé l'idéal de François Ier en "ex utroque Caesar"."[71]

La référence à la dispute entre Neptune et Athéna est clairement évoquée par Ripa dans son emblème de la Paix:

"C'est à raison de cela (la prospérité économique et la stabilité du pouvoir qu'amène la paix) *que dans les Fables des Poëtes la Deesse Minerue est loüée par Iupiter, pour auoir inuenté l'Oliuier; comme Neptune l'est aussi, à cause que ce fut luy qui le premier de tous apprit aux Hommes l'art de dompter les cheuaux: l'vn pour l'vsage de la Paix; & l'autre pour le soustien de la Guerre, qui se la propose pour but ordinairement."*[72]

Dans ses nombreux travaux, Georges Dumézil a parfaitement démontré que, du point de vue mythologique, le thème de l'alternance d'une royauté guerrière et d'une royauté pacifique et prospère ne se concevait jamais dans les récits classiques que dans le sens où la première était nécessaire et indispensable à l'établissement à la seconde.

b) Le "Chasseur", le "Cuirassier" et l'"Iconologie" de Gravelot et Cochin

La confrontation des motifs du *Chasseur* et du *Cuirassier* avec le plus célèbre livre d'emblèmes du XVIIIème siècle français confirme notre analyse de Cartari, Ripa et Valeriano.

Ainsi le premier tome de l'*Iconologie* de Gravelot et Cochin[73] montre l'"*Art militaire*" tenant un bouclier et une épée à la main, et marchant sur les armes ennemies[74]. Identiquement, la "*Valeur*" tient un bouclier et une haste[75]. Sur le même modèle iconographique, le troisième tome montre la "*Liberté acquise par valeur*"[76], et le quatrième la "*Vigilance*" casquée[77]. Le deuxième tome enfin montre, en référence à Hercule, la "*Force*" portant une peau de lion[78] (symbole de valeur et de courage).

Il est évident donc, si l'on rapproche ces emblèmes du *Chasseur*, casqué, sa peau de tigre, et l'épée à la main, qu'il s'inspire directement de cette tradition.

Or si l'on poursuit la comparaison, en tenant compte du fait que le *Chasseur* comme le *Cuirassier* portent leur épée tournée vers le bas (celle du *Cuirassier* étant dans son fourreau), on trouve dans Gravelot et Cochin deux autres éléments, à notre sens déterminants. D'abord, une représentation de la paix acquise par la guerre, et d'autre part une opposition significative entre la prudence et la témérité.

Ainsi, le deuxième tome oppose, ou plutôt associe l'image de la "*Guerre*", toujours représentée sur le modèle iconographique de l'"*Art militaire*", de la "*Valeur*" ou de la "*Liberté acquise par valeur*", à celle de la "*Trêve*", la main gauche posée sur son coeur, "*en signe de confiance & de bonnefoi*", pendant que "*de la main droite elle tient une épée, dont la pointe est baissée; emblème de la suspension d'arme"*[79]. Ainsi, s'inspirant de Cartari, pour qui "*Les latins l'appellent* (la "*verge*" ou le bâton de Mercure) "*caduceres", parce qu'en l'apparition d'iceluy il faisoit cheoit toute discorde*"[80], Ripa fait dériver la présence du caducée dans l'iconographie de la Paix (qui fait référence au pouvoir pacificateur et civilisateur de Mercure, comme nous l'avons vu):

"*... du verbe Latin, "cadere", qui signifie tomber,* (car) *cette enseigne de Paix ne paroissoit pas plustost, qu'elle abatoit toutes sortes de discordes & de diuisions, de quelques natures qu'elles fussent;* (et) *si elle se voile les yeux, c'est pour monstrer que la Guerre, qui est figurée par le Serpent* (du caducée), *a des objets si tragiques, qu'ils font horreur la pluspart du temps à quiconque sçait bien considerer: ce qui fait que le plus illustre de tous les Poëtes s'escrie à bon droit,/ "Vien nous donner sur la terre/ La Paix que nous demandons;/ S'il est vray que de la Guerre/ Rien de bon nous n'attendrons.*""[81]

De même, que le troisième tome de Gravelot et Cochin associe les représentations de la "*Guerre*" et de la "*Trêve*", le quatrième tome associe celle de la "*Prudence*" casquée[82] (différente de la "*Prudence chrétienne*"[93]) à celle de la "*Témérité*", qui avance, les yeux fermés sur un précipice, devant lequel sont tendues face à elle des pics[84]. Il faut remarquer que les auteurs distinguent la "*Témérité*" de l'"*Imprudence*"[85] qui, bien que marchant aussi sur un précipice, n'affronte pas de pics car, expliquent Gravelot et Cochin, on peut être téméraire sans être imprudent. La "*Témérité*" apparaît donc comme un emblème du courage et de la valeur, d'essence guerrière (ce dont témoignent les pics), et non uniquement comme une représentation de l'étourderie. Ripa permet à nouveau d'interpréter ce symbolisme, puisqu'il insiste déjà sur l'image du héros patriotique avançant sans peur vers le danger:

"*Il (le héros patriotique de l'emblème X) est armé à l'antique, pour les raisons que nous dirons cy-apres; & bien qu'il doiue apprehender apparemment, estant sur le bord d'vn precipice profond, si est-ce qu'auecqce le mesme courage qu'il tesmoigne auoir à mespriser ce danger, il marche sur les picques, & foule aux pieds les espées nuës."*[86]

Dans la deuxième partie, ces *"picques, &... espées nuës"* s'épanouissent en *"des Hallebardes, des Picques, & autres armes semblables"*[87]. On comprend pourquoi Gravelot et Cochin distinguent clairement la *"Témérité"* (qui est une vertu) de l'*"Imprudence"* (qui est un défaut), le symbole du précipice, au centre de la définition de l'amour de la Patrie chez Ripa, surdéterminant chez lui le courage (ou, si l'on préfère, la témérité) de *"ceux-là seulement qui seroient morts pour la défence de leur païs"* car:

"Le precipice qui se void ouuert aux pieds du Soldat que nous dépeignons, auec lesquels il foule sans crainte toute sorte d'armes (les *"Picques, &... espées nuës"*), *nous aduertit qu'vn vray Citoyen*

n'apprehende iamais aucun danger pour l'amour de sa Patrie; En cela semblable au renommé Curtius, Cheualier Romain, & au valeureux Anchur, fils de Mydas Roy de Phrigie, qui pour sauuer leur païs des contagieuses exhalaisons qui sortoient d'vn gouffre espouuantable, s'y precipiterent volontairement; Ce qui monstre assez combien doit estre recommandable aux courages nobles le seruice de leur Patrie..."[88]

Et encore:

"Les precipices ouuerts près ce Guerrier, qui foule aux pieds courageusement diuerses armes, signifient que les plus grands dangers semblent petits aux courages nobles, quand il s'agit de la conseruation & de la deffense de leur Patrie. Dequoy les Anciens nous ont donné des preuues certaines en la personne d'Ancur, fils d'Emidas Roy de Phrygie, & de M. Curse Romain, qui pour sauuer leurs patries, se precipiterent volontairement dans vn gouffre d'où s'exhaloient les contagieuses vapeurs de la peste."[89]

C'est dans ce cadre originel qu'il faut comprendre l'association, autrement assez obscure, de Gravelot et Cochin entre la "*Prudence*" et la "*Témérité*", du fait que celle-ci se distingue de l'"*Imprudence*" et, par contrecoup, s'associe plus qu'elle ne s'oppose réellement à la "*Prudence*". La "*Témérité*" est implicitement ce qui protège la Patrie[90].

Selon le même principe que pour la "*Prudence*" et la "*Témérité*", le quatrième tome de Gravelot et Cochin met en regard la "*Sureté*" et le "*Péril*", représenté par un précipice, et le "*Danger*" avec la "*Faveur*"[91].

Le quatrième tome combine ces éléments dès la première page (l'ensemble des quatre tomes de l'*Iconologie* présente les emblèmes selon un classement alphabétique), par la représentation de la "*Paix*"[92]. Elle foule des armes aux pieds, et tient à la main un flambeau renversé, ce qui ne fait pas référence ici à l'iconographie traditionnelle (issue de l'Antiquité) de la Mort ou du Sommeil[93], mais à celle de la "*Trêve*" du même ouvrage[94], dont nous venons de parler.

Le *Cuirassier* de Géricault, descendant le précipice et la main sur son épée au fourreau, s'explique donc parfaitement en tant que figure de la prudence guidant la témérité, c'est-à-dire encore de la paix acquise par les armes selon le rapport rencontré chez Gravelot et Cochin entre la "*Guerre*" et la "*Trêve*", ou la "*Prudence*" et la "*Témérité*". En effet, le quatrième tome représente bien la "*Raison*" et la "*Raison chrétienne*" casquées, tenant un lion bridé, pour montrer que "*L'annonce que le fruit de cette victoire* (sur "*les passions*") *est la paix de l'âme*"[95]. D'autant que s'oppose à cette représentation celle de la "*Démence*"[96], vieillard à cheval sur un bâton, jouant au petit moulin à carte, comme les enfants (ainsi que l'écrivent les auteurs). Pareillement, la "*Tempérance*" tient une bride[97].

La même allégorie se retrouve d'ailleurs, de façon là aussi bipartite, dans la décoration peinte de la Salle de la Consécration (de Napoléon) du château de Versailles. Là en effet, les deux panneaux d'entrée au-dessus des portes montrent respectivement pour l'un Vercingétorix, épée en main et s'appuyant sur une dénivellation de terrain, prêt à attaquer les soldats romains qu'on devine derrière les lances enfonçant les barricades gauloises, l'arrière-plan étant rempli par le rougeoiement des feux de la bataille, et pour l'autre un personnage casqué, allégorie évidente de la Paix, tenant un rameau d'olivier dans sa main levée et accompagné par un lion (qu'il ne bride pas). Ainsi, conformément aux descriptions de l'*Iconologie* de Gravelot et Cochin, la Paix fait pendant à la Guerre, représentée par la figure emblématique de Vercingétorix qui, comme la "*Témérité*" de Gravelot et Cochin, fait face aux lances de ses ennemis. Le fait que la Paix ne tienne pas le lion en bride dans la décoration du château laisse clairement voir que son iconographie n'est pas figée et supporte un certain nombre de modifications. Le caractère particulier du *Cuirassier*, à la fois personnification d'un guerrier blessé et emblème de la Paix, ne doit donc pas être considéré comme irréductible à l'interprétation que nous en donnons.

Comme Gravelot et Cochin, Gio Pietro Bellori[98] (1680) fait, mais ici en référence au mythe d'Antinoüs, du cheval freiné le symbole de l'âme humaine transportée au ciel et extatique, heureuse, car vainqueur des sentiments.

On trouve confirmation de ce symbolisme chez Guy de Tervarent[99] (1958). Il rappelle que le cheval est l'attribut de Mercure (dieu du commerce, mais aussi de la paix chez Cartari), de la renommée, du courage, de l'abondance et du commerce (la prospérité civile était traditionnellement considérée depuis l'Antiquité comme due à la paix, ainsi que l'atteste la notion de *Fides*[100]). Il rappelle aussi que le "*Mors avec rênes*" est l'attribut de la tempérance, de Némésis, de la

Fortune et de la Vertu[101] (toujours selon le même symbolisme de la *Fides*, prospérité civile et divinité agricole dépendante de la paix, et donc selon la triade classique *Spes-Fides-Fortuna*, reprise par Ripa[102]). Comme l'écrit Ripa:

"C'est en la Paix que toutes choses/ Succedent selon nos desirs; (notion d'Espoir donc)*/ Comme au printemps naissent les roses,/ En la Paix naissent les plaisirs./ Elle met les pompes aux villes,/ Donne aux champs les moissons fertiles;/ Et de la majesté des Loix/ Appuyant les pouvoirs suprémes,/ Fait demeurer les Diadémes/ Fermes sur la teste des Rois."* (notion de Fidélité qui, comme on le sait, désigne dans le milieu romain, contrairement à ce qui se passera dans sa réutilisation chrétienne, la fidélité patriotique autant, sinon plus, que religieuse[103])*/... ce qui fait le plus illustre de tous les Poëtes s'escrie à bon droit,/ "Viens nous donner sur terre* (notion de Fortune, autrement dit de prospérité civile et agricole)*/ La Paix que nous demandons;/ S'il est vray que de la Guerre/*

Rien de bon nous n'attendons."[104]

Enfin il serait peu crédible de faire du *Cuirassier* une image de la défaite, dans la mesure où, que ce soit chez Gravelot et Cochin[105], Ripa[106], ou chez Guillaume Coustou qui s'en inspire[107], le cheval, associé au bouquet d'armes et aux lances, est le symbole de la "*monarchie*", de la "*vraie religion*", et de la "*vertu guerrière*" supérieure à toutes de l'Europe[108]. L'iconographie du cheval de l'Europe, derrière la personnification du continent, de Gravelot et Cochin se retrouve très clairement dans une ébauche de Géricault pour le *Cuirassier* méditant et dans l'esquisse du Brooklyn Museum[109], ainsi que, dans une moindre mesure, dans la version définitive du tableau.

Les ébauches de Géricault pour le *Cuirassier* ne peuvent donc plus être considérées comme des preuves suffisantes pour en faire une image de la défaite. En effet, ces esquisses montrent indifféremment le *Cuirassier* debout la main sur son épée au fourreau, dans la pose classique du portrait militaire, ou appuyé contre un rocher, parfois méditatif, parfois se reposant simplement, une fois enfin un enfant dans les bras[110]. En ce qui concerne les portraits debout, ils ne sont, bien sûr, pas des images de défaite. Quant à ceux du *Cuirassier* méditant sur un rocher, ils font référence, dans l'image du père pleurant son fils au premier plan du *Radeau*, au thème filial héroïque, présent aussi bien dans la *Relation du naufrage de la frégate la Méduse* (1817) par Corréard et Savigny que dans les oeuvres contemporaines, telle notamment l'*OEdipe à Colone* de 1796 de Fulchran Jean Harriet, qui fut élève de David. Dans ces conditions, on peut aussi bien considérer ces images, classiques du mélancolique, comme une *cogitatio mori*, ainsi que le font les auteurs du catalogue, ou comme une autre forme d'illustration du thème du sacrifice patriotique héroïque, autrement dit voir le *Cuirassier* méditant sur son rocher, ou sauvant un nourrisson, comme la représentation d'un "enfant de la France" (pour paraphraser

Michelet), protecteur, selon la formule consacrée, de la veuve et de l'orphelin, et ce d'autant plus que les croquis pour le *Cuirassier* le montrent toujours casqué, comme d'ailleurs la version définitive, symbole traditionnel, ainsi qu'on l'a vu chez Gravelot et Cochin, de la *"vigilance"* et, plus généralement, de la vaillance guerrière.

c) Le "Chasseur", le "Cuirassier" et les catalogues de la collection iconographique Maciet de la Bibliothèque du Musée des Arts décoratifs de Paris

c-1) Le "Cuirassier" méditant sur un rocher ou bridant son cheval et les différentes images de la Paix

Si l'on se reporte maintenant à l'impressionnante collection d'ouvrages d'iconographie de la Bibliothèque du Musée des Arts décoratifs de Paris, on s'aperçoit que le modèle de la Paix, repris par Géricault dans son *Cuirassier blessé, quittant le feu*, n'est pas réduit aux livres d'emblèmes, mais a été largement utilisé par les artistes des périodes moderne et contemporaine, au moins jusqu'au début du XXème siècle.

Le volume 1-58 de la série "*Allégorie - Mythologie*" reproduit nombre de figures de la Paix. Nous venons de nous interroger sur l'hésitation de Géricault entre la représentation du *Cuirassier* méditant sur un rocher, ou à pied et bridant son cheval. Or une allégorie de la Paix du XVème siècle italien la représente allongée. Dans une image du XVIème siècle italien, elle tient un flambeau renversé, dont on a vu chez Gravelot et Cochin qu'il symbolisait justement l'acquisition de la paix par l'abandon des armes. Dans ce cadre le rôle de Mercure, dieu pacificateur, est central. Une figure des Flandres (XVIIème siècle) le montre conduisant le cortège de la Paix.

Le volume 1-43 de la même série recense les diverses représentations de Mars. On a vu que le cheval dompté pouvait symboliser la victoire de Vénus, déesse de la Concorde, sur Mars, le dieu de la guerre. On le trouve ainsi dans beaucoup de *Mars et Vénus*, que ce soient celles de Paul Véronèse (Metropolitan Museum of Art, New York), de Rubens[111], ou de Mantegna[112] (Louvre, Paris). Si dans cette dernière oeuvre c'est bien Mercure (par ailleurs "... *protecteur avec Apollon de l'intrigue de Vénus et de Mars*"[113]), reconnaissable à son caducée et à son chapeau ailé, qui bride le cheval de Mars, chez Véronèse c'est un Cupidon qui le retient, et chez Poussin le même *putto* freine le chien de Mars[114], chien qui ailleurs tire le char de Mars[115] comme traditionnellement les colombes celui de Vénus[116]. Or justement chez Mignard, le cheval (ou le chien) bridé est remplacé par les colombes de la paix[117]. Certaines caricatures françaises du XIXème siècle rendront cette dépendance de Mars à Vénus soit par Vénus fouettant Mars[118] sur le modèle classique d'Aristote et Campaspé (Phyllis), soit par Mars au labour[119].

Panofsky et Wind[120], en référence ainsi que nous l'avons dit à Valeriano, interprètent le cheval bridé dans les illustrations de *Mars et Vénus* comme la "*Fortezza*" vaincue par la "*Carità*". Cependant, on peut rapprocher ces illustrations de l'étude que Panofsky a faite de la travée de "*Vénus frustrée*" de la *Galerie François Ier à Fontainebleau*[121] (1958) qui, comme l'écrivait Tervarent, serait une "*allusion à François Ier, à son goût des femmes, qui ne l'empêche pas de leur préférer, quand il le faut, les combats*"[122], "*la clef de l'allégorie* (étant) *fournie par un personnage qui n'apparaît pas: un héros du genre Mars, qui a quitté la scène pour partir à la guerre, comme en témoigne ses armes, qu'emportent à sa suite des "putti" affairés, et son cheval, qui attend à l'arrière-plan*", ne laissant plus voir au spectateur que Vénus seule[123]. Dès lors, il serait possible d'émettre l'hypothèse que, toujours en référence à Valeriano (qui identifie explicitement le cheval bridé à la "*Ferocite reprimee*" par le "*jougs de concorde*") et par extension de l'allégorie amoureuse (Ripa assimile la Paix à l'arrivée du "*printemps*"[124], alors que celui-ci, qui ici symbolise les fleurs nouvelles de la prospérité agricole, fait en principe référence à la naissance de Vénus, aussi bien dans la mythologie antique que chez les néo-platoniciens ou chez Sandro Botticelli, qui s'en inspire), l'"*Amovr-vers-sa-Patrie*" (comme l'appelle Ripa) serait montré sous les traits d'un cheval indompté, pendant que l'aboutissement du travail de pacification par les armes, autrement dit l'arrivée de la paix et de la prospérité, seraient, quant à eux, caractérisés par le cheval freiné (Ripa oppose ainsi, dans son explication de l'emblème de la Paix, l'action pacificatrice de Minerve à celle, équestre et guerrière, de Neptune[125]). Cela expliquerait alors non seulement la récurrence de la présence du cheval tenu en rênes (par Mercure ou des *putti*) dans les nombreux *Mars et Vénus* de la période moderne, mais aussi l'hésitation de Géricault entre deux représentations du *Cuirassier blessé, quittant le feu*, soit méditant sur un rocher soit domptant son cheval, et les caricatures de Mars au labour du XIXème siècle.

On a dit que la présence répétée du cheval dans les tableaux montrant *Mars et Vénus* est une référence à la suprématie militaire de l'Europe sur le monde, comme c'est le cas de celui du *Trophée d'Europe*, inspiré des livres d'emblèmes, et qu'on trouve par exemple dans la décoration du grand vestibule carré de la chapelle du château de Versailles:

"Il s'agit d'une décoration surtout non figurative, le décor des chambranles des deux portes et de la niche qui se creusait au milieu et qui ne reçut qu'en 1730 une statue qui ne lui était pas destinée, la "Magnanimité" de Bousseau. Plus intéressant est le trophée en bas-relief qui orne le piédestal et évoque l'"Europe". On y voit que Coustou a respecté les attributs préconisés par Ripa. Sur un grand cartouche central suspendu à un noeud enrubanné est sculpté un cheval cabré, préfiguration en réduction des chevaux de Marly: le cheval signifie que l'Europe "a toujours emporté le prix en matière des plus nobles connaissances et des exercices

de guerre". Un étendard et un caducée s'entrecroisent avec le cartouche. De part et d'autre sont représentés les symboles des valeurs spirituelles de l'Europe par lesquelles elle triomphe dans le monde des arts et des sciences: une lyre, une portée musicale, une trompette, une viole, une palette et des pinceaux, une mappemonde, un compas et un rapporteur. Enfin des rameaux d'oliviers assurent que ce patrimoine de civilisation est garanti par la paix. En face, Poirier évoque l'Asie."[126]

c-2) Interprétation du "Cuirassier" méditant sur un rocher dans les ébauches de Géricault comme "Arès au repos"

Beaucoup d'oeuvres montrent *Mars et Vénus* allongés sur un rocher, ce qui reprend clairement l'imagerie classique (qui se rencontre jusque chez Velázquez) d'*Arès au repos* méditant, dans la position du mélancolique[127], sur ce même rocher[128]. Il est donc évident que, dès l'origine, Géricault a conçu son *Cuirassier* comme un *Arès au repos*. La vision complémentaire qu'il a voulu donner du

Cuirassier et du *Chasseur* n'est compréhensible qu'ainsi; parmi les multiples représentations d'*Arès au repos*, nous avons trouvé, dans une oeuvre du XVIème siècle italien portant la devise "*Memorie Bresciane*", un Mars armé et un Mars bridant des lions mis en regard l'un de l'autre. Les lions retenus remplacent le cheval ou le chien dans certains *Triomphes de Mars* du XVIIIème siècle français[129]. Le symbole pacifique du cheval bridé est donc indubitable si on compare sa fréquence dans les images de la Paix aux représentations de la Guerre, qui reprennent exactement le même modèle, le cheval allant même jusqu'à tenir sa place habituelle dans les images de la Paix (au deuxième plan à gauche pour le spectateur). La seule différence est, bien sûr, que dans les allégories de la Guerre, l'animal n'est plus bridé par son cavalier à pied à côté de lui, mais monté par des soldats en armes[130].

C'est dans la mythologie antique de la déesse sabine Vacuna, assimilée à Victoria par les Romains, qu'il faut chercher l'origine de la représentation d'*Arès au repos* méditant sur un rocher:

"Il est impensable que les éléments guerriers aient été surimposés à une déesse campagnarde: la protectrice des "agricolae prisci" d'Horace ou du "genus acre uirum" de Virgile ne s'est pas militarisée au contact d'une "propagande nationale" qui exalte la Sabine héroïque. Les monnaies de Plaetorius montrent que l'intégration est ancienne. Vacuna conjugue la Minerve guerrière que Varron croit sabine, qui est action méthodique, et une "Bellone-Duellona" liée au "Mamers" sabin: malgré son iconographie redoutable, elle représente moins la frénésie guerrière que l'issue rassurante de la guerre, "celle qui fait sortir au mieux les Romains de la guerre". Dès lors, et surtout chez un peuple de soldats-paysans, l'insertion de Victoria dans la triade militaire est parfaitement normale. La meilleure issue de la guerre réside dans la victoire, suite d'une guerre "juste" et fondement d'une "pax" stipulée et sécurisante - le code de paix et de guerre que le sabin Numa a apporté au "furor"

guerrier de l'ère romuléenne. Au plus profond de la mentalité italique et romaine, en raison des périls mortels que les voisins turbulents ont fait courir aux Sept Collines, se discerne un besoin de sécurité garanti par la victoire, la "parta uictoriis pax" qui domine l'épigraphie officielle des "tituli", l'analystique patriotique et les tirades nationalistes de la "Palliata". Les analyses de H. Fuchs n'ont rien perdu de leur valeur, sur le sens profond de la "Pax Romana" en particulier; nous avons noté, en approfondissant l'analyse de la mentalité primitive, que ""pax" traduit l'idée de garanties juridiques qui crée l'ambiance de tranquillité, "otium"" et que cette paix est toujours conçue comme une fin victorieuse de la guerre. L'"otium" romain primitif, concept de soldats-paysans, implique la liberté privée du combattant, lié au silence des armes, avec le droit de reprendre les tâches professionnelles de la campagne."[131]

Sans vouloir faire oeuvre positiviste, on notera qu'identiquement l'armée napoléonienne, formée par les troupes républicaines de la Révolution, elles aussi entourées comme les romaines par leurs ennemis ("*voisins turbulents*"), était essentiellement constituée de ce qu'on pourrait appeler des "*soldats-paysans*". Cela veut dire que, d'une part, des circonstances historiques identiques favorisent l'émergence (ou la résurgence) des mêmes mythes, et que, d'autre part, des mythologies profondément ancrées dans la mentalité populaire sont toujours prêtes à renaître. Or:

"*La parenté* (de Vacuna-Victoria) *avec les déités belliqueuses s'insère parfaitement dans ce cadre d'interprétation: elle doit être un phénomène assez ancien si l'on réfère aux légendes monétaires. Elle se prolonge avec le culte de "Vacuna-Victoria" au lac Cutilius, dont Vespasien, restaurateur du "fanum" de Rocca Giovane et constructeur du Forum de la Paix, devait être le protecteur attentif, sinon le dévot assidu...*/*... Déesse du foyer pastoral dont la Sabine de la vaine pâture, Vesta, avec ses promesses d'intimité sécurisante, s'apparente aux déités du foyer construit et de la maison./ On objecterait à première* *vue que le naturalisme pastoral se distingue radicalement du naturalisme rural. C'est oublier que dans le Latium primitif, malgré la distinction entre les Latins éleveurs et les Sabins agriculteurs, malgré la primauté théorique de la "uita pastorica" l'âge d'or primordial est à la fois rural et pastoral.../... Le "nemus", forêt peut-être plus sauvage et mystérieuse à l'origine, suggère les images de vacuité heureuse. Il n'est que d'évoquer, chez Lucrèce, le tableau de l'éden primitif lié à la "pastoricia uita" des savants. Dans le chant V du "De rerum natura", le poète nous fait assister à la naissance de la poésie/ "... auia per nemora ax siluas".altusque reperta/ per loca pastorum deserta atque otia dia...".../... Sous ce dynamisme complexe il n'est pas interdit de subsumer les linéaments d'une morale rustico-agraire liée à l'"otium" primordial, paix victorieuse née de la "pax deum" et qui ouvre à la "pacata iuuentus" le bonheur simple et le travail heureux. L'"interpretatio" philosophique ultérieure, exploitant cette intuition, a créé une entité allégorique: la "dea uacationis".../... Le lien sémantique entre "uacuus" et l'"otium" n'est plus à démontrer, non plus cette fois au sens naturaliste, mais au sens éthique: "... si quid uacui sub umbra lusimus...", dit une ode d'Horace; une satire, évoquant les loisirs du "colonus", contient l'expression "operum uacuo (mihi)"./ La "dea uacationis" recèle la riche amphibologie du verbe "uacare", l'aspect apparemment négatif, et issu de la vacuité primitive, l'aspect positif, plus élaboré, impliquant la conversion de l'"otium" à la sagesse. Sous l'amphibologie, on serait tenté de souligner une divergence philosophique, "uacare curis" impliquant une lecture épicurienne, "uacare sapientiae", une lecture stoïcienne, dans le premier cas l'ataraxie, dans le second, l'ascèse active qui mène à la "sapientia perfecta". Pour la dévotion à la sagesse, finalité à laquelle aboutit toute critique du loisir chez Sénèque, des Dialogues aux Lettres, il suffirait de citer, dans le "De Breuitate Vitae", XIV, 1, l'axiome de la "conversion" "... soli omnium otiosi sunt qui sapientiae uacant". N'oublions toutefois pas que la rupture spirituelle du dialogue s'inscrit dans un contexte sociologique assumé et dépassé, celui des "negotia publica" antérieurs. Si la "uacatio sapientiae" mène à la vertu, elle confère aussi la "tranquillitas animi": or cette "tranquillitas animi", qui transcrit aussi bien l'apathie stoïcienne que l'ataraxie épicurienne, triomphe dans l'idéal du "uacare curis"...*/*... Dans les deux gloses, complémentaires et non antithétiques, l'idéal de sérénité se trouve subordonné aux exigences sociologiques d'action, à ce "civisme" romain qui place tout loisir sous l'égide de la paix victorieuse."*[132]

Le caractère saturnien du *Cuirassier* méditant des premières ébauches faites par Géricault se comprend donc comme l'expression, bien connue, de l'ataraxie épicurienne[133] issue de l'adéquation à un idéal de pureté tiré de la conception de l'Age d'Or ("*uacare sapientiae*", "*sapientia perfecta*"), et non comme celle d'une "*cogitatio mori*" (ainsi que le proposent les auteurs du catalogue sur *Géricault*). Au XIXème siècle, une preuve directe nous en est apportée par l'*Allégorie de la Paix* de P. Puvis de Chavannes (Musée d'Amiens,

Picardie), tableau plusieurs fois reproduit en gravure, et où une multitude de personnages allongés et alanguis est entourée à l'arrière-plan par plusieurs chevaux au repos et que brident leur cavaliers à pied[134].

c-3) Le "Cuirassier" maîtrisant son cheval et la représentation classique de la Paix victorieuse, productrice de prospérité, dans l'iconographie moderne et contemporaine

Déjà au XVIIème siècle en France, le graveur Gérard Audran (1640-1703) figura l'*Alliance de la Victoire et de la Paix sous Louis XIV*, autant dire celle de la Victoire et de la prospérité agricole - la Vacuna des Romains déesse du foyer domestique, et par extension national, vantée par Ripa et mis en exergue par Géricault dans le *Cuirassier* -. De fait en France toujours, on trouve au XVIIème siècle des représentations de la Paix amenant l'abondance, et au XIXème siècle des gravures montrant des soldats blessés revenant de la guerre de 1870 (reconnaissables à leurs uniformes), portant les lauriers de la victoire à la main ou au bout de leurs étendards[135] (on voit que l'allusion ne dépend pas de la victoire effective mais sert plutôt, comme chez les Romains, à vanter l'héroïsme des bons patriotes). La Paix, qui domine la scène comme la Liberté de Delacroix guidant le peuple sur les barricades, mais ici très nettement disproportionnée par rapport aux autres personnages, tient à la main le flambeau renversé (symbole de la fin de la guerre) et les épis (symboles du retour de la prospérité agricole, acquise par la guerre donc), pendant que derrière la Paix, une autre allégorie, plus petite, seins nus (la Patrie peut-être ou la Charité, dont le thème serait en ce cas emprunté au symbolisme des représentations de *Mars et Vénus* si on suit l'interprétation de Panofsky et de Wind), tient à la main ce qui semble être la croix christique, référence transparente à la "*vrai religion*" qui, avec la force guerrière et la monarchie, définit l'Europe selon Gravelot et Cochin, mais est en l'occurrence attribuée, avec les deux autres propriétés, à la France uniquement. La prospérité acquise par le combat et le sacrifice patriotiques sont très clairement représentés par certains blessés qui, au lieu de porter leurs armes, tiennent la faucille à la main, et par un soldat, au premier plan, maîtrisant par les cornes une vache, animal-métaphore de la fertilité nationale[136] qui remplace le traditionnel cheval[137]. Enfin le foyer dont l'évocation est toujours latente dans les allégories de la Paix, on l'a vu chez Ripa ou dans la sphère romaine déjà, est explicitement mis en scène dans la gravure par un soldat embrassant fougueusement sa compagne qu'il vient de retrouver[138].

Les représentations parodiques du XIXème siècle de Mars au labour prennent dès lors tout leur sens, mises en rapport avec les oeuvres précédentes. Ainsi par exemple le programme du *Concert des Ambassadeurs* (XIXème siècle), qui porte en exergue la sentence "*Hominibus Voluntatis*", montre la Paix avançant devant une haie de militaires levant les armes. Elle tient les épis d'une main et de l'autre le mors d'un cheval de labour traînant un soc de charrue, qui creuse de profonds sillons dans la terre (évocation du caractère agricole de la Paix), pendant qu'au loin on distingue un clocher[139] (symbole de la Patrie et du foyer, que représente également la Paix, depuis l'antique Vacuna-Victoria jusque dans les emblèmes de Ripa).

On voit, par contrecoup, que la présence du cheval dans les différents *Mars et Vénus*, n'illustre pas tant l'Amour physique maîtrisé, ce qui n'aurait d'ailleurs guère de sens dans la relation entre l'impétueux dieu de la guerre et la lascive déesse de la prostitution, mais plutôt la fin des combats et les fruits que la Patrie y gagne, c'est-à-dire aussi bien une nombreuse et vigoureuse descendance que la prospérité agricole[140] (Vénus étant à la fois une déesse maternelle et agraire). D'ailleurs, Ripa met déjà en relation l'amour de la patrie et celui *"qu'vn Cavalier a pour vne Dame, ou vn Courtisan pour sa fortune, ou vn Capitaine pour la gloire, ou vn Marchand pour les biens du monde"* car *"tant plus l'Amour de la Patrie vieillit, tant plus il deuient fort & robuste, au lieu que tous les autres Amours sont affoiblis par le temps, & cessent enfin"*[141]. Dans le quatrième et dernier volume de ses *Esquisses de mythologie* (publié à titre posthume en 1994), Dumézil note également la liaison, dans les récits rituels antiques, entre l'avènement de la Paix et l'amour chaste ou licite, comme *"maîtrise de la haute magie et... souveraineté universelle,... (de) troisième fonction - prospérité pour la terre et par là même paix -"*[142].

Cette interprétation est confirmée aussi bien par le fait que le cheval bridé peut être, comme on l'a vu, remplacé par les colombes de la paix ou par des lions, que par le fait que Gravelot et Cochin font explicitement des lions retenus en laisse une allégorie de la fin des conflits. De plus, nous avons cité les toiles des maîtres célèbres dans lesquelles *Mars et Vénus* étaient accompagnés par le cheval en bride, mais ce dernier est, nous l'avons évoqué, aussi présent dans les *Allégories de la Paix* de la période moderne.

Avant de les étudier il convient de nous attarder un instant sur l'*Inventio* de Christian Schiebling[143], représentant la conquête de la Paix par la Guerre, qui nous fournit un élément décisif pour notre interprétation. En effet on y voit, à la gauche du spectateur, le cheval bridé par une figure féminine (la Paix?). Or le tableau de Schiebling illustre un passage de l'*Iconologie* (Widmung, 1680) de Joachim von Sandrart, dans lequel l'auteur explique pourquoi la guerre est nécessaire afin d'établir une paix durable, ce qui justifie la présentation dans l'*Inventio* du cheval mené par la Paix, devant laquelle la Guerre brandit son épée, significativement tournée vers le haut. Il s'agit d'une référence transparente au geste habituel de la Paix, qui dans les livres d'emblèmes tourne ses armes vers le bas, symbole comme on l'a vu de la fin des combats. La proximité des deux allégories dans le dessin (qui permet, par comparaison, de comprendre l'association du *Chasseur* et du *Cuirassier* chez Géricault) forme une véritable procession du type des Triomphes, dirigée par la Guerre. L'ensemble de ces motifs (la succession formelle entre la Paix et la Guerre - l'oeuvre se lisant de la gauche vers la droite -, la procession guidée par la Guerre, et le fait que celle-ci brandisse son épée vers le haut) permettent donc ici de reconnaître un véritable "Triomphe de la Guerre" en confirmant l'imminence en même temps que la nécessité des combats prochains, défendus par Sandrart:

"Der Krieg/ ist des Friedens Vatter. Das Krieger-Eisen muß den güldnen Zepter aufstützen/ wann er soll stehen bleiben. Wer in Ruhe sitzen will/ der muß seinen Nachbaren zeigen/ daß er siegen könne. Es kan auch niemand länger Frieden haben/ als sein Nachbar will. Wirft der den Frieden über haufen: der Krieg muß ihn wieder aufrichten/ und den Feind ruhen lehren."[144]

Ce texte de Sandrart, comme l'image déjà citée des soldats de 1870 revenant de guerre et guidés par deux allégories féminines (imitations à peine déguisées de

La Liberté guidant le peuple sur les barricades de Delacroix), montrent explicitement que la Paix est étroitement liée, comme chez Ripa ou Géricault, à ces modèles de héros patriotiques dont le sacrifice la procure de façon stable. Le fait que le cheval bridé, monture de guerre, soit représenté dans l'*Inventio* de Schiebling est donc tout à fait significatif. Dans le retour des soldats de 1870, on l'a vu, la présence de la vache tenue par les cornes, figure classique des fruits de la Paix que sont la fertilité agricole et la prospérité civile, est tout aussi révélatrice. Dans un cas, la vache tenue par les cornes symbolise *l'heureux épilogue* de la guerre, dans l'autre le cheval bridé *la fin* de la guerre *elle-même* selon le modèle *plusieurs fois décrit* par Gravelot et Cochin.

C'est donc dans les *Allégories de la Paix* proprement dites que le cheval dompté est le plus fréquent, puisqu'il en est le paradigme. Citons une représentation du XVIIème siècle français où *Louis XIII donne la Paix aux religionnaires devant Montpellier*, ou *The*

Peace of Ghent & Triumph of America d'Alexis Chataigner (1772-1817), oeuvre contemporaine du *Cuirassier*, puisqu'elle date de 1814, et inspirée du *Temple de la Paix* de 1783 (France)[145]. On y voit au premier plan à droite (pour le spectateur) plusieurs chevaux bridés par des soldats portant, symptomatiquement, leurs armes au poing abaissées, ainsi qu'un autre cheval (unique, il se définit sans ambiguïté possible comme un emblème) dompté au second plan à gauche, et également la Renommée, Mercure, dieu du commerce et par là même de la prospérité des Etats-Unis, Hercule, symbole de la Force (qui remplace ici Mars), et Minerve, déesse de la victoire au combat. Ces différentes figures sont expliquées par la légende de la gravure. On trouve encore le cheval dompté comme symbole de la cessation des combats dans le coin droit (pour le spectateur) de la peinture représentant la victoire de Bouvines de la salle des Combats du château de Versailles, mais il semble qu'ici il soit présenté en offrande à Philippe Auguste. Velázquez lui même utilisa le modèle du cheval bridé dans la fameuse *Rendención de Breda* de 1635.

Comme Géricault, les artistes du XXème siècle réutiliseront ce type classique, on le voit, de la Paix victorieuse. C'est le cas dans la couverture du numéro 48 de 1904 de la revue *Jugend*, qui montre un personnage retenant par le mors un cheval se cabrant[146], héroïsation de la force et de la jeunesse de la Patrie ("*paix victorieuse née de la "pax deum" et qui ouvre à la "pacata iuuentus" le bonheur simple et le travail heureux*").

VI - Conclusion: Michelet en question ou Le piège de l'Histoire
a) Le "Cuirassier" et la victoire de la paix par la guerre ou Eloge du métier de soldat impérial

Mais on le voit, le *Chasseur* est sans conteste une image victorieuse[147]. Son rapport au *Cuirassier* se situe donc dès l'abord dans cette perspective. On pourrait supposer que Géricault voulut opposer dans ses deux figures se faisant pendant au Salon de 1814 la victoire guerrière et la défaite. Mais, par rapport à l'ensemble de son oeuvre, et notamment à la récurrence du thème des chevaux domptés, cela n'aurait pas vraiment de sens[148], surtout si l'on considère les dimensions des deux toiles (3,49 m sur 2,66 m pour le *Chasseur*, et 3,58 m sur 2,94 m pour le *Cuirassier*[149]), qui héroïsent littéralement leur sujet, à l'instar des tableaux d'histoire (auxquels, depuis David, ce type de dimensions est emprunté, pour vanter les mérites des patriotes - alors que dans les siècles précédents, il servait exclusivement à identifier la personne royale aux dieux et héros antiques[150], comme David le fait souvent pour Napoléon -).

Par contre, si l'on considère que le *Cuirassier* est une reprise caractéristique des allégories de la Paix des livres d'emblèmes, son rapport au *Chasseur* prend toute sa mesure. Dès lors en effet, leur relation s'opère sur le même mode que celle existant entre les Dioscures, l'un étant guerrier, l'autre pacifique. Cette correspondance allégorise parfaitement "la geste" de la guerre dans ses deux mouvements: la défense (ou l'attaque), puis le retour à la paix grâce au combat. Cette interprétation est d'autant plus intéressante qu'elle trouve, on l'a vu, un écho à la fois dans les théories philosophiques classiques et dans les livres d'emblèmes aussi bien d'Alciati, que de Cartari, de Ripa, de Valeriano ou de Gravelot et Cochin.

Si l'on observe enfin que le *Cuirassier* s'inspire aussi de l'iconographie des héros romains qui se sont sacrifiés pour leur Patrie, alors l'ensemble devient clair. Le *Cuirassier* est une allégorie héroïque des soldats français, par laquelle Géricault entend montrer que, par leur sacrifice, ceux-ci protègent la Patrie contre ses ennemis, qu'ils sont, pour prendre une terminologie qui nous est peut-être plus familière[151], un bastion, qu'ils forment un "mur" protégeant le pays contre ses envahisseurs éventuels. Une telle vision se conçoit bien chez un artiste du début du XIXème siècle, alors que les soldats de l'Empire sont ceux là mêmes qui, lors de la Révolution, se sont battus pour protéger la jeune démocratie contre les attaques royalistes venant des autres nations de l'Europe (les campagnes napoléoniennes n'étant que la continuation de ce combat pour la liberté, au moins chronologiquement - même si l'ambition personnelle de Bonaparte a ensuite pu l'emporter -).

Ainsi le *Chasseur* est une illustration du courage (la *Virtus*), et le *Cuirassier* celle du sacrifice patriotique, les deux types étant directement empruntés, comme on l'a vu, à l'emblématique flamande des

XVIème-XVIIème siècles sur les tempéraments des chevaux, et à Ripa, selon l'alternance qu'il décrit dans ce passage, déjà cité, de la première partie de l'*Iconologie*:

"*C'est à raison de cela* (la prospérité économique et la stabilité du pouvoir qu'amène la paix) *que dans les Fables des Poëtes la Deesse Minerue est loüée par Iupiter, pour auoir inuenté l'Oliuier; comme Neptune l'est aussi, à cause que ce fut luy qui le premier de tous apprit aux Hommes l'art de dompter les cheuaux: l'vn pour l'vsage de la Paix; & l'autre pour le soustien de la Guerre, qui se la propose pour but ordinairement.*"[152]

L'inspiration directe de Ripa dans le *Chasseur* et le *Cuirassier* est attestée par la récurrence de certains motifs dans les deux tableaux, tels que la fumée ou le fait que les protagonistes tournent la tête en arrière. Dans le premier tableau, le spectateur se trouve face à l'image emblématique de la victoire, et dans le second face à celle, non moins exemplaire, du don de soi qui, par son offrande même, assure une pérennité à la paix nationale, comme l'écrit explicitement Ripa en se basant justement sur l'exemple du sacrifice du romain Marcus Curtius qui plongea dans le "*précipice*". Le *Cuirassier* ne se jette certes pas dans un gouffre, mais quitte le champ de bataille, glorieux d'avoir été blessé pour son pays, et pouvant ainsi se retourner, conscient du devoir accompli et l'âme en paix, vers le désir du retour bien mérité dans sa maison (il se détourne du "*feu*" de la bataille, qui n'apparaît plus sur l'image, et s'avance vers la "*fumée*" bienveillante du foyer national).

On comprend alors pourquoi, ayant voulu ce programme thuriféraire envers les soldats de la France au moment même où le Destin leur était contraire, mais se trouvant en butte à la critique négative de son tableau, à la fois parce que cette iconographie savante de la pacification par la guerre n'était pas familière aux esprits[153] (au contraire de celle, victorieuse, du *Chasseur*, qui fut, comme on le sait, parfaitement bien accueilli par la critique), et parce que la situation dramatique de l'armée française sur le front avait largement échauffé les esprits, Géricault, déçu et incompris, ait pu douté de son art, jusqu'à ne plus voir en son *Cuirassier* qu'un *"grand oeil bête"* dans *"une tête de veau"*[154].

Le thème patriotique et son héroïsation sont donc très nettement présents dans la série du *Chasseur* et du *Cuirassier*, deux tableaux qui ont toujours été au coeur de la théorie mise en place par Michelet et qui voudrait que l'oeuvre de Géricault symbolisât la défaite. L'étude iconographique, tant du *Chasseur* que du *Cuirassier*, le prouve. Il n'y a donc plus aucune raison de penser que dans le *Cuirassier*, le peintre se soit désolidarisé de la tradition emblématique qui s'était développée dans les trois siècles précédents, alors qu'il la suit fidèlement dans le *Chasseur*, clairement conçu par lui comme le pendant du *Cuirassier* dont on a justement pu noter les nombreuses et symptomatiques correspondances iconographiques avec les recueils d'emblèmes.

C'est pourquoi il nous semble totalement impossible de continuer à entretenir la conception macabre de l'art de Géricault, sauf à ignorer sciemment les recoupements iconographiques entre les peintures de Géricault et ses modèles, notamment issus pour le *Cuirassier* de l'emblématique moderne la plus répandue et la plus largement diffusée entre le XVIème siècle et le XVIIIème siècles. Tout au plus peut-on prétendre que Géricault, en tant qu'artiste romantique par excellence, lorsqu'il se délecte à mêler dans ses oeuvres la souffrance et la mort, semble voir en elles le moyen de transcender l'ego individuel dans et par la conscience collective, comme le feront par exemple plus tard Kierkegaard ou Weil.

b) Propaganda - Michelet revisité

La meilleure preuve à notre argumentation sera pour finir Michelet lui-même, "*l'historien*" comme le nomment avec une belle innocence les auteurs du catalogue.

De fait, s'il est vrai que Michelet était historien, et fut sans doute le plus célèbre du siècle, le qualificatif que lui attribuent les auteurs du catalogue lui est directement emprunté, lorsqu'il parle de Géricault, "*l'artiste-historien*"[155]. De même, s'ils voient dans le *Cuirassier* un "*bon géant*", c'est après Michelet qui le nommait le "*géant si pâle, géant de taille*"[156]. Enfin, lorsqu'ils prétendent aller contre l'opinion commune en voyant dans le *Chasseur* et dans le *Cuirassier* des symboles de la défaite, ils semblent oublier que Michelet les a précédé (bien qu'ils se "ressoudent" explicitement - et continuellement - à sa tradition[157]). Mais Michelet, "*l'historien*" donc, impartial selon eux, ne l'est sans doute pas tant qu'ils veulent bien le dire.

Lui qui se plait à rappeler ses souvenirs avec son ami Géricault[158], lorsqu'il en étudie l'oeuvre ne fait pas un travail d'historien, ni même de souvenir ou de critique, mais bien de propagandiste. C'est bien parce qu'il y fait oeuvre politique et idéologique que son texte sur Géricault lui a valut d'être renvoyé du Collège de France.

Nous avons vu l'importance de la thaumaturgie christologique dans la propagande napoléonienne de Gros. Pourtant Michelet, afin de mieux servir sa démonstration, va jusqu'à faire de ce dernier un peintre du désastre[159], ce qui lui permet d'introduire son étude de ce qu'il considère comme la "trilogie" de Géricault[160]: le *Chasseur*, le *Cuirassier* et le *Radeau*. Dans ce groupe, le *Cuirassier* apparaît comme "*l'image de tout un peuple qui descend à l'abîme*"[161]. En associant de manière récurrente les images du "*rocher*" et des propres insuccès de Géricault, auxquels il identifie (comme l'ensemble de la critique le fera après lui) le symbolisme macabre de l'art du peintre[162], Michelet pose le cadre de son analyse.

L'oeuvre de Géricault sera interprétée comme une sorte de prémonition de la mort de la France. Mais pour cela, et c'est ce qui nous intéresse tout particulièrement, Michelet insiste sur un certain nombre de points. Du *Chasseur*, il écrit:

"Le "Chasseur au Départ" date de 1812, Géricault avait alors vingt et un ans./ A vrai dire, c'est l'élan et non le départ, car le riche costume est déjà fatigué. Ta culotte de peau est déjà bien tannée, mon brave... Le cheval, qui est vrai, est pourtant fantastique par le raccourci, qui en fait un griffon./ Toutefois, ce n'est pas le cheval pâle, apocalyptique... C'est un vrai limousin, vivant, très fin, de race pure. Il est vrai aussi, dans son violent écart pour éviter un canon déjà presque enterré... la bataille par-dessus les ruines de la bataille, car celles-ci durent souvent trois jours./ Le cavalier est mûr, non fatigué, mais tanné lui-même par la guerre... Le cheval, bien

plus jeune, a un feu terrible; il pince la terre des deux pointes des sabots; la queue est flamboyante.../ L'homme, admirablement ferme en selle sur son cheval cabré. Il est si guerrier, qu'il n'a plus même la "furie" de la guerre, parfaitement nerveux, ayant tant sué, le bras mince en comparaison de la cuisse - partie inactive du guerrier -, mais ce bras doit imprimer une rotation vive et brève au petit sabre courbe./ Il se tourne vers nous... Est-ce un adieu? Il sait qu'il ne reviendra pas. Cette fois, il part pour mourir... Pourquoi pas? Ni ostentation, ni résignation; c'est tout bonnement un homme ferme et de bronze, comme s'il était mort déjà plusieurs fois./ Au fond tourbillonne la tempête de la guerre. A gauche, de noirs profils de chevaux, les naseaux rougis... A droite, un volcan d'artillerie, des batteries foudroyées.../ Et pourtant, sous cette destruction fleurit la nature; la terre est verte et belle. D'un pauvre petit ruisseau auquel on a tant puisé, tant bu, qu'il en est presque tari, reste encore une flaque sur laquelle l'herbe pousse drue, vigoureuse. Tout avertit que dans la fumée de la poudre, nous verrions peut-être un beau ciel, car il y a une terre et un ciel encore."[163]

Michelet, on le voit, hésite à choisir. Faisant mine de ne pas reconnaître la formule iconographique du guerrier vainqueur, pourtant courante (et reconnue par la critique de l'époque, comme le prouve l'accueil très favorable que reçu le *Chasseur* au Salon de 1812), Michelet minaude encore sur "*le violent écart* (du cheval) *pour éviter un canon presque enterré*". Mais plus encore par petites touches et par association d'idées, il arrive à faire du *Chasseur*, figure héroïque s'il en est, l'image de la défaite. Il y parvient en disant que "*Le riche costume est déjà fatigué*", que le cheval, "*un vrai limousin*" n'est pas "*le cheval pâle, apocalyptique*", mais cela valait tout de même la peine de la noter laisse-t-il entendre au lecteur (sinon pourquoi en parler?), que le cavalier "*non fatigué*" est cependant "*mûr,... tanné lui-même par la guerre*", cette guerre qui "*souvent* (dure) *trois jours*" (chiffre christique par excellence). Enfin, cet "*homme ferme et de bronze*" cacherait un message sous son armure, que Michelet nous impose de regarder comme usée: le *Chasseur* nous dit "*adieu*". Subtil donc, Michelet ne force pas le trait, comme le font les auteurs du catalogue, assurés par un siècle de toute puissance de l'interprétation "micheletienne" de Géricault. Michelet se contente de suggérer. Il sait parfaitement que ses contemporains ne seraient pas dupes s'il déclarait tout de go que le *Chasseur* est une figure macabre. C'est pourquoi il ne fait que proposer, par une suite d'oxymorons, nous venons de le voir, de considérer le *Chasseur* comme un révélateur de la lassitude de la guerre, dans ce décor trompeur (la terre "*verte et belle*" et le ciel qui *pourrait* briller).

Mais Michelet, visiblement au fait (comme la suite nous le prouvera) de la mort de l'officier peu de temps après la réalisation du tableau, a beau jeu de faire du *Chasseur* un hommage funèbre, alors même qu'en 1812, lorsque Géricault le peignit, Dieudonné était encore bel et bien en vie. Les auteurs du catalogue, on le voit, ne font que reprendre la théorie macabre de Michelet.

Pourtant, le lecteur attentif discernera certains éléments qui, dans le texte, laissent clairement voir que Michelet lui-même n'était pas victime de son propre jeu. En effet, comme il veut nous faire voir en Gros un peintre de la défaite, il veut nous forcer à considérer le *Chasseur* comme une figure mélancolique et "*agonistique*" (pour reprendre le mot des auteurs du catalogue[164]). Cependant, il relève la présence de la "*culotte de peau*" du *Chasseur*, ainsi que celle du canon brisé et enfin la position caractéristique du cheval cabré.

Ces trois éléments ne sont pas innocents. Ils prouvent que Michelet a compris le sens du tableau: le cheval cabré piétinant le canon brisé forme l'image traditionnelle du vainqueur; la culotte de peau est peut-être une référence aux Dioscures, ou du moins aux *Chevaux de Marly*. Michelet semble en tout cas le penser puisque, s'il croit bon de mentionner cet élément, c'est qu'il revêt une symbolique particulière dans son esprit. En effet, quel lecteur sera encore dupe de Michelet, lorsqu'il nous parle de ce cavalier qui, sans être las, est fatigué, de ce cheval qui, sans être apocalyptique, revêt pourtant une symbolique liée à l'évocation de la mort du Christ (le chiffre trois), de cette terre qui, bien que verdoyante, subi la guerre,...? N'est-il pas évident qu'il veut ici sciemment induire ses auditeurs en erreur? Son cours apparaît donc bel et bien comme un mensonge orchestré afin de se servir de la figure de Géricault comme fer de lance de sa propre bataille et, si l'on en croit son influence sur la critique contemporaine du peintre, on peut dire qu'il y a réussi.

Voyons à présent ce qu'il écrit du *Cuirassier*:

"Le second tableau ouvre l'ère des défaites. Vient-il annoncer ce "Cuirassier" grandiose, qui a tant de peine à retenir sa monture sur la pente où tout à l'heure va s'abîmer l'Empire?/ On voit la chute, la déroute, le

soldat, le peuple, ont touché bien autrement le coeur de l'artiste-historien, que l'"officier des guides, le terrible cavalier, le brillant capitaine, séché, tanné, bronzé./ Ici, il fait comme l'épitaphe du soldat en 1814. Ce bon géant si pâle, géant de taille, et pourtant si homme et si touchant! Un soldat, mais un homme encore; la guerre, on le sent bien, ne l'a pas endurci. Blessé, démonté, il concentre en vain ce qui lui reste de force, et se raidit, pour arrêter son coursier colossal sur la pente rapide, glissante... Il n'échappera pas.../ Derrière plane un noir tourbillon d'hiver et de Russie, l'ombre du soir et de la mort; il n'y aura pas de matin.../ Tout le reste semble un paysage de France, la terre de la patrie... Il y revient, après le tour du globe; il y rentre... pour mourir./ Mais nous voici au dernier acte de la tragédie sanglante. C'est la fin pour l'empire; on le dirait, même pour la France... C'est elle, c'est la société toute entière du siècle, que Géricault embarque avec lui./ Rien d'une improvisation fantaisiste. Le radeau qui l'emporte vers l'infini de la grande mer où elle va s'engloutir, est bien un véritable radeau. Il l'a fait construire en bois, selon les règles, pour qu'il puisse naviguer. Et, tous ces morts qui le couvrent, sont aussi, pour la plupart, de réels portraits."[165]

Ainsi, pour Michelet, non seulement le *Cuirassier* (dont la description est étrangement similaire à celle du *Chasseur*, ce qui laisse entrevoir son peu de fondement scientifique) introduit au *Radeau*, mais en plus les deux oeuvres ont en commun qu'elles embarquent avec elles "*le siècle*" dans la mort. Michelet en veut pour preuve, un peu mince cependant, que le *Radeau* offre plusieurs portraits. Peu importe, nous sommes ici en face de la grande idée de Michelet: Géricault est l'Histoire. Non seulement il la raconte, mais son oeuvre en est la mise en exergue en même temps que, par conséquent, le paradigme.

Pourtant, là encore, plusieurs points doivent attirer notre attention. Tout d'abord, bien sûr, le fait que Michelet, en faisant mine d'opposer le *Chasseur* ("*l'officier des guides, le terrible cavalier, le brillant capitaine*") au *Cuirassier* qui en serait l'"*épitaphe*" (notons que Michelet en faisant du *Cuirassier* l'épitaphe de Dieudonné a plus le sens de la chronologie que les auteurs du catalogue, qui voient dans le *Chasseur* une "*prosopopée*" en l'honneur de cet officier, alors qu'il n'était pas encore mort à l'époque de la réalisation de la toile), contredit l'interprétation macabre qu'il vient juste de donner du *Chasseur*.

Mais ce n'est pas cela qui nous paraît le plus symptomatique. En fait, c'est l'insistance de Michelet d'une part sur l'"*abîme*" et d'autre part sur l'opposition qu'il voit entre la représentation de la Russie et celle de la France, dans le même tableau. Si ce passage de Michelet explique (puisqu'il paraît très nettement en être à l'origine), comme nous l'avons dit, les hypothèses contemporaines, à notre sens aussi peu fondées les unes que les autres, qui situent le *Chasseur* et le *Cuirassier* soit durant la campagne de Russie soit pendant celle de France, il permet aussi et surtout de relever que, là encore, Michelet, érudit et homme de lettres aussi bien que de science, connaissait parfaitement l'origine emblématique du *Cuirassier*. Comment rendre compte autrement qu'il abuse à ce point de la géographie pour, en un seul et même tableau, faire se côtoyer la France et la Russie? En effet, on ne peut considérer que Michelet rend compte là d'une simple hésitation. Il ne demande pas au lecteur un avis, en proposant deux identifications différentes de lieux, mais très clairement il divise le tableau en deux, d'un côté la représentation de la Russie, et de l'autre, pour "*Tout le reste*", celle de la France, "*la terre de la patrie*"[166].

Mais subtil en cela aussi, il ajoute que, si le *Cuirassier* revient à cette "*terre de la patrie*", c'est "*pour mourir*". Michelet veut véritablement faire de Géricault le peintre-symbole de la chute de la France.

Il est donc évident que Michelet n'a jamais été abusé. Bien qu'il en veuille, il savait parfaitement que le *Cuirassier* était une image apologétique et héroïque du sacrifice pour la patrie, sur le modèle de l'*Iconologie* de Ripa. C'est pourquoi, afin de servir sa propre démonstration, Michelet, le *"prédicateur révolutionnaire"* qui rêvait de *"fonder, sous le nom de République, cette Eglise nouvelle que tant d'âme romantiques, déçues par la théologie traditionnelle, appelaient de leurs voeux"*, Michelet, si prompt à interpréter abusivement la vie des Rois pour y trouver les causes de leurs égarements, Michelet donc, *"l'évangéliste de la Révolution"*[167], qui ressentait si fortement le besoin urgent de créer à la République ses martyrs, se devait de transformer les thèmes du *Cuirassier* en en proposant une lecture inverse de celle qu'avait voulue Géricault[168]. Ainsi, il fait du *"précipice"* l'image de la katabase du *Cuirassier*, et du retour à *"la terre de la patrie"* le symbole d'une mort prochaine. Mais le fait que Michelet relève ses deux motifs, si on le met en parallèle avec le fait qu'il n'est visiblement pas plus dupe de la signification de l'oeuvre de Gros que de celle du *Chasseur* (qu'il s'ingénie pourtant à interpréter comme des symboles macabres), nous permet d'affirmer sans aucun doute possible qu'il est moins, comme on l'a cru longtemps, le thuriféraire de Géricault que Géricault ne servit à sa propagande anti-royaliste.

Deux constatations s'imposent alors. D'abord le fait que l'action de Michelet sur Géricault a été bénéfique en cela qu'elle a permis à son oeuvre d'atteindre à la postérité; et ensuite le fait que l'interprétation par Michelet de l'oeuvre de Géricault lui a été néfaste en cela qu'elle a faussé et perverti, depuis un siècle, la vision qu'on aurait pu en avoir, en laissant croire que Géricault était un peintre de la défaite alors qu'il était en réalité un émule de David et le clamait haut et fort dans *Des écoles de peinture et de sculpture et du prix de Rome.* (dans un passage où il y déplorait même la perte de vigueur des successeurs du grand maître)[169]:

"David, le premier de nos artistes, le régénérateur de l'école, n'a dû qu'à son génie les succès qui lui ont attiré l'attention du monde entier. Il n'a rien emprunté aux

écoles, qui, au contraire, auraient pu lui être funestes si de bonne heure son goût ne l'avait rattaché à leur influence et porté à réformer entièrement le système absurde et monstrueux des Vanloo, des Boucher, des Restout et de tant d'autres peintres alors en possession d'un art qu'ils n'ont fait que profaner. L'étude des grands maîtres et la vue de l'Italie lui inspirèrent ce grand caractère qu'il a toujours su donner aux compositions historiques, et il est devenu le modèle et le chef d'une école nouvelle. Ses principes ont rapidement développé de nouveaux talents dont le germe n'attendait que d'être fécondé, et plusieurs noms célèbres sont bientôt venus proclamer la gloire de leur maître et partager avec lui les triomphes et les couronnes./ Après ce premier essor, cet élan vers le style noble et pur, l'enthousiasme n'a pu que s'affaiblir, quoique les excellentes leçons déjà reçues ne pussent être entièrement perdues pour le jugement, et que tous les efforts du gouvernement tendissent à prolonger autant que possible cette favorable impulsion. Mais le feu sacré, qui peut seul produire les grandes choses, va chaque jour s'éteignant, et les expositions, quoique nombreuses, trop nombreuses, deviennent chaque année moins intéressantes. On n'y voit plus de ces nobles talents qui excitaient un enthousiasme général, et qu'un public toujours appréciateur du beau, du grand, s'empressaient de couronner. Les Gros, les Gérard, les Guérin, les Girodet, ne voyaient point encore s'élever de dignes rivaux de leurs talents, et, quoique chargés d'enseigner une jeunesse toute pleine d'une généreuse émulation, il est à craindre qu'ils n'emportent à la fin de leur longue et honorable carrière le regret de ne point se voir dignement remplacés. Nous ne pourrions cependant sans injustice les accuser de ne point prodiguer tous leurs soins à ceux qui viennent suivre leurs leçons. D'où vient donc cette aridité, cette disette, malgré les distributions de médailles, les prix de Rome et les concours de l'Académie? J'ai toujours pensé qu'une bonne éducation devait être une base indispensable pour toutes les professions, et qu'elle seule pouvait assurer une véritable distinction dans quelque carrière qu'on embrassât. Elle sert à mûrir l'esprit et le rend plus capable, en l'éclairant, de bien discerner le but vers lequel il doit tendre. On ne peut faire le choix d'un état avant d'avoir pu en balancer les avantages et les inconvénients, et, à l'exception de quelques tempéraments précoces, on ne voit guère les goûts se prononcer avant seize ans: alors on peut réellement savoir ce que l'on veut faire, et l'on a encore toute l'aptitude nécessaire à l'étude d'une profession que l'on choisit par convenance, ou vers laquelle une passion impérieuse vous entraîne[170]. *Je voudrais donc que l'Académie de dessin ne fût ouverte qu'à ceux qui auraient au moins atteint cet âge. Ce n'est point de créer une race toute de peintres que la nation doit avoir vue dans cette établissement, mais seulement elle veut offrir au vrai génie les moyens de se développer, et, au lieu de cela, c'est une population entière d'artistes que l'on a récemment obtenue. L'appât du prix de Rome et les facilités de l'Académieetnt attiré une foule de concurrents que l'amour seul n'eût point fait peintres, et qui eussent pu s'honorer infiniment dans d'autres professions. Ils perdent ainsi leur jeunesse et leur temps à poursuivre un succès qui doit leur échapper, tandis qu'ils l'eussent employé utilement pour eux et pour leur pays."*[171]

En conclusion, étant donné que l'oeuvre de Géricault aurait sans nul doute survécu à l'épreuve du temps, même sans l'intervention de Michelet, le fait que celui-ci ait empêché pendant aussi longtemps d'entendre la voix de l'artiste qui se proclamait peintre davidien et, par là même, peintre de l'épopée (et non de la défaite), a été pour lui et son oeuvre une sorte de seconde mort, dont notre prétention est de les libérer, car comme l'écrivait déjà Barbey d'Aurevilly[172]:

"Géricault, en peignant "Le Chasseur", n'a pensé nullement à symboliser la guerre stupide (...) En peignant "Le Cuirassier", il n'a nullement pensé exprimer la douleur d'un peuple (...). O magicien, remportez votre baguette (...) Michelet, le professeur, l'allumeur d'hommes, n'était pas un critique (entendons ici un interprète objectif). Il a fait à sa façon un Géricault, avec cet admirable talent qui est une

magie. Ce n'est pas là le Géricault réel. Ce n'est pas là de la critique, c'est une incantation!"[173]

[1]*Géricault*, catalogue de l'expo. qui s'est tenue du 10 Oct. 1991 au 6 Janv. 1992 au Grand Palais à Paris, Paris, Réunion des Musées Nationaux, BFCE, 1991, fig. 279 à 285 pp. 173 à 176 et fig. 60 à 66 pp. 346-347.

[2]*Tout l'oeuvre peint de Géricault*, intro. Jacques Grunchec, doc. Philippe Thuillier, Paris, Flammarion, 1991, fig. A 178 pp. 145-146.

[3]*Géricault*, fig. 286-287 p. 177 et 67-68 pp. 347-348. Le tableau est reproduit dans Grunchec et Thuillier, pl. XXXII et fig. 141 p. 109.

[4]Cf. aussi à l'appui de cette interprétation Barbey d'Aurevilly, *Sensations d'Art*, 7ème t. des *Oeuvres et les Hommes*, Genève, Slatkine Reprint, 1968, pp. 88ss.

[5]*Géricault*, p. 401.

[6]Cf. *ibid.*, fig. 305 à 307 pp. 190-191 et 265 à 267 pp. 397-398.

[7]*Ibid.*, p. 30.

[8]*Ibid.*, p. 269.

[9]Grunchec et Thuillier, p. 90, et que, comme le note Denise Aimé-Azam, *Géricault - L'énigme du peintre de la Méduse*, Paris, Librairie Académique Perrin, 1983, p. 183, à propos du *Mazeppa* de Géricault, "*On se servait toujours, comme modèles, de grognards qui tutoyaient tout le monde, on faisait des armes, de la peinture, de la critique, de la littérature...*", ambiance somme toute bon enfant qui contredit totalement celle que les auteurs du catalogue se plaisent à imaginer pour la réalisation du *Cuirassier*.

[10]Grunchec et Thuillier, p. 90.

[11]Cf. *ibid.*, fig. p. 96.

[12] Cité dans Pierre Courthion, *Géricault raconté par lui-même et par ses amis*, Vésenaz-Genève, Pierre Cailler, 1947, p. 155.

[13] Grunchec et Thuillier, p. 97.

[14] *Géricault*, p. 50.

[15] Ce dont on trouve par ex. un écho très net dans la mode des Triomphes, lorsque celle-ci est interprétée par les auteurs de livres d'emblèmes des XVIème-XVIIIème s.

[16] Cf. par ex. Andrea Alciati, *Emblèmes*, éd. de Guillaume Rouillet, Lyon, 1558 (en fr.) et 1564 (en latin), rééd. Bibliothèque Interuniversitaire de Lille, et Paris, Klincksieck (BIL), 1989, p. 60. Le plus célèbre exemple de ce type est sans doute dans l'iconographie moderne *La conversion de Saint Paul*. Mais la période antique, notamment gréco-romaine, abonde d'images de vaincus piétinés par les vainqueurs, ou, plus souvent encore, par les vainqueurs à cheval, cf. Ernstotto zu Solms-Laubach, *Le cavalier dans l'art*, trad. David Rosset, coll. "*Bibliothèque des Arts*", Munich, Keyersche, 1962. Notons cependant que ce type iconographique, dans lequel le vaincu est terrassé au sens littéral et piétiné par les pieds du vainqueur ou les sabots de sa monture, est clairement distinct de celui du *Cuirassier*, ce qui nous conduit, par conséquent, à ne pas pouvoir considérer ce dernier comme une image traditionnelle ou *évidente* de la défaite. Mais bien sûr, d'autres éléments nous confirment dans cette position.

[17] Cf. par ex. Marie-Josèphe de Balanda et Annie Lorenzo, *Le cheval vu par les peintres*, préférence du colonel de Beauregard, Lausanne, Edito S.A., Vilo et Ferlino-Spiess, 1987; Philippe Barbié de Préaudeau, *Le cheval arabe des origines à nos jours*, Paris, Jaguar, 1987; John Baskett, *Le*

cheval dans l'art, avant-propos Paul Mellon, Paris, Seghers, 1980; Mongi Ennaifer, "*Le thème des chevaux vainqueurs à travers la série des mosaïques africaines*", Mélanges de l'Ecole Française de Rome, n° 93, 1983, t. II, pp. 817 à 858; Jean-Charles Hachet, *Les bronzes animaliers - De l'Antiquité à nos jours*, Paris, Varia, 1986; Edith et René Huygues, *Léonard de Vinci - Le cheval et la puissance*, Lausanne, Fabre S.A. et Caracole, 1988; Charles Lane, *Sporting aquatints and their engravers*, Leigh-on-Sea (Angleterre), F. Lewis, 1979, 2 t.; Marie-Christine Renault Beaupère, *Alfred de Dreux - Le peintre du cheval*, Lausanne, Caracole, 1988; et Solms-Laubach.

[18] Brigitte Prévot et Bernard Ribémont, *Le cheval en France au Moyen Age*, coll. "*Medievalia*", Orléans, Paradigme, 1994, pp. 203ss.

[19] Cf. notamment les vol. 18 à 24 de la série 4 "*Quadrupèdes - Cheval*" et 106 1-2 "*Armures des chevaux*" de la coll. iconographique Maciet de la bibliothèque du Musée des Arts décoratifs de Paris (CIMAD).

[20] On notera que ce type iconographique a fournit celui, largement répandu aux XVIIIèm-XXème s., des planches de présentations de chevaux (allemand, napolitain, persan, de Croatie, etc.) toujours présentés par un palefrenier tenant l'animal en rênes, cf. par ex. *ibid.*, vol. 4-21 à 24, et Ben Broos, Edwin Buijsen et Amy Walsh, *Paulus Potter - Paintings, drawings and etchings*, catalogue de l'expo. *The Pleasures of Paulus Potter's Countryside* qui s'est tenue au Mauritshuis de La Hague du 8 Nov. 1994 au 5 Fév. 1995, La Hague et Zwolle, Mauritshuis et Waanders Publishers, 1995.

[21] Surtout de celles du côté Nord nous semble-t-il, cf. par ex. Solms-Laubach, fig. 7; nous y mettons cependant toutes les

réserves nécessaires. On notera à ce propos que Géricault a réalisé un relief visiblement inspiré des cavaliers du Parthénon, reproduit dans Grunchec et Thuillier, fig. S 8 p. 152.

[22]Même s'il a fait école. On trouve ainsi nombre de représentations de chevaux se cabrant maîtrisés par des palefreniers ou, voire même, les jetant à terre. On citera pour exemples la sculpture intitulée *Le dompteur de chevaux* de l'avenue Louise à Bruxelles par le baron Thomas-Jules Vinçotte (1850-1925), ou les gravures du français Victor-Jean Adam (1801-1866), représentant un cuirassier debout tenant encore la bride de son cheval mort, qui vient de tomber à terre, ou un cheval renversant son cavalier, et dont la similitude avec les peintures de Géricault est frappante. Mais on trouve aussi des sculptures vraisemblablement inspirées de Géricault - ou du moins de ses imitateurs -, notamment au pont Anitchkoff de Saint-Pétersbourg, cf. CIMAD, vol. 4-22 et 24.

[23]Cité par ex. par Grunchec et Thuiller, p. 90.

[24]*Géricault*, fig. 24 p. 16.

[25]Cf. Grunchec et Thuillier, fig. 64 et 64 A pp. 95-96.

[26]*Ibid.*, fig. 68 bis, 68 A et 68 B p. 97.

[27]Afin d'être le plus complet possible, nous ajouterons à cette liste Joseph et Charles Parrocel, en ce qui concerne le domaine français. Cf. par ex. CIMAD, vol. 4-18 à 24 et 106 1-2; Broos, Buijsen et Walsh; Paul Duque Estrada Guerra, *La peinture d'Histoire à Marly sous Louis XIV*, publ. sous l'égide du Musée Promenade de Marly-le-Roi Louvecienne, 1993, 3 vol.; E. Greindl, M.-L. Hairs, M. Kervyn de Meerendre, M. Klinge, B. Schifflers, Y. Thiery, *Le grand livre de la peinture flamande - XVIIème siècle*, Paris, La Renaissance du Livre et

France-Loisirs, 1992; Emile Michel, *Paul Potter*, coll. *"Les Grands artistes - Leur vie - Leurs oeuvres"*, Paris, Librairie Renouard et Henri Laurens Ed., sans date; E. Michel, *Les Van de Velde*, coll. *"Les artistes célèbres"*, Paris, Librairie de l'Art L. Allison & C°, 1892; Patrick Ramade, *Pieter Wouwerman 1623-1682 - La foire aux chevaux de Valkenburg*, coll. *"L'oeuvre du mois"*, n° 4, Rennes, Musée des Beaux Arts, 1980; Laure C. Starcky, *Paris, Mobilier National - Dessins de V. der Meulen et de son atelier, Inventaire des collections publiques françaises*, Paris, Réunion des Musées Nationaux, 1988; *Van der Meulen - Dessins et soies peintes - La Route du Nord*, catalogue de l'expo. qui s'est tenue du 11 Juin au 11 Sept. 1991 à la Galerie Nationale de la Tapisserie de Beauvais, publ. par l'Administration Générale du Mobilier National et de la Manufacture Nationale des Gobelins, des Beaux Arts et de la Savonnerie; *Van der Meulen peintre des Conquêtes de Louis XIV*, catalogue de l'expo. des 18 Juin-15 Oct. 1967, ouvrage collectif sous la dir. de J. Guillouet, conservateur du Musée, Douai, Musée de la Chartreuse, 1967.

[28] CIMAD, vol. 4-22 et 24.

[29] *Ibid.* En outre, Vernet, comme Géricault, représenta le Mazeppa byronien, dans une oeuvre intitulée *Mazeppa aux loups*.

[30] CIMAD, vol. 19-20.

[31] Et souvent montant des côtes, ce qui accentue le caractère magnifique de l'animal et de son cavalier, cf. par ex. les nombreuses représentations de ce type citées par Simone Hoog, *Le Bernin - Louis XIV - Une statue déplacée*, coll. *"1/1"*, Paris, Adam Biro, 1989. Cesare Ripa, *Iconologie ou les principales choses qui peuvent tomber dans la pensée touchant les Vices et les Vertus, sont représentées sous*

diverses figures, gravures Jacques De Bie, explications I. Baudoin, Paris, 1643, rééd. BIL, do89, donnera d'ailleurs une interprétation patriotique de ce rocher.

[32] Grunchec et Thuillier, fig. 249 p. 123 et 126.

[33] Reproduit dans Gina Pischel, *Histoire mondiale de l'Art*, Paris, Solar, 1976, p. 544.

[34] Ripa, Ière partie, fig. X p. 12.

[35] *Ibid.*, p. 12.

[36] *Ibid.*, pp. 18-19.

[37] En effet Reynolds dès 1782 mêle les deux images, celle de la Victoire guerrière et celle de la Paix acquise par les armes dont nous discuterons par la suite, dans son portrait du *Colonel Tarleton* qu'il représente pour une part foulant aux pieds un canon et d'autre part en compagnie d'un second qui derrière lui retient un cheval par la bride. On s'en doute bien sûr, pas plus que dans le cas du *Napoléon franchissant les Alpes* de David ou dans celui du *Cuirassier blessé* de Géricault, le regard pensif de l'officier anglais n'exprime la mélancolie de la défaite, étant tout au contraire la parfaite émanation de la force paisible d'un Mars patriotique.

[38] Ou Metius, comme l'écrit Ripa.

[39] Ripa, IIème partie, p. 96 (sans n° de fig.).

[40] *Ibid.*, p. 100.

[41] Géricault, *Des écoles...*, pp. 8 à 11 de l'éd. de l'Echoppe. Même s'il semble s'être ennuyé lors de son voyage à Rome, cf. Barbey d'Aurevilly, p. 92.

[42] Régis Michel, *Le petit Journal des grandes Expositions - Géricault*, n° 226, Paris, Réunion des Musées Nationaux, 1991, p. 1.

[43] On se rend donc parfaitement compte que la combinaison de tous ces éléments ne peut faire douter de leur source

commune. Ainsi, si la fumée qui s'échappe du champ de bataille n'est peut-être pas à elle seule révélatrice, puisqu'elle peut être une simple évocation métaphorique de la guerre (selon le principe, déjà cité, de "*synecdoque*" relevé par les auteurs du catalogue sur *Géricault*, p. 30) qui, bien que ne se retrouvant pas *obligatoirement* dans tous les portraits de militaires au combat (même contemporains de Géricault) ou de scènes de batailles (notamment du XVIIème siècle hollandais, mais là, bien sûr, il ne s'agit déjà plus de portraiture), est néanmoins fréquente, le fait que le *Chasseur* comme le *Cuirassier* tournent la tête en arrière, et que par conséquent ce geste *ne peut pas leur servir à faire face aux spectateurs* (selon le principe habituel de l'*antiposto*), est donc par contre indéniablement révélateur de la reprise de l'emblématique de Ripa (puisqu'on ne peut l'expliquer par aucune autre nécessité ou convention de représentation iconographique).

[44]En cela aussi, donc, le *Cuirassier* fait pendant au *Chasseur*. En effet, non seulement l'un est construit selon une perspective ascendante, l'autre descendante (selon l'opposition iconographique classique entre les Dioscures), mais par exemple encore, si dans les deux sont représentés les feux de la bataille et la fumée du retour, l'importance accordée à chacun n'est pas la même. Le second plan du *Chasseur* semble rempli par les rougeoiement d'un véritable brasier, alors que celui du *Cuirassier* est enveloppé par d'étouffantes "*exhalaison*(s)" (selon le terme de Ripa, Ière partie, p. 12) de fumée.

[45]Ripa, IIème partie, p. 100. On notera que cette opposition entre le feu et la fumée est déjà évoquée dans l'emblème de la première partie, et qu'on y trouve une allusion très nette dans le *Chasseur*, ainsi que nous l'avons dit.

⁴⁶*Ibid.*

⁴⁷On notera à cet égard que Géricault, qui par ailleurs a reproduit *Horatius Coclès défendant le pont Sublicius*, cf. *Géricault*, fig. 142 p. 84 et 78 p. 350, d'après Le Brun, cf. Aghion, Barbillon et Lissarrague, art. "*Horatius Coclès*", fig. de la p. 160, semble bien s'être inspiré du célèbre relief romain de la Villa Borghèse représentant Marcus Curtius (souvent reproduit, cf. Aghion, Barbillon et Lissarrague, *ibid.*, art. "*Marcus Curtius*", fig. de la p. 181, et Hoog, fig. de la p. 13) pour la tête du cheval du *Cuirassier*, aux yeux exorbités et à la bouche ouverte laissant voir sa langue tirée. On notera cependant que certaines têtes de *Chevaux effrayés par l'orage* de Vernet ont pu également servir de modèles au cheval du *Cuirassier* de Géricault, cf. CIMAD, vol. 4-23.

⁴⁸Cf. par ex. Irène Aghion, Claire Barbillon et François Lissarague, *Héros et Dieux de l'Antiquité - Guide iconographique*, coll. "Tout l'Art - Encyclopédie", Paris, Flammarion, 1994, art. "*Caton d'Utique*", "*César*", "*Horatius Coclès*", "*Manlius Torquatus*", "*Marcus Curtius*", "*Mucius Scaevola*", "*Pompée*" et "*Scipion l'Africain*", pp. 77-78, 83-84, 160 180 à 182, 194-195, 244 et 267-268. On notera ainsi avec intérêt qu'Aghion, Barbillon et Lissarague, *ibid.*, p. 182, rappellent que les "*Attributs*" de Marcus Curtius sont le "*Cheval cabré*" et le "*Feu*", éléments présents aussi bien chez Ripa que chez Géricault dans le *Chasseur* et le *Cuirassier* pour sous-tendre l'allégorie patriotique et militaire.

⁴⁹Vincenzo Cartari, *Imagini delli Dei de gl'Antichi*, Gênes, Nuova Stile Regina Editrice, 1987, pp. 170-171. En effet, Cartari rappelle que "*Les Princes et Capitaines*" "*à cheval & à pied, estendant la main*" droite, paume ouverte, symbolisent

traditionnellement la Paix, et fait de Mercure domptant un cheval l'illustration de ce motif. On notera que l'édition française de Cartari, *Les Images des Dieux*, Lyon, Paul Frellon, 1629, p. 413, bien que reproduisant fidèlement la définition de la Paix de l'original italien, ne reproduit pas l'emblème correspondant, qui montre Mercure en train de brider un cheval. Cette absence peut s'expliquer dans la mesure où la longue digression de Cartari sur l'iconographie de la Paix prend place dans son article sur Mercure, dieu civilisateur et pacificateur de la prospérité civile et agricole à la Renaissance. Or l'édition italienne intègre l'emblème montrant Mercure domptant un cheval, censé illustrer l'iconographie de la Paix, non pas dans les planches la concernant, mais en médaillon d'une de celles sur Mercure. L'éditeur français a donc vraisemblablement décidé d'éradiquer le médaillon (les autres représentations de la planche ayant été conservées), d'autant que la manière dont Cartari décrit l'iconographie traditionnelle de la Paix, représentée soit par un personnage domptant un cheval soit par un personnage à pied main droite tendue et paume ouverte, n'est pas des plus claires par rapport à l'emblème, puisqu'en définitif, c'est avec cette explication de la Paix qu'il faut mettre en relation le médaillon, au premier abord paradoxalement placé dans une planche sur Mercure, alors que l'autre, symbole traditionnel de la Paix, le serrement de mains (équivalent plus évocateur de la Concorde que la main tendue), est, pour toutes les éditions, représenté (aussi en médaillon) dans l'emblème de la Paix proprement dit. On notera à ce propos que, en ce qui concerne le rapport entre la description du personnage à cheval main tendue paume ouverte et le médaillon représentant Mercure domptant un cheval (Pégase?),

Cartari confond deux représentations distinctes de la Paix, d'une part celle décrite par le texte, classique des monnaies carolingiennes, et d'autre part celle de Mercure (ou de tout autre personnage) domptant un cheval (symbole de force, de vélocité et, par conséquent, de *Virtus*). Quoiqu'il en soit du problème typologique dans l'ouvrage de Cartari, il ne fait aucun doute que Mercure s'associe à la Paix en la forme précise que nous décrivons. En témoignent parfaitement l'*Inventio* de Chriarian Schiebling (fig. 6 *infra*) où apparaît clairement le dieu, comme les premiers vers sur les "*sanos consejos.../ y los que componen en guerra las paces*" de la "*Segunda Orden: De Mercurio*" de *El Labyrintho* (1444) de Juan de Mena, *Obras completas*, Madrid, Fundación Antonio de Castro et Turner Libros S.A., 1994, p. 58.

[50]Néanmoins cette iconographie de la Paix domptant un cheval, dont on verra qu'elle est très développée à la période moderne et contemporaine, ne semble pas être connue de l'Antiquité. Peut-être son origine est-elle à chercher dans un épisode de la vie de saint Benoît, symbolisant traditionnellement la "*paix de Dieu*". Un Goth avait fait prisonnier un paysan, dont il avait attaché les mains dans le dos et qu'il avait obligé à avancer ainsi devant son cheval afin de l'humilier. Face à saint Benoît, les mains du paysan furent miraculeusement libérées, ce qui provoqua la perte du Goth. L'iconographie, notamment un chapiteau du transept central de l'abbatiale de Saint-Benoît-sur-Loire (XIème s.), a réinterprété cet acte de la vie du saint en montrant le paysan levant les mains bien haut, dans la position de l'Orant (mais aussi de la Paix, paumes ouvertes), le Goth à terre (image du Vice vaincu) et le cheval au repos prêt à rentrer, dos tourné au groupe central formé par les trois personnages, cf. Y. Labande-Mailfert,

"*Pauvreté et Paix dans l'iconographie romane (XIème-XIIème siècle)*", Etudes sur l'histoire de la pauvreté (Moyen Age-XVIème siècle), ouvrage collectif sous la dir. de Michel Mollat, Paris, Publications de la Sorbonne et Centre de Recherches d'Histoire Médiévale, 1974, pp. 319 à 343, notamment pp. 334-335ss. et fig. 14 (sur la transformation de cette notion religieuse de "*paix de Dieu*" en celle, patriotique, de "*paix du roi*" - ce qui permet de comprendre son utilisation politique par Géricault ainsi que, plus généralement, dans les illustrations de la fin du XVIIIème siècle au début du XXème siècle -, cf. Aryeh Grabois, "*De la trêve de Dieu à la paix du roi - Etude sur les transformations du mouvement de la paix au XIIème siècle*", Mélanges offerts à René Crozet, éd. par Pierre Gallais et Yves-Jean Riou, Poitiers, Société d'Etudes Médiévales, 1966, pp. 585 à 596). Implicitement, cette iconographie semble mélanger celles de la Paix (cheval au repos, cavalier à son côté), celle de la défaite (cavalier à terre, foulé par les sabots du cheval du vainqueur), et celle de la conversion de saint Paul qui aura tant de succès à l'ère baroque (Vice vaincu et se soumettant symboliquement à la Loi du Christ, on a vu que cette représentation trouvait justement son origine dans celle du cavalier défait).

[51] Attendu que dans beaucoup de religions antiques, comme on le sait, Mercure était, à l'instar notamment de Mithra pour le mithriacisme, la manifestation sensible du dieu solaire suprême (que l'on peut plus ou moins identifié à Jupiter). On retrouve d'ailleurs le type en Egypte dans l'iconographie d'Horus à cheval tuant Seth.

[52] Ripa, Ière partie, fig. CXV, pp. 138 à 140. Et plus généralement sur Mercure comme dieu de la Paix (quelque soit sa représentation), cf. Cartari-Frellon, pp. 404ss., ainsi

que *Mercure à la Renaissance*, ouvrage collectif sous la dir. de Marie-Madeleine de La Garanderie, Paris, Honoré Champion, 1988.

[53] Ripa, Ière partie, p. 140; et Alciati, par ex. pp. 222 à 225.

[54] D'autant qu'identifier le *Cuirassier* à une image de la défaite, cela revient en fait à l'identifier à celle de la *fuite*. De plus, Alciati, Ière partie, p. 60, fait du cavalier mis à terre par son cheval l'image même du mauvais prince (au contraire de celui qui tient en laisse des lions, symbole de *Virtus* et de *Fides* selon Jean Baudoin, *Recueil d'emblèmes divers avec des discours moraux, philosophiques, et politiques, tirez de divers Autheurs, Anciens & Modernes*, Paris, Jacques Villery, 1659, rééd. BIL, 1989, IIème partie, pp. 250 à 267). Quant à Georgette de Montenay, *Livre d'armoiries en signe de fraternité*, 1619, rééd. BIL, 1989, pp. 362 à 365, elle considère que ne pas tenir contre l'ennemi revient à abdiquer devant Satan. Une telle controverse dans un tableau de Géricault nous paraît donc d'autant moins probable, sachant que son oeuvre est caractéristique d'un peintre davidien, ainsi qu'il se définit lui-même. Comment dans ces conditions peut-on imaginer qu'un artiste patriote comme l'était Géricault fasse des soldats français en train de subir la défaite (et pour lesquels, selon les auteurs du catalogue sur *Géricault*, le peintre n'aurait eu que compassion - ce dont, toujours selon eux, témoignerait le *Cuirassier* -) une peinture qui reviendrait ni plus ni moins à les identifier à des *lâches* subvertis *par le démon*, c'est-à-dire en termes plus modernes *à la solde de l'ennemi*.

[55] Giovanni Pierio Valeriano Bolzani, *Hieroglyphica seu de sacris aegyptiorum aliarumque gentium literis commentarii hieroglyphicorum libri duo Ceolii Augustini Curionis*, trad. fr. J. de Montlyard, Lyon, F. Frellon, 1615, p. 45.

[56] *Ibid.*, pp. 46-47.

[57] *Ibid.*, p. 48.

[58] *Ibid.*, p. 49.

[59] *Ibid.*, pp. 52-53.

[60] *Ibid.*, pp. 49-50.

[61] *Ibid.*, p. 50.

[62] *Ibid.*, pp. 55-56.

[63] *Ibid.*, p. 402.

[64] *Ibid.*, pp. 398 et 553.

[65] *Ibid.*, p. 113. Cf. aussi à ce propos le symbolisme de *Mars et Vénus*, ainsi que celui du caducée de Mercure, selon Cartari, cf. Cartari-Frellon, p. 405, qui propose en effet de voir dans l'enroulement des deux serpents, dont selon lui l'un serait mâle et l'autre femelle, une allégorie de la Paix.

[66] Edgar Wind, *Mystères païens de la Renaissance*, Paris, Gallimard, 1992, pp. 137ss.

[67] *Ibid.*, notamment pp. 210, 214-215 et 217.

[68] *Ibid.*, p. 103. On retrouve cette symbolique du rapport entre Vénus, Mars et Cupidon dans le *Combat à la barrière fait en covr de Lorraine le 14 Febvrier, en l'année presente 1627*, illustré par Callot, dédié à Mme de Chevreuse, Nancy, Sébastien Philippe Imprimeur, 1627. C'est sans doute ce rapprochement du motif avec l'allégorie de la tempérance guidée par la sagesse des livres d'emblèmes qui permet de l'expliquer, et répond à la question que Wind se pose, note 27 p. 103: "*L'allégorie (de Mars et Vénus de Paul Véronèse) est fort compliquée. Tandis que Mars se courbe en signe d'adoration et de soumission, sa "fortezza" apparaît telle une "virtù" modératrice car c'est lui qui tient le vêtement de chasteté qui couvre Vénus; quant à elle, en touchant son sein

d'où coule le lait, elle incarne la "castità" transformée en "carità" (motif qui rappelle la "Caritas Romana"). Le Cupidon qui, sur la droite, brandit l'épée de Mars pour retenir un cheval, déjà tenu par sa bride, est une plaisante imitation des contraintes qu'une noble "fortezza" impose à l'amour. Dans une curieuse toile de Véronèse (Turin, jadis collection Gualino, aujourd'hui Galleria Sabauda), les amants, surpris, se tournent vers l'apparition d'une tête de cheval qu'un amour tient en bride. Sur le bridage des chevaux en signe de châtiment de la passion animale, voir" ibid., p. 161 et note 24 p. 163, Erwin Panofsky, *Le Titien - Questions d'iconologie*, Paris, Hazan, 1989, note 22 p. 292, et Valeriano, pp. 46ss. Sur Vénus dominant Mars, cf. aussi Platon, *Diálogos socráticos*, coll. "Los Clásicos", Mexico, New York et Panama, W.M. Jackson Inc., 1963, 1976, p. 291.

[69] Panofsky, *La vie & l'art d'Albrecht Dürer*, Paris, Hazan, 1987, pp. 129ss., 140 à 144, 165-166 et 237 à 241; *Le Titien*, pp. 178-179; et Dora et E. Panofsky, *Etude iconographique de la Galerie François Ier à Fontainebleau*, Brionne, Gérard Monfort, 1992, par ex. p. 65.

[70] Panofsky, *Le Titien*, note 22 p. 292.

[71] D. et E. Panofsky, *Etude iconographique de la Galerie François Ier à Fontainebleau*, note 112 pp. 92-93.

[72] Ripa, Ière partie, p. 139.

[73] Charles-Nicolas Cochin et Hubert-François Bourguignon dit Gravelot, *Iconologie ou Traité des Allégories - Emblèmes*, Bordeaux et Paris, Lattré (graveur), sans date, 4 vol.

[74] *Ibid.*, t. I, p. 35.

[75] *Ibid.*, p. 75.

[76] *Ibid.*, t. III, p. 33.

[77] *Ibid.*, t. IV, p. 119.

[78] *Ibid.*, t. II, p. 55.

[79] *Ibid.*, p. 95.

[80] Cartari-Frellon, p. 405. Il semble que ce soit pour cette raison que les parlementaires romains aient porté le caducée. On notera en outre plus généralement que les principales citations utilisées par Ripa dans l'explication de ses emblèmes sur l'Amour de la Patrie des Ière et IIème parties de l'*Iconologie* sont empruntées à Cartari, cf. par ex. Cartari-Frellon, pp. 408-409.

[81] Ripa, Ière partie, p. 140.

[82] Cochin et Gravelot, t. IV, p. 43.

[93] *Ibid.*, p. 95.

[84] *Ibid.*, p. 43.

[85] *Ibid.*, p. 44.

[86] Ripa, Ière partie, p. 16.

[87] *Ibid.*, IIème partie, p. 99.

[88] *Ibid.*, Ière partie, pp. 17 à 19.

[89] *Ibid.*, IIème partie, p. 100.

[90] C'est ainsi par exemple qu'à la Renaissance, Giraldi voit dans la généalogie à la fois chthonienne et céleste de Mercure (fils de Jupiter et de Maïa) l'image même de l'intelligence et de sa manifestation, la prudence. Giraldi fait du coq (animal traditionnel de Mercure) le symbole de la vigilance, Valeriano du caducée celui de la sagesse, et Cartari, pour qui le baiser de Mercure à Minerve est l'alliance de l'éloquence et de la prudence, fait du caducée le symbole de la dialectique, et des serpents qui le composent celui de l'Amour et de la Nécessité, *Mercure à la Renaissance*, p. 10. Autrement dit, le baiser du dieu de la prospérité civile et agricole à la déesse de la guerre (qui,

dans sa dispute avec Neptune devient celle de la paix) représente pour Cartari, et selon un symbolisme traditionnel aux mythes antiques, ainsi que le montre Georges Dumézil, on l'a dit, l'action militaire qui favorise l'arrivée de la paix et de ses bienfaits. De fait on trouve chez Alciati, qui suit Gallien (sauf pour la morale), l'association de Fortune et de Mercure. Alciati associe ainsi Mercure au cube et Fortune à la sphère, et le caducée à la corne d'Amalthée. Reusner associera de même Mercure à Bacchus, opposant semble-t-il la sagesse au plaisir. Jean Mercier associe Mercure à Vénus, et fait même de Mercure un agriculteur. Gabriel Rollenhagen l'associe à Minerve, à la Fortune et au labeur, *ibid.*, pp. 65-66, et Rollenhagen, *Emblemata selectissorum*, 1611, rééd. BIL, 1989, I, 76 et II, 8. Pour lui, comme pour Alciati par exemple, la Fortune et Mercure sont liés à la Virtus, à l'"*Industria*" (elle-même opposée à la Nature, l'une étant considérée comme complémentaire de l'autre, cf. l'emblème "*Industria naturam corrigit*" de Sambucus, cité dans *Mercure à la Renaissance*, p. 65) et à l'Abondance, symboles de l'union nationale, *ibid.*, p. 64; et sur cette importance de telle figures dans la dialectique de la conscience patriotique et de la construction de la Cité, en tant qu'elles sont civilisatrices, cf. aussi par ex. Pierre Boyancé, *Etudes sur la religion romaine*, Paris, E. De Boccard, 1973, pp. 98 à 147ss., Pierre Pouthier, *Ops et la conception divine de l'abondance dans la religion romaine jusqu'à la mort d'Auguste*, Paris, E. De Boccard, 1981. Ces attributions que de telles figures divines de l'Abondance avaient dans l'Antiquité perdure au Moyen Age et à la Renaissance. Dans son célèbre recueil, Baudoin, t. II, p. 456, associe la corne d'Amalthée au caducée mercurien, leur réunion symbolisant "*une Ville bien policée, & qui est fleurissante en bonnes Loix, par le moyen desquelles ceux qui l'habitent sont civilisez, les Sciences cultivees, les Vertus cheries, & les sources de l'Indigence, qui sont la Mollesse, & la Faineantise, tout à fait taries"*. Du Choul, à l'instar de Jean Baudoin et de nombres d'autres auteurs de livres d'emblèmes, donne ainsi à la déesse Félicité le caducée et la corne d'abondance *"pour montrer que la félicité publique procède de la paix"*, *Mercure à la Renaissance*, p. 64. Pour Boccace, l'éloquence excite les passions collectives tout en favorisant la cohésion civile, *ibid.*, p. 9. Pour Cartari, l'éloquence est le ciment de la Cité.

[91] Cochin et Gravelot, t. IV, pp. 101-102.

[92] *Ibid.*, p. 1.

[93] Cf. notamment Gothold Ephraïm Lessing, "*Comment les Anciens représentaient la Mort*", dans *Laocoon*, pp. 201 à 227; Panofsky, *Essais d'iconologie*, chap. IV "*L'Amour aveugle*", pp. 151 à 202; et Wind, chap. X "*L'Amour en dieu de la mort*", pp. 167 à 184.

[94] Cochin et Gravelot, t. II, p. 95.

[95] *Ibid.*, t. IV, pp. 42 et 49 à 51.

[96] *Ibid.*, p. 51.

[97] *Ibid.*, p. 105.

[98] Gio Pietro Bellori, *Le pitture antiche del sepolcro de nasoni nella via Flamina*, Rome, Gio Battista Bussotti, 1680, fig. IX-X pp. 40 à 43 et XIX-XX pp. 49-50.

[99] Guy de Tervarent, *Attributs et Symboles dans l'Art profane 1450-1600 - Dictionnaire d'un langage perdu*, Genève, Librairie Droz, 1958, 3 vol., t. I, art. "*Cheval*" et "*Cheval ailé*", pp. 91-92.

[100] Cf. notamment Boyancé; Jacqueline Champeaux, *Fortuna - Le culte de la Fortune dans le monde romain*, Paris, E. De

Boccard, 2 vol., 1982 et 1987; Pouthier. Cartari-Frellon, pp. 410-411, met parfaitement en évidence cette relation entre la Paix et la Foi (*Fides*).

[101] De Tervarent, t. II, art. "*Mors avec rênes*", p. 59. Cf. aussi p. 278.

[102] Ripa, Ière partie, p. 140, écrit ainsi que "*La troisiesme* (représentation classique de la Paix) *est celle de Vespasien, où elle se fait remarquer par vn Caducée, & par vne Corne d'Abondance./ La quetriesme est celle de Titus, qui la represente en Femme guerriere, tenant d'vne main vne Palme, pour recompenser les vertueux; Et de l'autns vne Hache d'armes, pour en punir les coupables; Aussi est-il vray que l'Esperance & la Crainte font les deux choses du monde qui peuuent le mieux establir la Paix, & la conseruer parmy les hommes*". Cf. aussi par ex. Cartari-Frellon, pp. 408-409, sur le rapport entre Cérès, Plutus (dieu de la richesse), Concorde et Paix.

[103] Cf. notamment Boyancé.

[104] Ripa, Ière partie, pp. 139-140.

[105] Cochin et Gravelot, t. II, p. 29.

[106] Ripa, Ière partie, fig. CXV p. 138 et pp. 138 à 140, et IIème partie fig. p. 6 et pp. 8-9.

[107] Cf. Françoise de la Moureyre et François Souchal, *Les Frères Coustou, Nicolas (1658-1733), Guillaume (1677-1746) et l'évolution de la sculpture française du Dôme des Invalides aux Chevaux de Marly*, Paris, E. De Boccard, 1980, p. 81 et pl. 33-a.

[108] Sur la permanence de cette notion implicite de la supériorité de l'Europe (qui, on le voit, au niveau réduit, sous-tend celle, directement patriotique, de la France sur les autres pays) dans l'oeuvre de Géricault.

[109] *Géricault*, fig. 91 p. 53 et 95 p. 57.

[110] *Ibid.*, fig. 88 à 95 pp. 52 à 57, et Grunchec et Thuillier, pl. XII à XV et fig. 70 à 74 pp. 97-98.

[111] CIMAD, vol. 1-43.

[112] Par ex. reproduit en couverture d'Aghion, Barbillon et Lissarrague.

[113] Cf. *Tout l'oeuvre peint de Mantegna*, intro. Yves Bonnefoy, doc. Niny Garavaglia, Milan, Rizzoli, 1967, trad. Simone Darses, coll. "Les Classiques de l'Art", Paris, Flammarion, 1978, par ex. p. 117, et *Andrea Mantegna peintre, dessinateur et graveur à la Renaissance italienne*, catalogue de l'expo. qui s'est tenue du 17 Juin au 5 Av. 1992 à la Royal Academy of Arts de Londres et du 9 Mai au 12 Juil. 1992 du Metropolitan Museum of Art de New York, ouvrage collectif sous la dir. de Jane Martineau, Londres, Royal Academy of Arts, New York, Metropolitan Museum of Art, et Paris, Gallimard/Electa, 1992, p. 432.

[114] CIMAD, vol. 1-43.

[115] *Ibid.*

[116] Cf. par ex. Gwendolyn Trottein, *Les enfants de Vénus - Art et astrologie à la Renaissance*, Paris, Ed. de La Lagune, 1993.

[117] CIMAD, vol. 1-43.

[118] *Ibid.*

[119] *Ibid.*

[120] Panofsky, *Le Titien*, note 22 p. 292, et Wind, p. 103 et note 27, et fig. 76.

[121] D. et E. Panofsky, *Etude iconographique de la Galerie François Ier à Fontainebleau*, pp. 62 à 67.

[122] Cité *in ibid.*, p. 63.

[123] *Ibid.*

[124]Ripa, Ière partie, p. 140.

[125]*Ibid.* On pensera aussi, dans le même esprit, à Hercule dompté par Omphale, et, dans le milieu biblique, à Samson et Dalila, ou Saint Jean-Baptiste et Salomé.

[126]Moureyre et Souchal, *Les Frères Coustou*, p. 81.

[127]Probablement méditant sur les "*objets si tragiques, qu'ils font horreur la pluspart du temps à quiconque sçait bien considerer.../... "S'il est vray que de la Guerre/ Rien de bon nous n'attendrons.*"", Ripa, Ière partie, p. 140, selon l'opposition classique entre "*La Paix*" et la Guerre ou "*La Discorde*", cf. P. Commelin, *Mythologie grecque et romaine*, Paris, Club France-Loisirs, 1986, art. "*La Discorde*", pp. 431-432, opposition dont on a vu qu'on la retrouvait aussi bien chez Cochin et Gravelot que chez Géricault qui, d'évidence, s'en inspire. Or c'est justement en référence à ce caractère néfaste de Mars et de la Guerre que s'explique le lien entre Vénus et Mars comme épigone de la représentation de la Paix, comme nous le montrons *infra*. Ficin est sans doute le plus éclairant à ce propos, lorsqu'il écrit que "*les sages de l'Antiquité racontent, avec toute raison, sur Saturne et Jupiter, et sur Mars et Vénus. Bien entendu, Mars a été attaché par Vénus, et Saturne par Jupiter. Eh bien cela signifie, sans plus, que la bienveillance de Jupiter et de Vénus contient la malveillance de Saturne et de Mars*", cité dans Raymond Klibansky, E. Panofsky et Fritz Saxl, *Saturne et la Mélancolie - Etudes historiques et philosophiques: nature, religion, médecine et art*, Paris, Gallimard, 1989 et 1990, note 100 pp. 427-428. Ceci n'empêche cependant pas que, comme Ripa le précise à plusieurs reprises, la Guerre soit nécessaire à la conquête de la Paix, ce qui est conforme au postulat de toutes les mythologies classiques, dont on retrouve un avatar dans la théorie kantienne de l'évolution

de l'humanité. Ainsi Commelin, p. 432, rappelle que les Anciens représentaient la Discorde sous les traits d'une figure "*tenant à la main des rouleaux où on lit ces mots:s Guerre, confusion, querelle". Mais sous cette image on pourrait plutôt reconnaître la "Chicane", dont le temple est le Palais de Justice, et dont les ministres fidèles sont les procureurs, les notaires et les avocats*". C'est-à-dire en d'autres termes qu'elle évoque la figure indo-européenne qui selon toute vraisemblance lui a servi de modèle, celle du Roi de Justice, main vengeresse de Dieu en même temps que protecteur du *status quo* entre les hommes, les souverains et, par extension, les royaumes, par conséquent expression même de la Guerre dont l'action, ainsi qu'on vient de le dire, permet la pacification, mais aussi l'acquisition de la prospérité agricole consécutive à une Paix gagnée par le travail des armes, cf. notamment I. Armelin, "*Le Roi détenteur de la Roue Cosmique en Révolution (Cakravartin) selon le Brahmanisme et selon le Bouddhisme*", *Cahiers et Notices Philologiques Grammaticales et Bibliographiques*, Paris, Librairie Paul Geuthner, 1975. Dans un domaine parallèle, les meurtres perpétrés par Bacchus sont contemporains et indissociables de son action civilisatrice. Ce sont donc eux seuls les éléments déterminants qui font de lui le principal dieu civilisateur de l'humanité.

[128]CIMAD, vol. 1-43.

[129]*Ibid.*

[130]*Ibid.*, vol. 1-32.

[131]Jean-Marie André, "*Autour de Vacuna - Ethiologie religieuse et philosophique*", *Hommages à Robert Schilling*, éd. par Hubert Zehnacker et Gustave Hentz, "*Collection d'études latines*", Paris, Société d'Editions Les Belles Lettres,

1983, pp. 36-37.

[132]*Ibid.*, pp. 38 à 43.

[133]V. aussi par ex. *Encyclopaedia Universalis*, éd. de 1968, t. 2, art. "*Art*" 2ème partie "*La contemplation esthétique*", pp. 487 à 489, t. 6, art. "*Epicure*", pp. 349 à 352, t. 11, art. "*Nietzsche (Friedrich)*", pp. 803 à 808, et t. 15, art. "*Stoïcisme*", pp. 394 à 398. Notre supposition n'est d'ailleurs pas totalement gratuite, dans la mesure où Barbey d'Aurevilly, pp. 87-88, définit l'art de Géricault comme davidien et byronien, issu de la tradition grecque, et plus précisément encore de la pureté de la conception épicurienne: "*L'idéal! il* (Géricault) *le garde pour l'homme et le cheval, et il peint alors des types d'une correction, d'une vigueur et d'une beauté qui rappellent Phidias, sans le copier et sans l'imiter... Quoi de plus beau, en effet, et dans le sens le plus idéal, que le "Chasseur de la garde" et le "Cuirassier blessé"? Otez-leur le costume militaire, dont la beauté est toute moderne; ôtez le caleçon aux "Boxeurs" et aux conducteurs de chevaux de la campagne de Rome, dans les "Courses de chevaux en liberté", et vous avez la beauté humaine telle que l'art grec l'a comprise et réalisée, la beauté humaine qui faisait dire aux Epicuriens que c'était la forme des Dieux. Il n'y a que David qui ait eu cet idéal de la beauté virile ou juvénile, cette splendeur de formes et de musculature. Par ce côté, Géricault, comme David qui ne l'avait pas lu, touchait à Byron, le peintre, dans ses poèmes, de jeunes hommes comme Selim, Hugo et l'adorable Juan, cet Espagnol qui est un Grec de la mer Egée! Le rapport, la ressemblance, l'identité dans la conception esthétique, sautent aux yeux et forcent à conclure que le génie de Géricault, comme celui de Byron, est un génie grec, malgré tous les milieux dans lesquels il s'est placé et tous les*

costumes qu'il a revêtus".

[134]CIMAD, vol. 1-58.

[135]Les traditionnelles "*Couronne*(s) *d'Herbe* (ou "*de Gramen*"); &... *de Chesne*", citées par Ripa, Ière partie, p. 16, et IIème partie, p. 99. Cartari-Frellon, pp. 406-407, est encore plus précis en faisant de ces "*herbes*", dont il dit qu'il s'agit en réalité de "*verveine*", des symboles de la Paix au même titre que le caducée, auquel il les confond. Il fait de même pour l'olivier, *ibid.*, pp. 404ss., et pour le laurier, *ibid.*, p. 409.

[136]Classique dans le milieu indo-européen, cf. notamment Dumézil, *Le roman des jumeaux - Esquisses de mythologie*, Paris, Gallimard, 1994, par ex. pp. 90, 95 et 155; et *Servius et la Fortune - Essais sur la fonction sociale de louange et de blâme et sur les éléments indo-européens du "cens" romain*, Paris, Gallimard, 19".

[137]On rencontre ainsi d 1à la présence d'un bovin par ex. dans *Les Porteurs de Trophées* de Mantegna, cf. *Andrea Mantegna peintre, dessinateur et graveur à la Renaissance*, fig. 112 pp. 376-377 et 116 pp. 384-385, sans doute parce qu'il est une offrande de paix servant à souhaiter la prospérité civile et la fertilité agricole. Le boeuf, identifié à la Paix et associé à une figure féminine de grande beauté, se rencontre encore dans "*Paz y Paciencia*" (1893) de Rubén Darío, *Cuentos completos*, Managua, Nueva Nicaragua, 1990, pp. 343 à 345. Les autres oeuvres de la même série (vers 1486-1500 et antérieures à cette dernière date), cf. *Andrea Mantegna peintre, dessinateur et graveur à la Renaissance*, chap. VII "*Le Triomphe de César*", fig. 98 à 127 pp. 360 à 403, montrent des chevaux parmi d'autres trophées, mais comme dans *Les Porteurs de Trophées* il est difficile de savoir si le cheval est un simple don, il est ardu ici de définir

s'ils apparaissent comme présents de paix ou motifs traditionnels des *Triomphes* (puisqu'ils tirent les chars); probablement les deux.

[138]CIMAD, vol. 1-58.

[139]*Ibid.* On notera qu'au XXème siècle, Ian Kellas, *La Paix pour débutants*, Montréal, Boréal Express, copyright I. Kellas, 1983, Paris, La Découverte, 1984, fait une parodie politique de cette image de la Paix, en la montrant en train de courir après son cheval, nommé "*LABOUR*", qui s'enfuit. Il atteste, par conséquent, le caractère habituel de cette iconographie de la Paix guidant un cheval (de labour, comme ici ou dans le programme du *Concert des Ambassadeurs*, ou de guerre, comme dans les images antérieures d'Andrea Mantegna, Véronèse, ou Rubens,...). D'ailleurs, le fait que dans certaines ébauches pour le *Cuirassier blessé*, celui-ci tienne un nouveau-né dans les bras, nous renvoyant ainsi à l'iconographie de la *Charité romaine* du premier plan du *Radeau de la Méduse*, ne sert-il pas justement à exprimer, par la référence à la brave Pero allaitant son père, et à l'instar de la vache laitière des images traditionnelles de la Paix citées, le caractère à la fois hautement patriotique et fructifère de l'oeuvre de guerre que menèrent les troupes napoléoniens en bons enfants de la Patrie qu'ils étaient, afin de nous amener la liberté nationale?

[140]Sur le couple de Mars et Vénus symbole de la Paix, opposé aux dyades Mars-Minerve et Janus-Bellona, elles mêmes symboles de la Guerre dans l'iconographie moderne, cf. Lise Lotte Möller, "*Krieg und Frieden - Über zwei Barockbildwerke in Hamburg*", *Intuition und Kunstwissenschaft - Festschrift Hanns Swarzenski*, Berlin, Gebr. Mann Verlag, 1973, pp. 467 à 483.

[141] Ripa, Ière partie, p. 16, et IIème partie, p. 99.

[142] Dumézil, *Le roman des jumeaux*, par ex. pp. 26, 34 et 50.

[143] Reproduit dans Möller, fig. 9 p. 479.

[144] Cité *in ibid.*, p. 481, à propos de la fig. 9 p. 479.

[145] CIMAD, vol. 1-58. Les deux oeuvres sont reproduites sur la même page.

[146] *Ibid.*, vol. 4-24.

[147] L'iconographie cultuelle d'origine hispanique de Santiago à cheval et piétinant le démon, encore très vénérée de nos jours en Amérique Latine, le confirme également.

[148] Ainsi, on notera, comme nous l'avons déjà évoqué, le peu de récurrence des représentations "*agonistiques*" - pour reprendre le terme des auteurs du catalogue sur *Géricault*, p. 172 - dans l'ensemble des oeuvres qu'il consacra pourtant aux "*malheurs de la guerre*", cf. *ibid.*, texte et fig. pp. 172 à 191. La plupart de ses croquis, dessins et toiles réservées au sujet montrent soit encore des charges, soit Napoléon selon le modèle des *Pestiférés de Jaffa* (modèle christologique). Même la représentation des estropiés de guerre est prétexte à une héroïsation des soldats de l'Empire, sur un mode bon enfant qui sous-tend cependant une prétention de didactique patriotique (qui vante à la fois la *Virtus*, le sacrifice et l'honneur nationaux - dont l'époque napoléonienne apparaît toujours comme le paradigme chez Géricault et la plupart des artistes et auteurs de l'époque -), cf. *ibid.*, fig. pp. 178-179 et interprétation pp. 400-401.

[149] Les dimensions (2,92 m de hauteur sur 2,27 m de largeur) données à ce dernier dans le catalogue Villot de 1855 étant erronées, bien que souvent recopiées (par Clément en 1867, par Sterling et Adhémar en 1959, et par Eitner en 1983), cf. *Géricault*, p. 345.

[150] Cf. par ex. D. et E. Panofsky, *Etude iconographique de la galerie François Ier à Fontainebleau*; et *La boîte de Pandore*, Paris, Hazan, 1990, pp. 36 à 41, où ils reprennent justement l'étude qu'ils avaient ébauchée quatre ans plus tôt dans l'"*Appendice - Pandora - Ignorantia*" de l'*Etude iconographique de la galerie François Ier à Fontainebleau*, pp. 67 à 71.

[151] Car récurrente dans les films américains. Ainsi la question cruciale qu'elle soulève se trouve-t-elle notamment être le prétexte et le point d'ancrage thématique de l'excellent film *Des hommes d'honneur* (1991) de Rob Reiner, inspiré d'une pièce à succès (ce qui témoigne de l'importance symbolique de son sujet dans la conscience collective, pas seulement américaine si l'on en croit le succès qu'a de même eu le film en France).

[152] Ripa, Ière partie, p. 139.

[153] D'autant que Géricault l'avait de plus extraite de son contexte habituel, c'est-à-dire de la représentation du *Triomphe* ou de l'*Allégorie de la Paix*.

[154] Cité par ex. dans *Géricault*, p. 50.

[155] Michelet, *Géricault*, Caen, L'Echoppe, 1991, p. 38.

[156] *Ibid.*

[157] Cf. *Géricault*, par ex. pp. 30 et 50.

[158] Michelet, pp. 34ss.

[159] Michelet, pp. 25 à 28: "*La loi des contrastes, qui oppose souvent à un maître timide un élève fougueux, est l'affirmation de la liberté chez les êtres puissants. Ils rompent avec les obstacles, s'affranchissent. Ainsi Géricault échappe à Guérin. Delacroix à Scheffer, Gros à David. Toutefois, celui-ci ne s'émancipe pas si complètement, qu'il ne rappelle dans telles de ses oeuvres les défauts que j'ai reprochés à son*

maître, en parlant du portrait de Marat./ Je ne citerai à l'appui qu'un dessin de Gros qui est au Louvre, et qui représente l'empereur sortant de Moscou en flammes./ Eh bien! tout y est mol, vague, faible, comme dans tel roman historique. Rien n'est caractérisé d'un trait spécifique. Le Kremlin n'est pas un Kremlin; on le cherche, on voudrait revoir, en ce jour de fatalité, la sublimité fantasque et terrible de ses minarets barbares, de ses kiosques de pierre, cette Asie pétrifiée qui nous a fait frissonner tous, devant le panorama de Moscou./ Et l'empereur, non plus, n'est pas l'empereur, c'est un maigre Bonaparte, l'élève de Brienne, et non l'homme déjà fatigué, gras, blanc, d'une pâleur mate, qu'il était en 1812. Ce qui manque ici, je le répète, c'est la spécification, tel trait précis, vif et fort, par où l'objet sort du tableau, va prendre le spectateur, s'en empare, saisit son imagination, sa mémoire, pour toujours./ Mais ce qu'eut en propre Gros, ceci à l'inverse de David, ce fut, comme Géricault, de sentir la France. Pris par la réquisition, et retenu en Italie, à Gênes, au milieu des officiers de l'état-major, il ébauche quelques portraits qui attirent l'attention de Joséphine. Elle les signale à Bonaparte. Il est frappé de leur valeur, veut avoir aussi le sien, et se fait dessiner après Arcole./ Mais les fumées de la poudre bientôt enivrent l'artiste, et voilà le soldat passé peintre de batailles! Par lui, nous avons nos batailles d'Orient. Les "Pestiférés de Jaffa", s. premier chef-d'oeuvre, montre les malades étendus ou assis sur leur couche de douleur. Hâves, déjà avancés dans la mort, de tout leur corps s'exhale une terrible odeur de cadavre... Mais Bonaparte apparaît, et le miracle s'opère. Il suffit qu'il les touche, ils sont guéris!... C'est le demi-dieu, déjà guérissant la France. Ici, Gros, autant que les malades, a subi la fascination du magicien./ Sa "Bataille d'Eylau" est autre chose. Rien de plus funèbre. On se rappelle qu'en voyant devant lui - autant que pouvait s'étendre le regard -, la neige rouge de sang, et sur cet immense linceul, tant de membres épars, des bras, des jambes, des têtes arrachées, dont les yeux, dilatés par la stupeur, restaient fixés sur cette scène de carnage, l'empereur ne put se contenir. Le premier cri humain s'échappa de la poitrine de cet impitoyable destructeur d'hommes... "Quel fléau que la guerre!"/ C'est ce cri d'horreur que Gros a essayé de rendre. N'est-ce pas aussi un cri d'alarme? Le vainqueur, on le sent, a déjà la terreur de l'inconnu des glaces, et la prévision de Moscou."

[160] *Ibid.*, par ex. pp. 22 et 38.

[161] *Ibid.*, p. 22.

[162] *Ibid.*, par ex. pp. 31 et 35.

[163] Michelet, pp. 36-37.

[164] *Géricault*, p. 50.

[165] Michelet, pp. 37 à 39.

[166] De même, on peut se demander jusqu'à quel point les auteurs du catalogue sont eux-mêmes dupes, lorsqu'il font du *Mazeppa* une "*métaphore diaphane du retour au pays natal*", *Géricault*, p. 192.

[167] *Encyclopaedia Universalis*, t. 10, art. "*Michelet (Jules)*", pp. 1044-1045.

[168] Même si, comme nous l'avons dit, il est assez évident que les défaites napoléoniennes des années 1812-1814 ont fourni à Géricault l'idée de faire une allégorie de la Paix comme pendant au *Chasseur*, qui devint ainsi une métaphore de la Guerre, ce qui *a contrario* n'avait probablement pas été sa première vocation, Géricault ayant dû le peindre en 1812 comme un simple portrait de cavalier victorieux, dans la veine de l'époque, ainsi que

nous l'avons également montré.

[169]Cf. aussi Barbey d'Aurevilly, pp. 87 à 89, qui, comme nous le proposons, voit plus dans l'utilisation d'un certain réalisme par Géricault la marque d'un "*mâle*" romantisme que celle d'une véritable volonté critique. Cette vision de Géricault est donc tout à fait moderne, car très originale de la part de Barbey, qui s'inscrit ainsi en faux par rapport à l'ensemble de la critique issue de Michelet, qu'il critique d'ailleurs personnellement, cf. *ibid.*, pp. 92-93, sans pour autant vouloir éluder le problème du réalisme du peintre, qui va parfois jusqu'au misérabilisme.

[170]On voit poindre là toute une conception néo-rousseauiste, fort en vogue à l'époque, de l'éducation qui, en ce qui nous concerne plus particulièrement, nous offre un attestation de l'influence également possible de la pensée rousseauiste sur la guerre et la paix dans le *Cuirassier* de Géricault, comme nous l'avons proposé.

[171]Géricault, *Des écoles de peinture et de sculpture et du prix de Rome*, Caen, L'Echoppe, 1986, pp. 8 à 11.

[172]Même si son interprétation du *Chasseur* et du *Cuirassier* est plus ou moins identique à celle de Michelet, qu'il réfute constamment, cf. Barbey d'Aurevilly, pp. 87ss.

[173]Cité par P. Malandain, "*Michelet et Géricault - L'Histoire d'un mythe - Un mythe dans l'histoire*", *Revue d'Histoire Littéraire de la France* n° 6, Nov.-Déc. 1969, p. 992.

PLANCHES

De haut en bas, et de gauche à droite, les Planches reproduisent:
Géricault: *Cuirassier blessé, quittant le feu; Radeau de la Méduse;* dessins préparatoires pour la *Retraite de Russie*; *Le factionnaire suisse au Louvre; Le Chasseur de la Garde;* deux images de *Lanciers.*
Gros, *Murat.*
David, *Napoléon franchissant les Alpes.*
Cesare Ripa, *Iconologie, Ov, Explication Novvelle De Plvsievrs Images,* "*Amour-vers-sa-Patrie*« (T. 1) et "*Amour de la Patrie*« (T. 2).
Marcus Curtius par: Lambert van Noort (c. 1520-1570/1); Merian, Matthäus d. Ä. (1593-1650); Hendrick Goltzius (1586); et panneau d'après Goltzius, Château d'Écouen, Place de la Mairie, Écouen, France (1590-1600); Véronèse (1550-1552); Cercle de Goltzius; Simon de Vos (1641); Pierre Joseph Célestin François (1759-1851); Jean-Léon Gérôme (c.1850).
[49]Vincenzo Cartari, *Imagini delli Dei de gl'Antichi,* Mercure.
Velázquez, *Le Repos de Mars; La Rendención de Breda.*
Christian Schiebling, *Inventio*

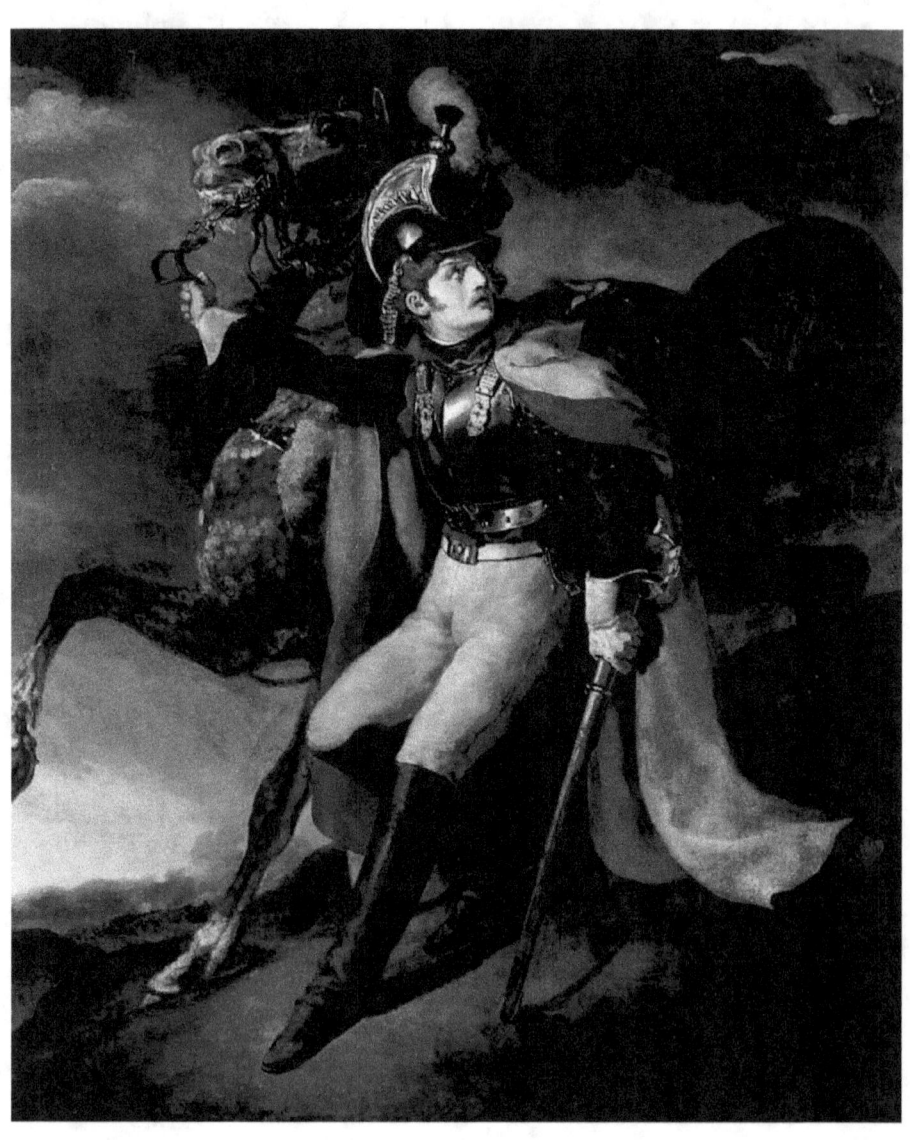

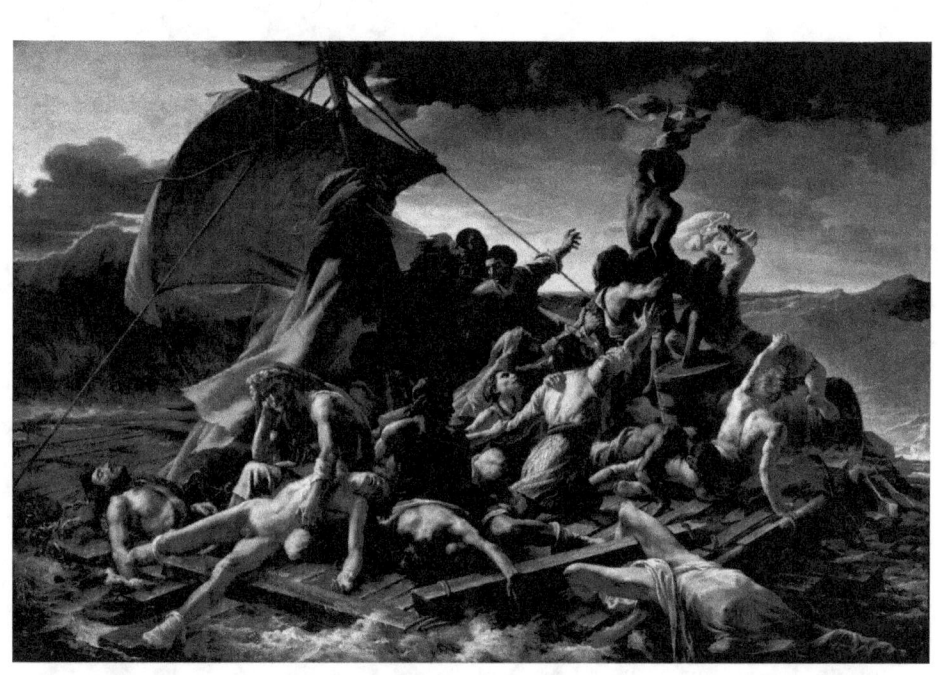

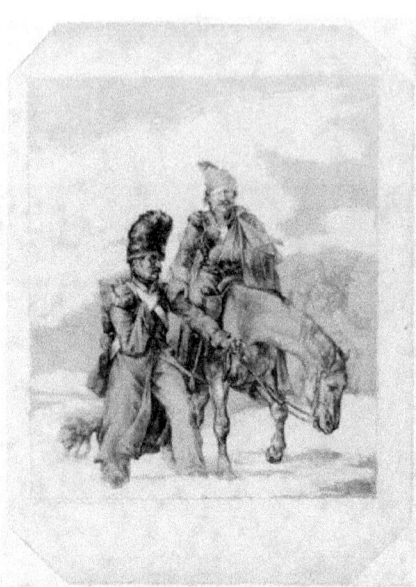
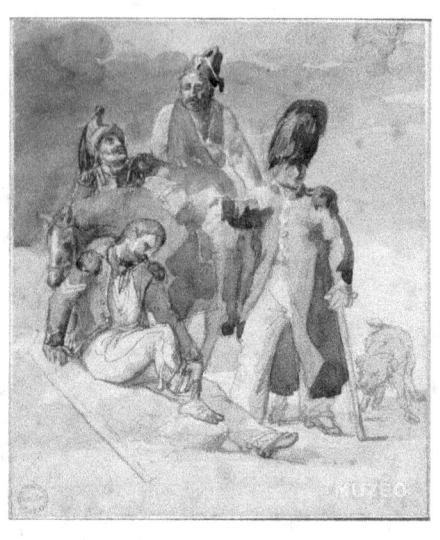
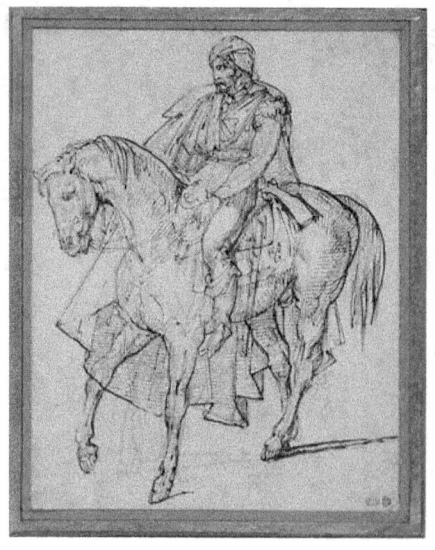
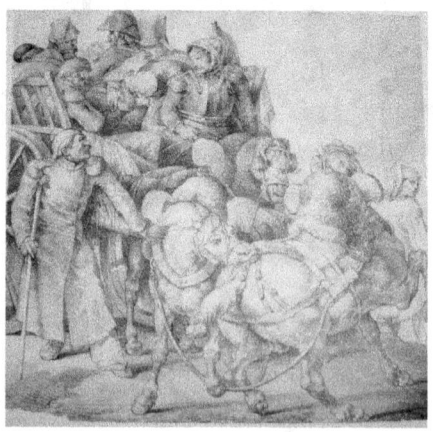

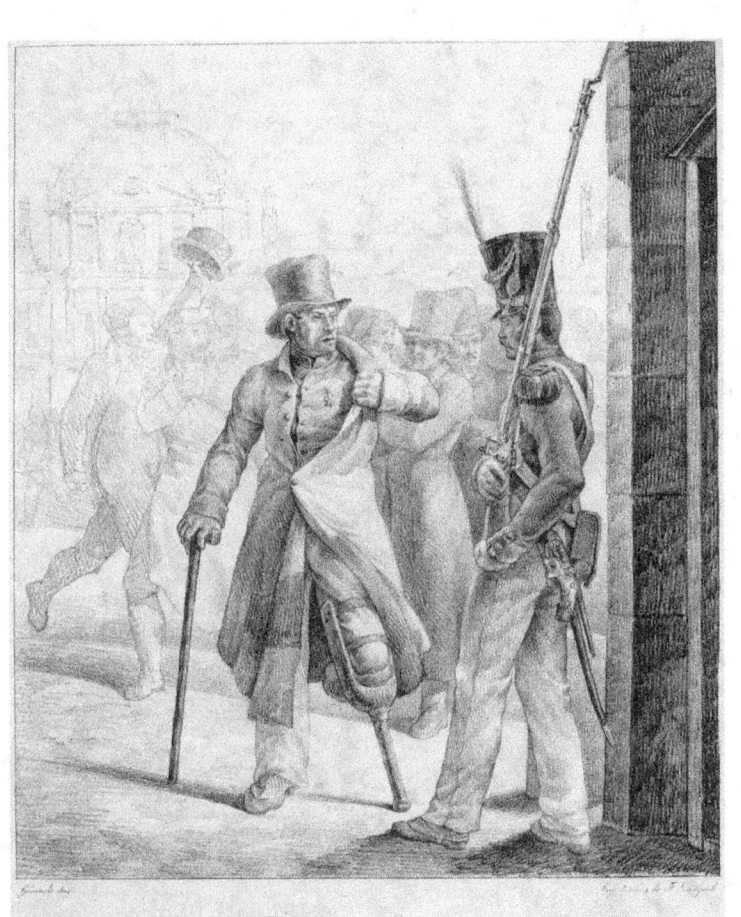
Le Factionnaire Suisse au Louvre.

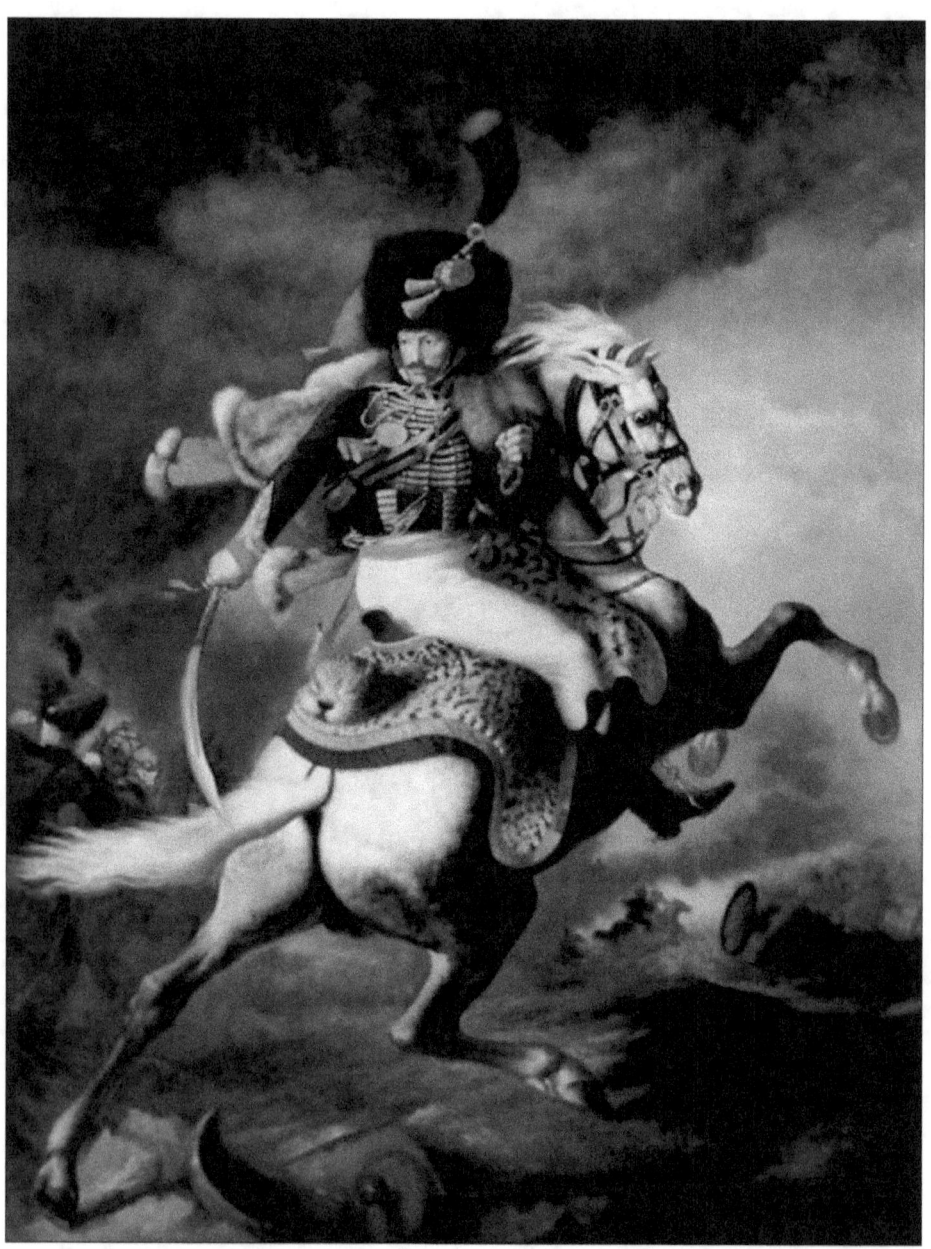

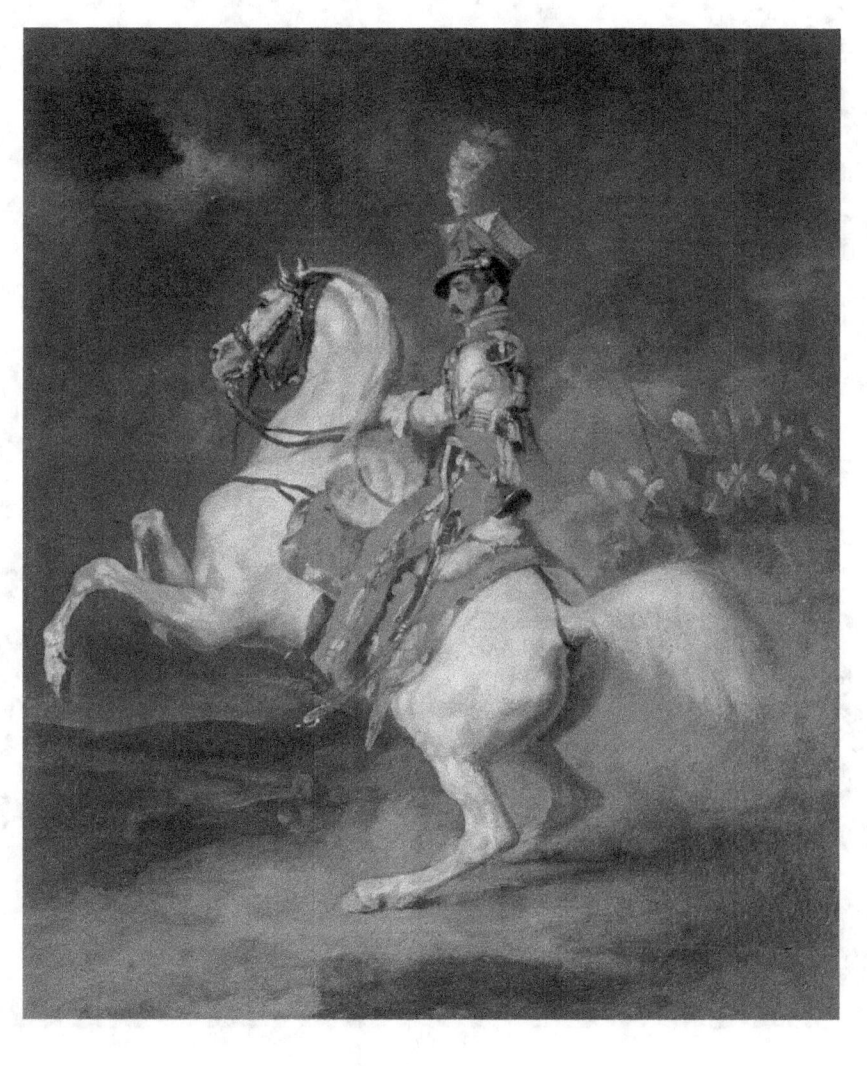

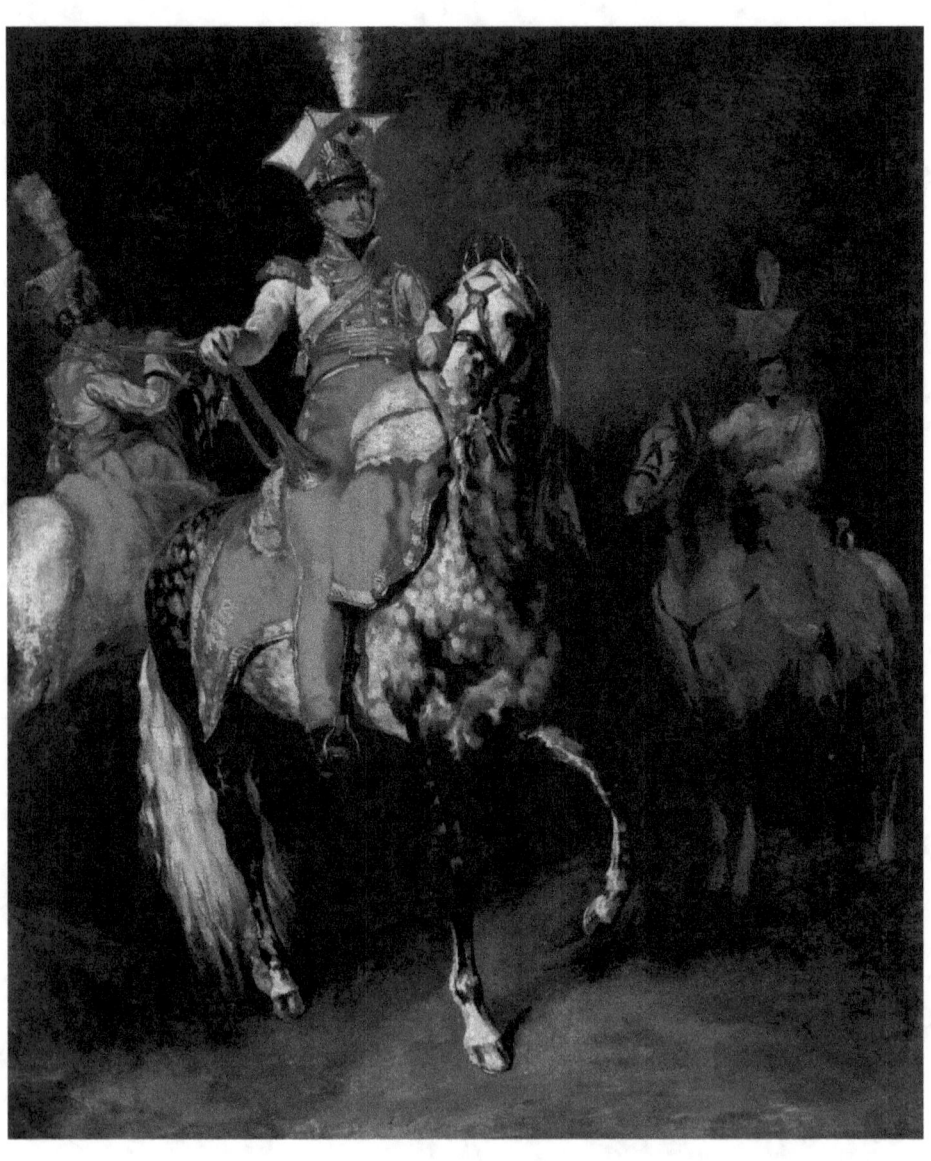

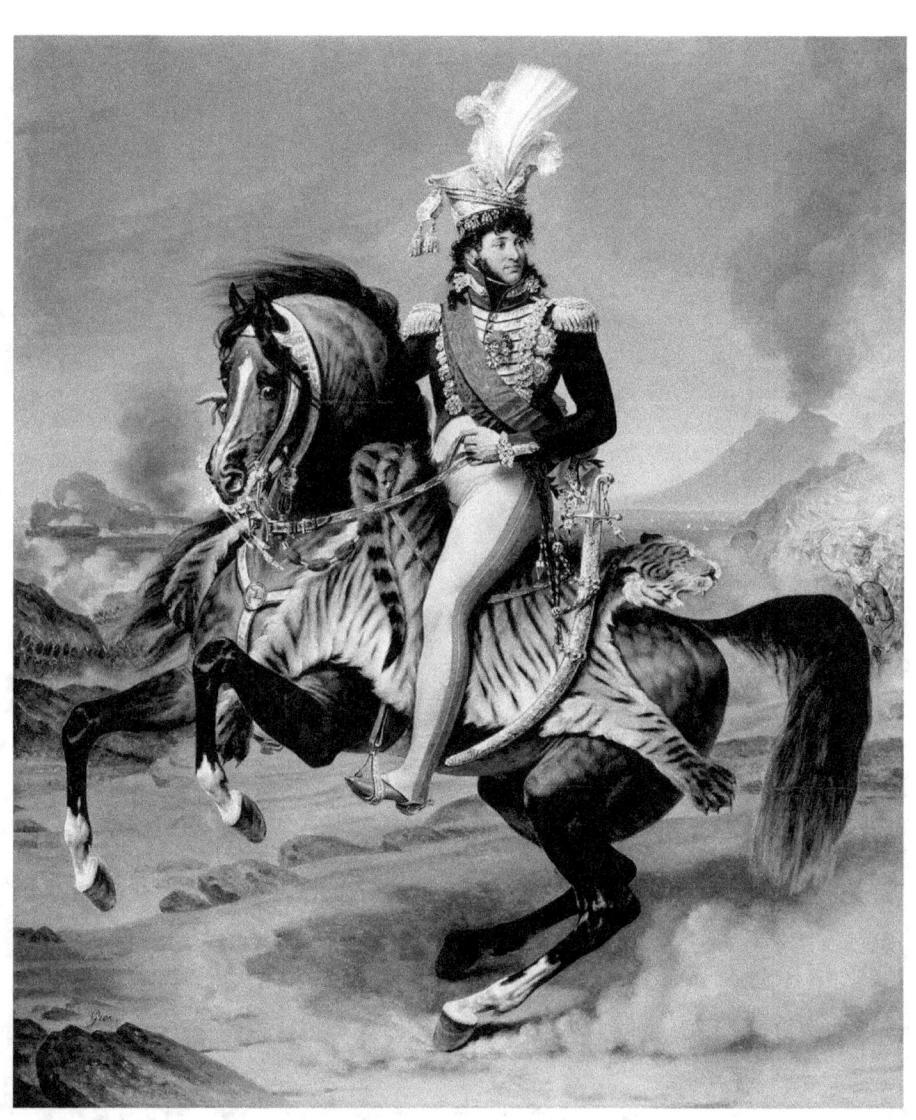

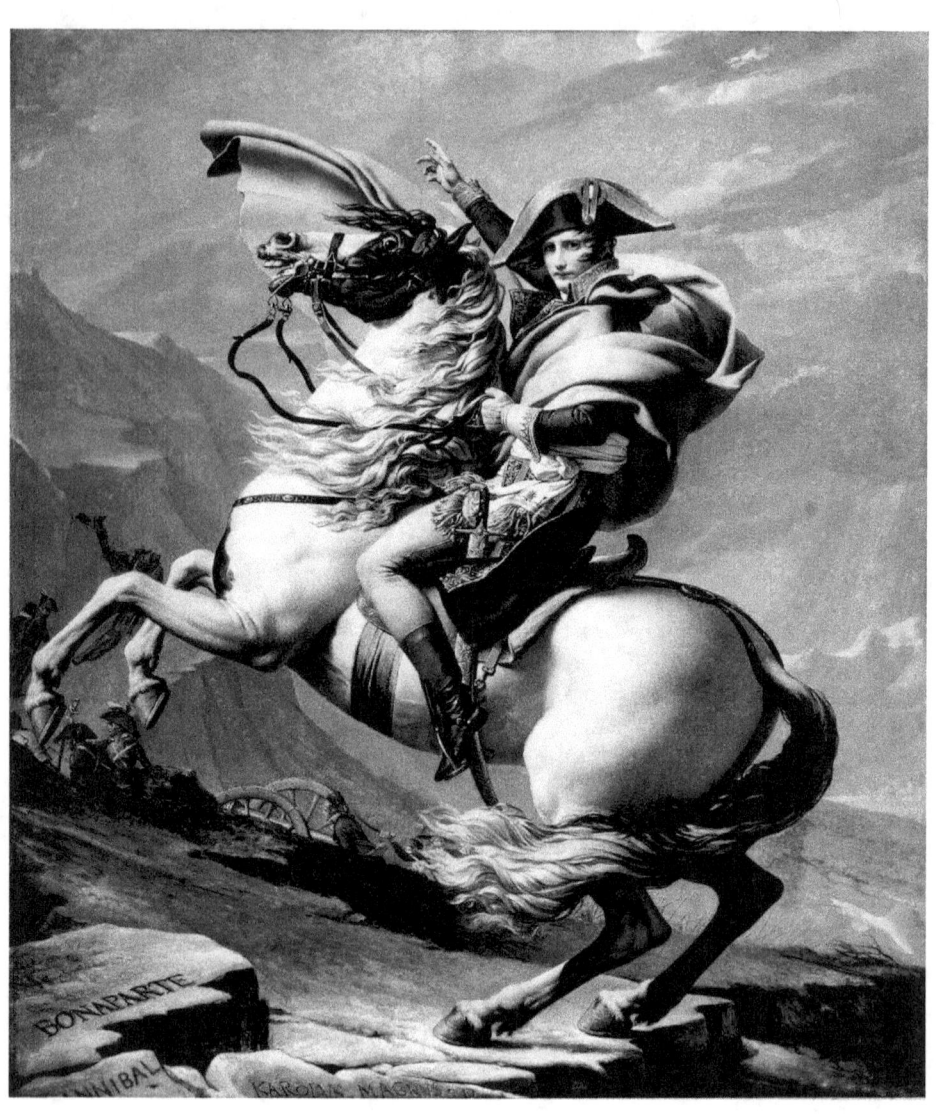

AME COVRTOISE ET TRAICTABLE. VII	AGRICVLTVRE. VIII
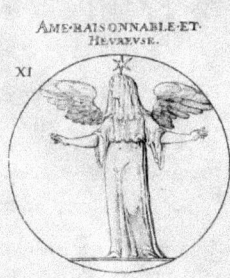	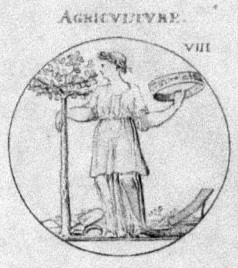
AMOVR DIVIN. IX	AMOVR VERS SA PATRIE. X
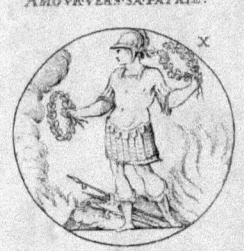	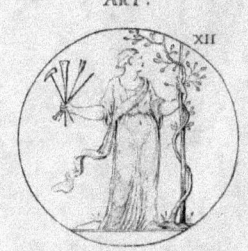
AME RAISONNABLE ET HEVREVSE. XI	ART. XII

ICONOLOGIE.

AMOVR DOMPTÉ.   AMOVR DE VERTV.

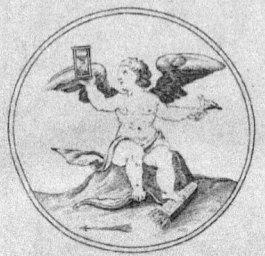 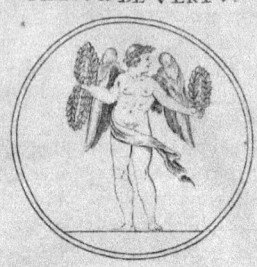

AMOVR DE LA GLOIRE.   AMOVR DE LA PATRIE.

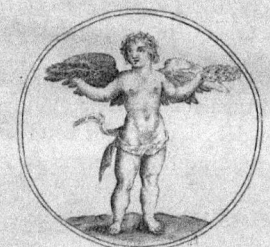 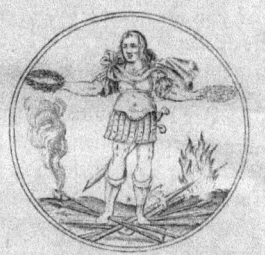

AMOVRS DIVERSES.

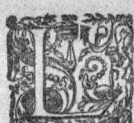'ON represente l'Amour de Dieu par vn Homme à genoux, qui a les yeux tournez vers le Ciel, & le cœur ouuert. Ce qui s'explique assez de soy-mesme. Et l'Amour du prochain, par vn autre Homme, vestu richement; au costé duquel se void vn Pelican, en action d'arroser ses petits de son propre sang. A quoy j'adiouste que cette personne charitable, releue d'vne main vn pauure malade, & de l'autre luy donne de l'argent, comme Dieu le commande dans l'Euangile.

AMOVR

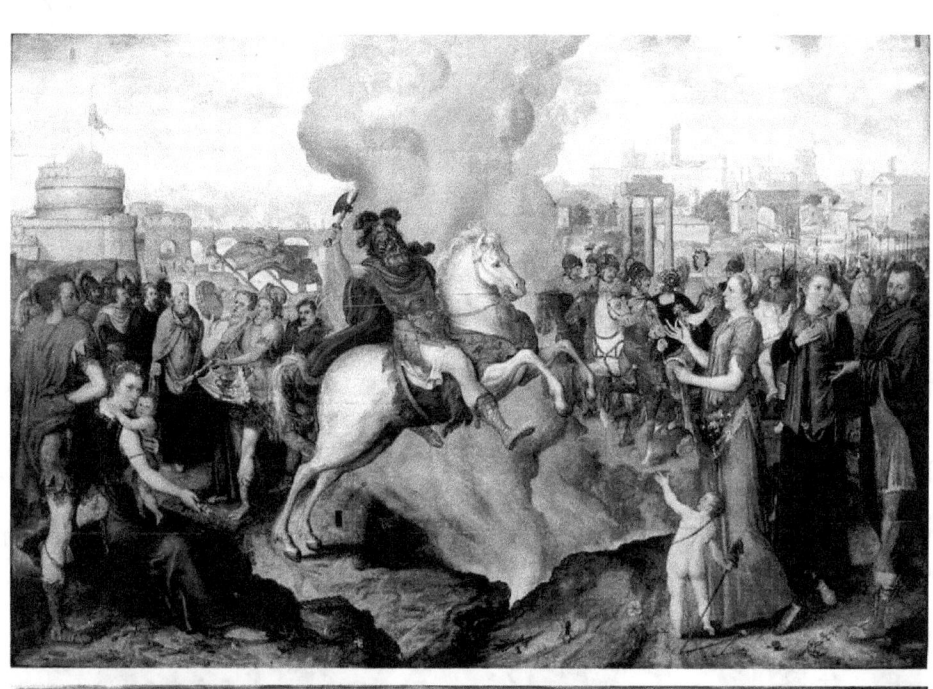

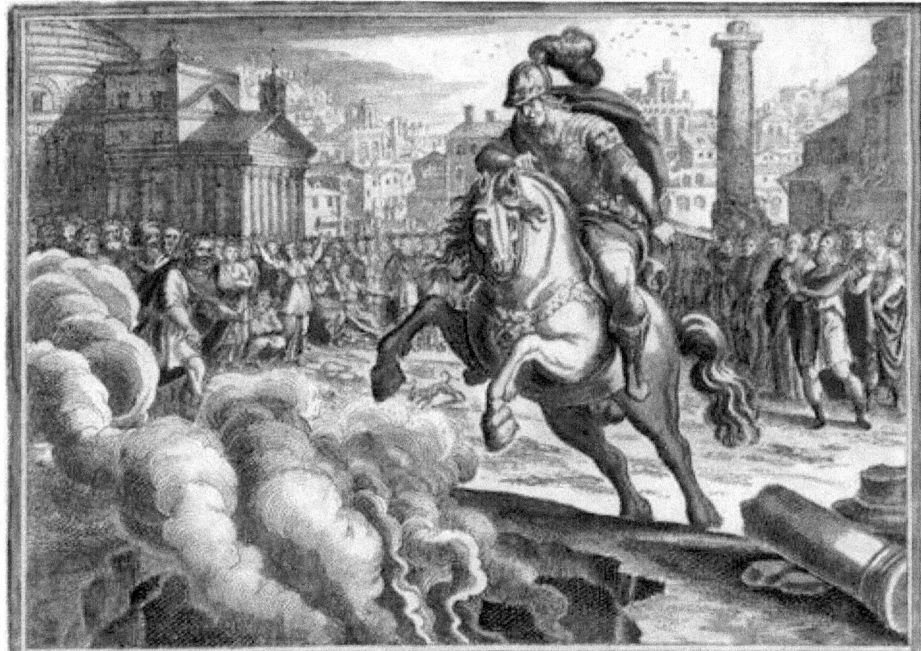

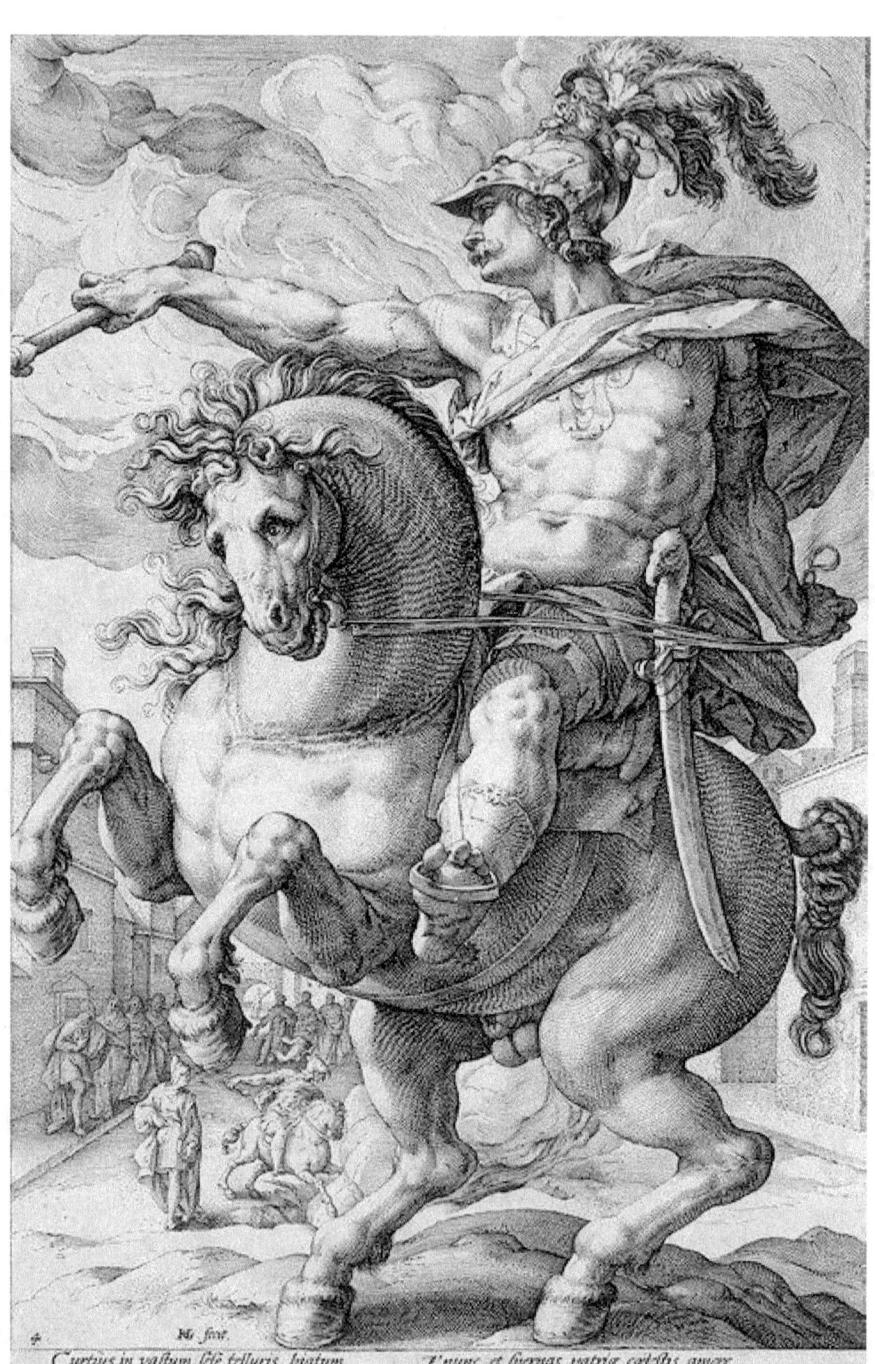

Curtius in vastum sese telluris hiatum
Conycit, ut patria cedat acerba lues.

I nunc et spernas patriæ cœlestis amore
Dum pati, et putris sydera vincat humus.

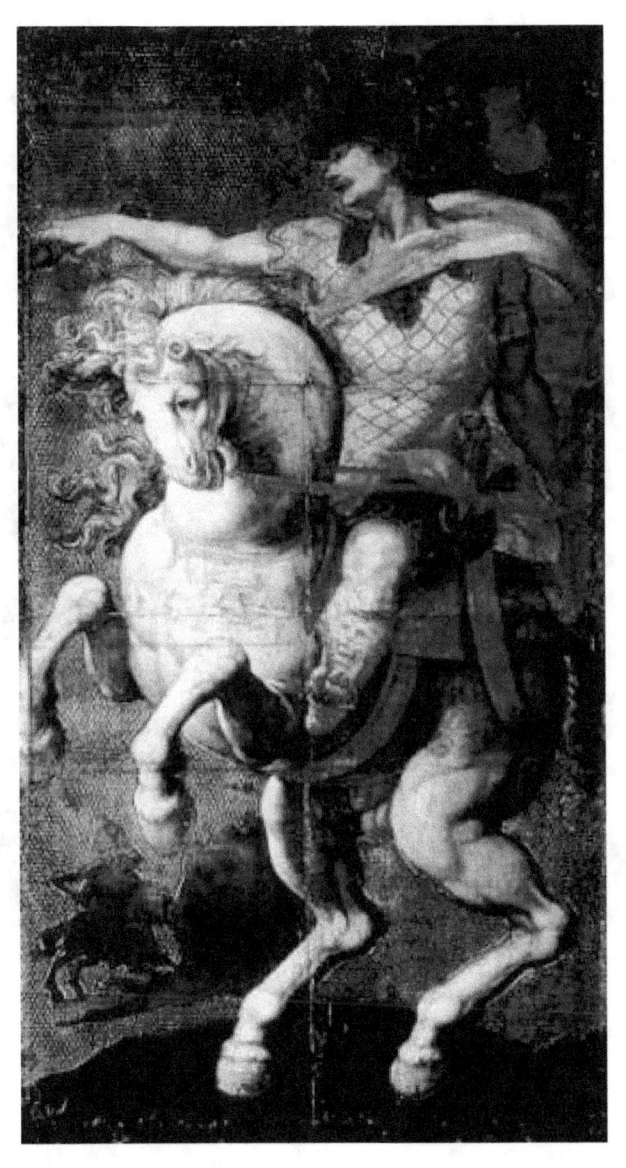

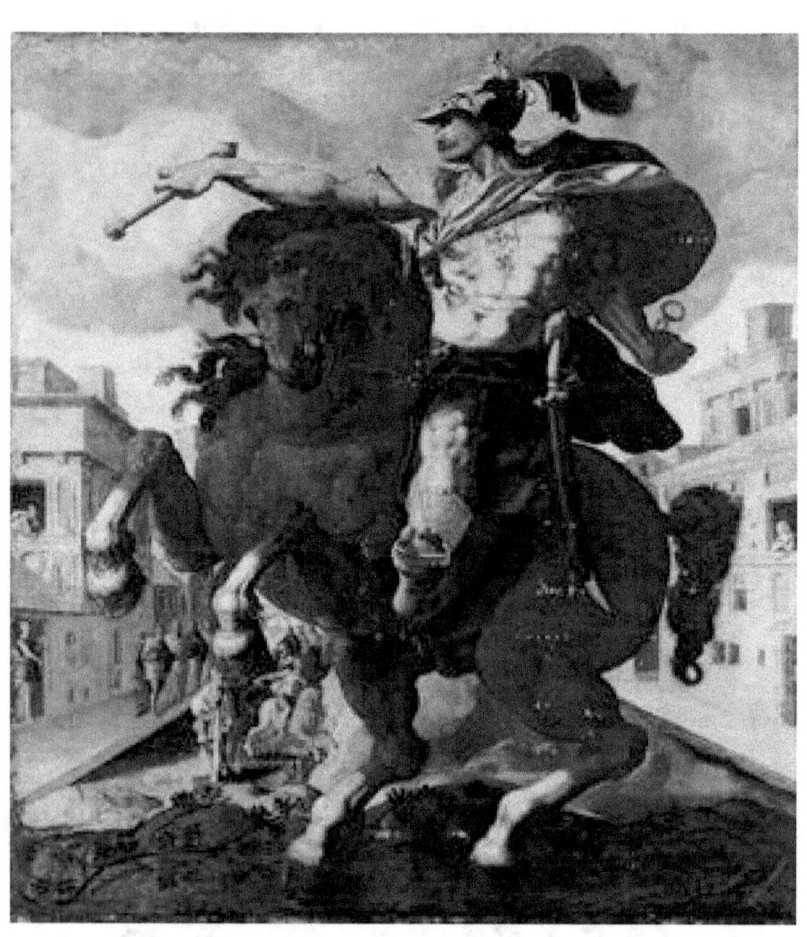

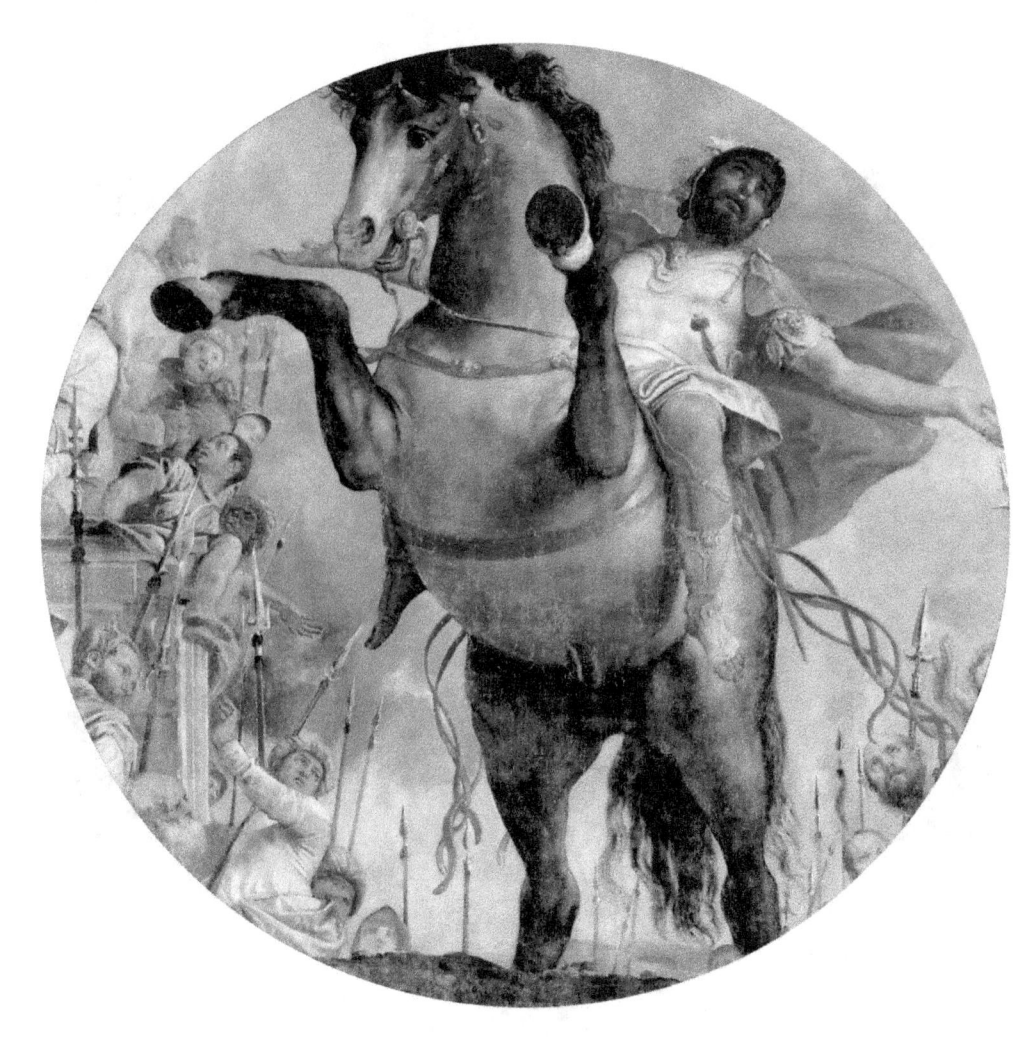

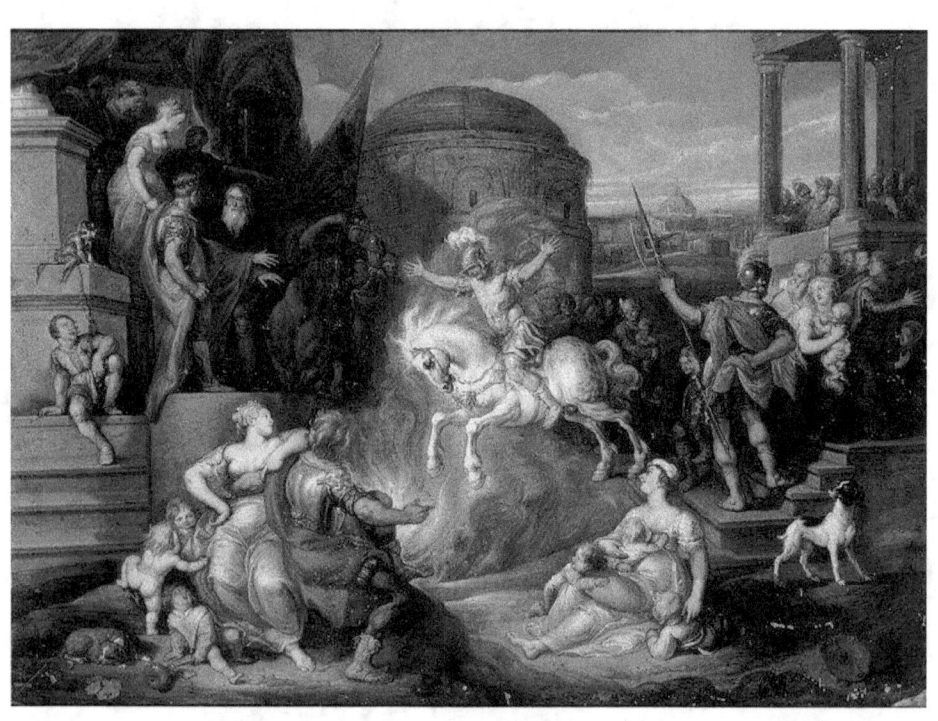

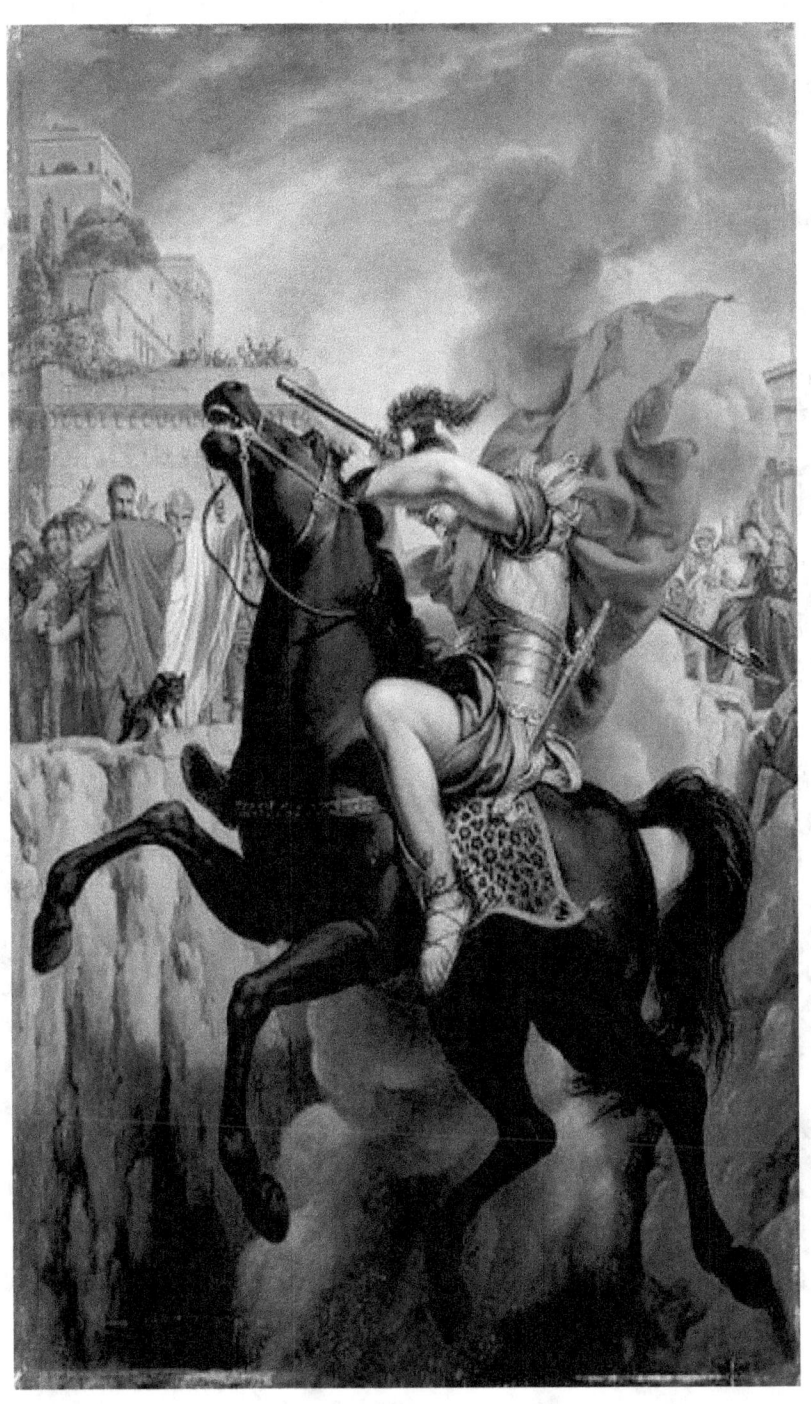

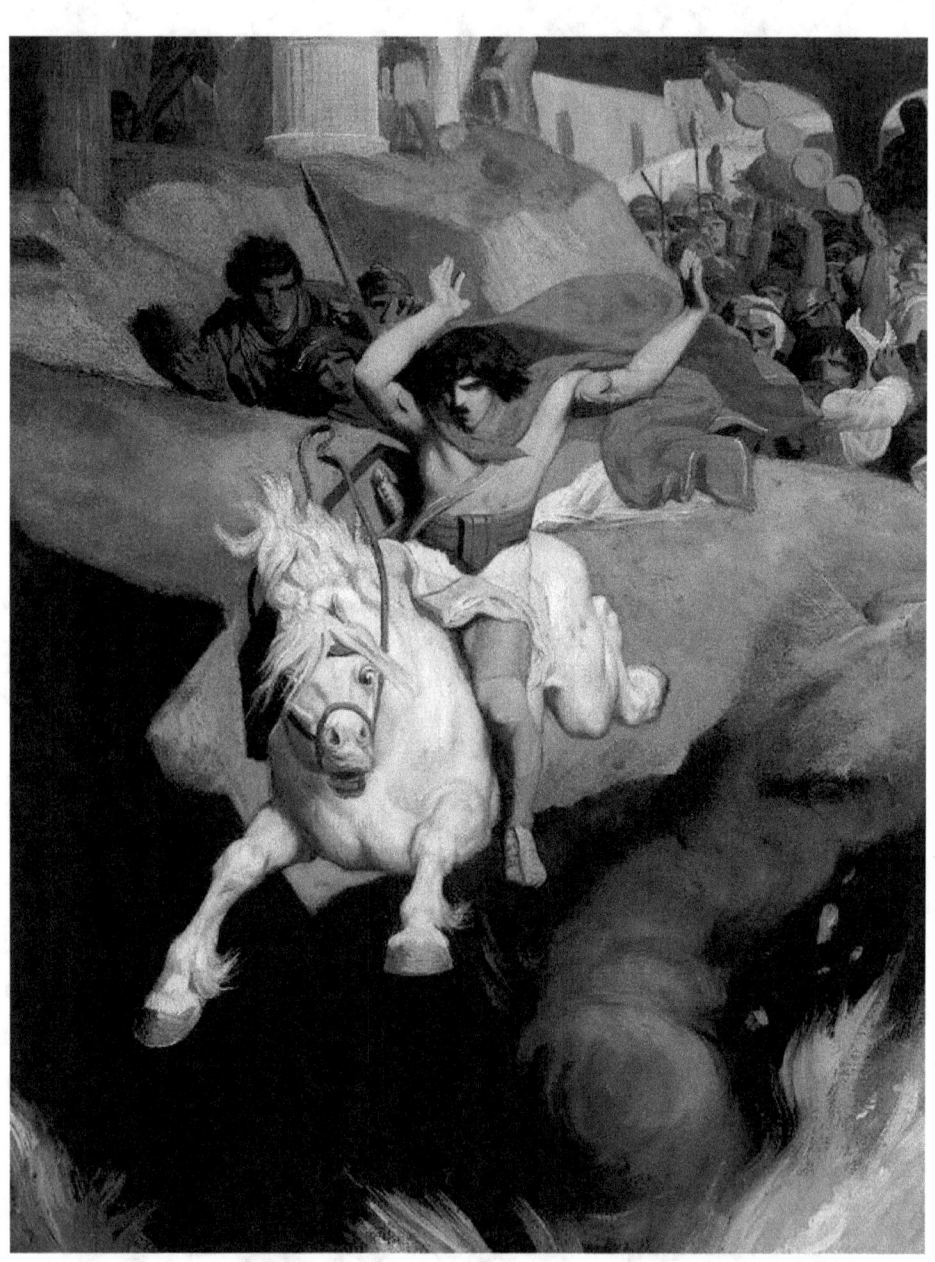

170　　　　　　　　Imagini de i Dei

Imagine di Mercurio inuentore delle Lettere, della Musica, della Geometria, & delle buone arti, & imagine di Palestra sua figliuola Dea della lotta, che tiene in grembo un ramo di uliuo, essendo uso de lottatori di ungersi con olio

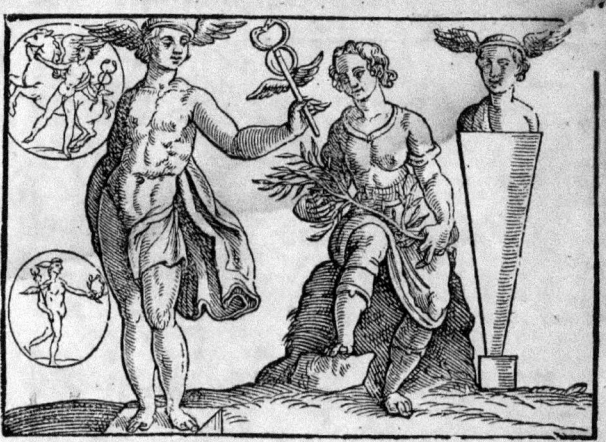

Colore proprio della Fede.

Perciochè la Fede hà da stare secreta, cioè le cose, che altrui sono credute in fede, & hà da esser pura, & monda da ogni inganno. Per la qual cosa fu ordinato da Numa secondo Rè de i Romani, che il Sacerdote sacrificando alla Fede hauesse la mano coperta di un velo bianco, come recita Liuio, per dare ad intendere, che si hà da guardare la fede con ogni sincerità, & che ella era consecrata nella destra mano, perche la dobbiamo difendere con ogni prontezza, & forza. Virgilio parimente chiamò la Fede bianca, & canuta, il che Seruio interpreta detto ancora, perche pare, che si troui più fede ne gli huomini già canuti, & vecchi. Et Horatio dolendosi de i suoi tempi dice, che la Fede vestita di bianco è poco adorata, oue Acrone nota, che in sacrificando alla Fede il Sacerdote si copriua non solo la destra mano con bianco velo, ma il capo ancora, & quasi tutta la persona adimostratione della candidezza dell'animo, che hà da accompagnare sempre la Fede. Per la quale cosa disse l'Ariosto.

Horatio.

Ariosto.

*Non par che da gli antichi si dipinga　　Che d'un vel bianco, che la cuopre tutta,
La santa Fè vestita in altro modo,　　Che un sol puto un sol neo la puo far brutta.*

Mano cōsecrata al la Fede.

Et per esser creduto, che la sede propria della Fede fosse nella destra mano, & che questa perciò le fosse consecrata, come dissi, ella fù anco souente mostrata con due destre insieme giunte, & alle volte ancora erano fatte due figurette, che si dauano la mano l'vna all'altra. Onde gli antichi hebbero la destra mano in gran rispetto, come cosa sacra. Da che è venuto, come dicono alcuni, che quando vogliamo racquetare vn tumore subito nato, mostriamo questa, leuandola in alto, & porgendola aperta significhiamo di apportare pace. Et perciò

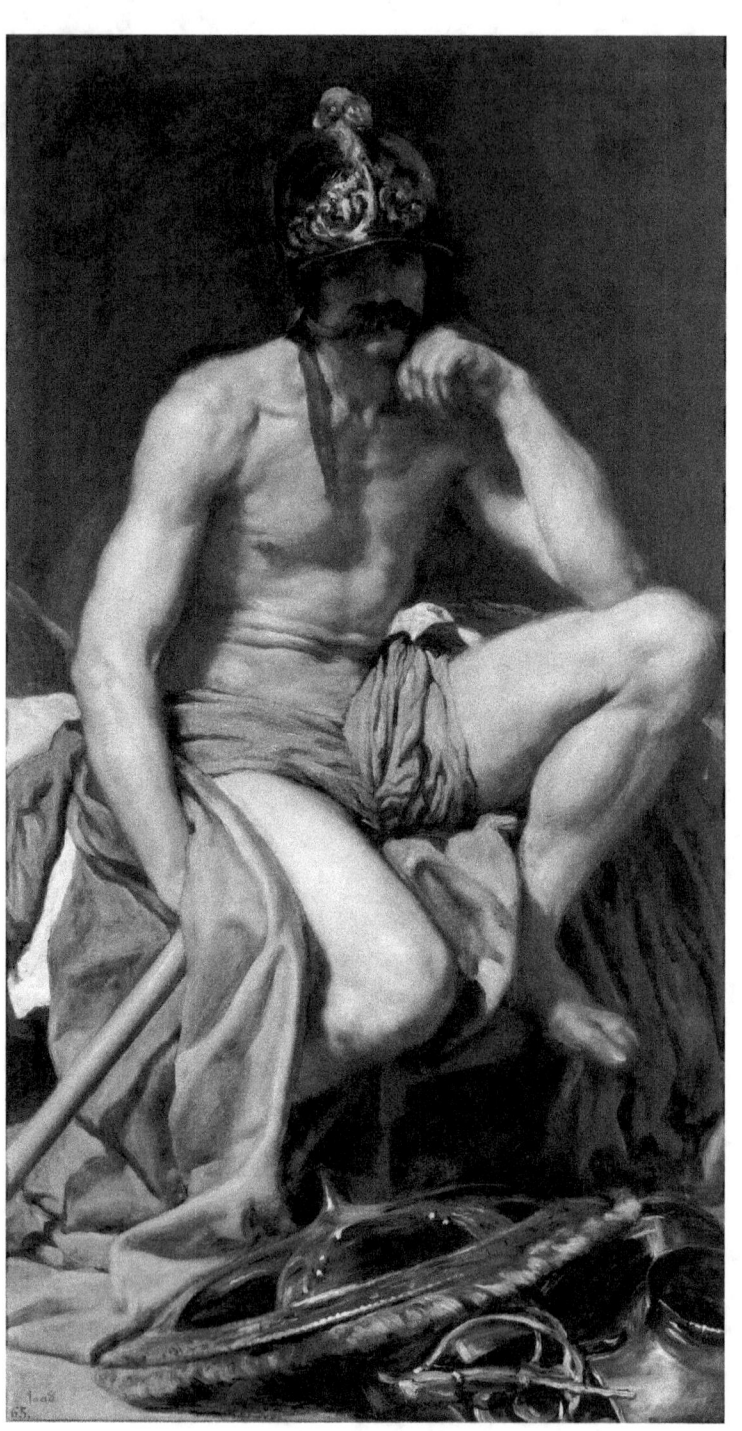

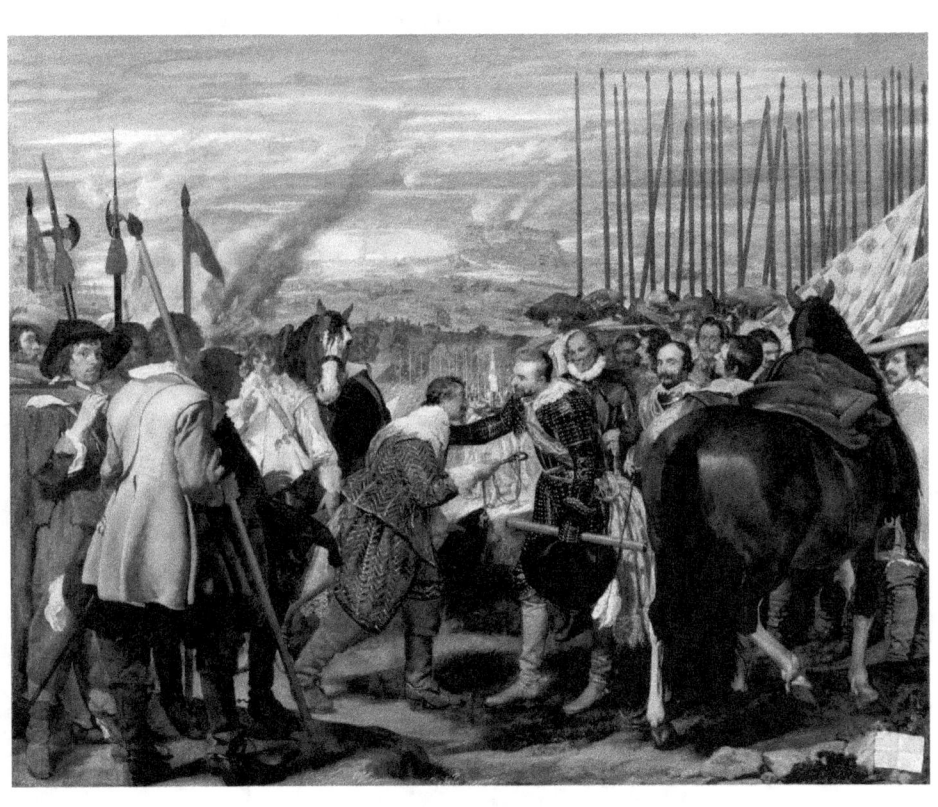

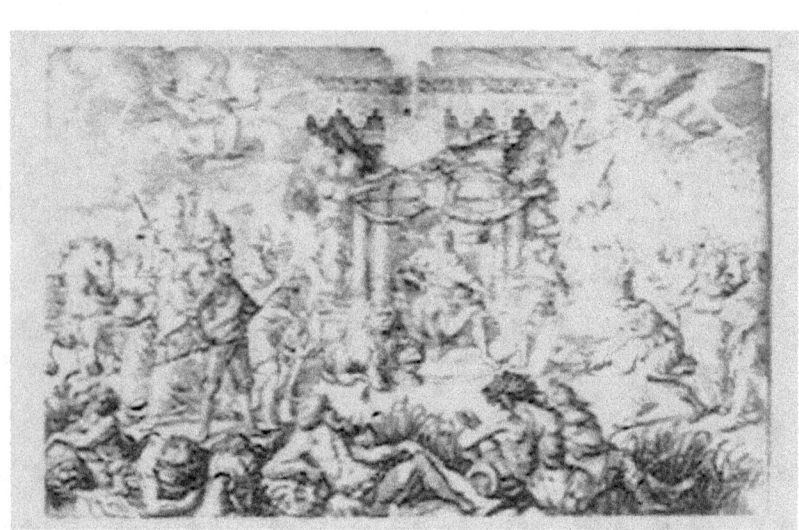

www.ingramcontent.com/pod-product-compliance
Lightning Source LLC
Chambersburg PA
CBHW050048230526
45470CB00004B/1452